学前教育互联网+新形态立体化教材

张家琼　总主编

中外
学前教育史

王善安　夏泽胜　钟翩翩　主编

中国科学技术出版社
·北　京·

图书在版编目（CIP）数据

中外学前教育史 / 王善安，夏泽胜，钟翩翩主编
. -- 北京：中国科学技术出版社，2022.4（2023.10 重印）
学前教育互联网 + 新形态立体化教材 / 张家琼主编
ISBN 978-7-5046-9555-0

I. ①中⋯ II. ①王⋯ ②夏⋯ ③钟⋯ III. ①学前教
育—教育史—世界 IV. ① G619.1

中国版本图书馆 CIP 数据核字（2022）第 066752 号

策划编辑	王晓义	
责任编辑	曾繁荣	
封面设计	唐韵设计	
责任校对	焦　宁	
责任印制	徐　飞	

出　　版	中国科学技术出版社	
发　　行	中国科学技术出版社有限公司发行部	
地　　址	北京市海淀区中关村南大街 16 号	
邮　　编	100081	
发行电话	010-62173865	
传　　真	010-62173081	
网　　址	http://www.cspbooks.com.cn	

开　　本	787mm × 1092mm　1/16	
字　　数	320 千字	
印　　张	16	
版　　次	2022 年 4 月第 1 版	
印　　次	2023 年 10 月第 2 次印刷	
印　　刷	北京荣玉印刷有限公司	
书　　号	ISBN 978-7-5046-9555-0	
定　　价	49.80 元	

本书编委会

主　编　王善安　夏泽胜　钟翩翩

副主编　朱家明　何　叶　许　艳

　　　　　张　慧

Foreword 前　言

　　中外学前教育史是学前教育专业中一门非常重要的课程。本教材立足中外各社会历史时期政治、经济、文化等方面的成果，详细阐述了中外各历史时期、各个国家学前教育发展的历史，丰富了学前教育史的内容，为各高等院校学前教育史的教学提供了有益的补充。尤其是专门增加了我国 2010 年以后的学前教育发展一节，最大限度地保证了本书的时代性特点。

　　本书分为上下两篇，具体编排结构如下。

　　上篇为中国学前教育史，包括第一章到第八章：第一章，中国古代的学前教育。主要内容包括先秦时期的学前教育以及封建社会的学前教育。第二章，中国古代学前教育思想。主要介绍了孔子、贾谊、颜之推、朱熹、王守仁的学前教育思想。第三章，清末的学前教育。主要介绍了清末学前教育制度的建立、外国教会在中国的学前教育活动以及康有为的学前教育思想。第四章，民国时期的学前教育。内容主要包括学前教育制度的建立与发展，各类幼稚园的建立和发展、幼稚园课程、幼稚教育师资培养。第五章，共产党领导下的解放区学前教育。内容主要包括解放区学前教育的方针与政策、老解放区托幼机构的形式以及儿童保育与教育。第六章，现代教育家的学前教育思想与实践。主要介绍了陶行知、张雪门、陈鹤琴和张宗麟的学前教育思想与实践。第七章，我国改革开放前的学前教育（1949—1976 年）。主要内容包括新中国成立初期的学前教育改革、学前教育盲目发展与调整巩固、学前教育遭受全面破坏。第八章，当代中国的学前教育发展。内容主要包括中国改革开放后的学前教育以及 2010 年以后的中国学前教育的发展。

　　下篇为外国学前教育史，包括第九章到第十四章：第九章，古代其他东方国家的学前教育。主要介绍了古埃及、古希伯来、古印度的学前教育。第十章，古代西方国家的学前教育。内容主要包括古希腊、古罗马的学前教育。第十一章，西欧中世纪至文艺复兴时期的学前教育。第十二章，近现代发达国家学前教育的实践。主要介绍了英、法、德、美、日等国的学前教育发展。第十三章，近现代西方教育家的学前教育思想。第十四章，当代世界学前教育的发展。

本书由王善安、夏泽胜、钟翩翩胜担任主编，朱家明、何叶、许艳、张慧参与编写。本书的编写得到了重庆第二师范学院和中国科学技术出版社相关领导及编辑的大力支持和帮助，在此表示衷心的感谢。

　　本书为学前教育专业本、专科学生等初学者设计，同时也适合幼儿教师使用。

　　尽管我们力求全面地呈现中外学前教育史的各个方面，但鉴于水平的局限以及分析、处理问题的视角的局限，书中肯定不乏错误与疏漏，敬请广大读者原宥。

编　者

Contents 目 录

上 篇

中国学前教育史

第一章　中国古代的学前教育

★ **学习目标导航**
1. 了解封建社会家庭教育的主要内容。
2. 了解我国古代胎教思想。
3. 熟悉古代著名教育家的主要思想。

★ **内容结构导图**

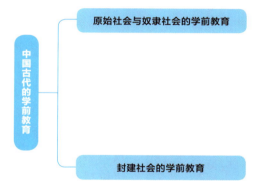

中国古代的学前教育
- 原始社会与奴隶社会的学前教育
- 封建社会的学前教育

★ **本章摘要**
　　自步入文明世界以来，我国就高度重视教育。原始社会的儿童教育是伴随着人类社会的产生而产生的，对儿童的"社会共育"是原始社会儿童教育的基本形式。后来，随着社会的发展，在奴隶社会产生了独立的教育形态——学校教育，于是就有了学前教育。

第一节 原始社会与奴隶社会的学前教育

一、原始社会的学前教育

中国是人类的发源地之一，可能早在百万年以前，在中国这块古老的土地上就有人类存在。如果仅从已经发现的元谋人算起，中国人类活动的历史也有 170 万年了。自从有了人类，也就有了教育，其中也包括学前教育。在这一百多万年间，我们经历了漫长的原始社会阶段。

在原始社会，生产资料共有，没有阶级，以血缘关系为纽带组成的氏族成员之间平等互助，进行集体的生产和生活活动，对儿童的教育由整个群落承担。所以，对儿童的"社会共育"是原始社会儿童教育的基本形式。

原始社会的儿童共育，其教育内容是与儿童将要从事的社会生产和生活活动密切相关的。生产劳动教育是重要的儿童教育内容。由于当时生产力水平极为低下，每个有劳动能力的人都必须从事生产劳动，才能维持生存，每个儿童自幼年起就要向年长一代学习劳动技能。

据中国古籍《尸子》记载，远古时期，有巢氏构木为巢，教民巢居，燧人氏钻木取火（图 1-1），教民熟食，伏羲氏教民渔猎。所谓的"教民"，当然包括教儿童。现代对出土的文物和遗址的研究表明，这样的描述基本上反映了原始社会人类生产生活和教育的实际状况。原始社会阶段，为了使儿童能够参加社会生产生活，就必须把劳动技能和社会生活经验（图 1-2）传授给他们。

图 1-1　燧人氏钻木取火

（a）　　　　　　　　　　（b）

图 1-2　原始社会劳动场景

（a）烹饪；（b）劳作

除了生活和劳动教育，原始社会对儿童的共育内容还包括思想教育，主要是道德教育和宗教教育。通过道德教育，可以使儿童自幼学会遵守氏族公社成员之间交往的规范，养成照顾、赡养老人的观念；通过宗教教育，则不仅能使新生的一代养成宗教意识和情感，还能使儿童在参加宗教祭祀活动中学到一些生产知识、历史传说、自然常识。原始社会的人类已经开始形成审美意识，因此，在对儿童实施的教育中，美育（包括歌舞、音乐、绘画等）也成为一项不可缺少的内容。

此外，原始社会后期，部落之间经常发生战争，所以军事教育，如学习和使用武器及作战方法，锻炼强健的体魄，也成为一项重要的教育内容。

原始社会是中国儿童教育发展的初期，这个时期儿童教育的特点主要是：①对儿童实施社会公育；②原始群落的老人是原始社会儿童教育的主要承担者；③原始社会儿童教育的内容是多方面的，与儿童日后将要进行的生产、生活密切相关；④原始社会教育的方法主要是观察模仿、口传身授，在实际活动中进行教育。

二、奴隶社会的学前教育

（一）夏朝的学校教育

大约在公元前21世纪，我国建立了第一个奴隶制国家——夏朝。由于夏朝在生产力上有了较大提高，中国进入"金石并用"的奴隶制时代，具备了学校产生的条件。古籍中关于夏朝学校的记载也颇多，教育机构的名称主要有庠、序、校。郑玄注《仪礼》说："夏后氏之学在上庠。"《礼记·王制》说："夏后氏养国老于东序，养庶老于西序。"《汉书·儒林传序》说："夏曰校。"

"庠"在"虞舜"时代就是养老和进行教育的场所。夏朝的"庠"可能是从舜帝时沿袭下来的。不过，两者已经有了明显的差别，因为夏朝已进入奴隶社会，社会上已形成奴隶和奴隶主两个对立的阶级。所谓"养老"，只能养奴隶主贵族，所谓教育，也只能教育奴隶主贵族的后代。"序"和"校"相似，是一种军事体制性质的教育机构。各种记载，在很大程度上具有历史的真实性。由于资料所限，特别是还没有出土文物的验证，还不好肯定它们是真正教学的地方，但起码是一种军事体育方面的教育机构。因此，夏朝的"序"和"校"已经具备了学校的雏形。

（二）商朝的学校教育

公元前17世纪，商汤灭夏，建立了我国第二个奴隶制国家——商朝。从政治、经济、文化发展的水平而言，商朝已经完全具备产生学校的成熟条件。据史料记载，早在殷商时期就建立了保傅教育制度，如《尚书·商书·太甲》中记载，商朝第四任君主太甲曾自称"即往背师保之训"，说明在太甲时已有了保傅官的设置。

关于商代的学校教育机构的名称，出土文物也有证实。结合古籍的记载，商代的教育机构主要有庠、序、学、瞽宗。商代的"庠"在文献和卜辞中均有记载，同夏朝的"庠"一样以养老为主要职能。商的"序"与夏学之序没有多少区别，均兼有养老、习射等职能。所谓"殷学瞽宗"，原为乐师的宗庙，是用作祭祀的场所。祭祀中礼乐相附，瞽宗便逐步变为对贵族子弟进行礼乐教育的机构。

无论从文献的记载还是从出土文物来看，此时的教育已有固定的校舍，并选拔德高望重者为师，通过传授军事技能和礼、乐等典章文化，以造就奴隶主贵族的接班人为教育的目的，这些表明学校教育已经出现。①

（三）周朝的学前教育

公元前 11 世纪，周武王伐纣，建立周朝，经过几代人的努力，进入了我国奴隶制的全盛时期。西周时期，是奴隶社会学前教育实施较为成熟的时期。在当时，人们甚至能够按照儿童年龄大小来制订循序渐进的学前教育计划。

《礼记·内则》中记载："子能食食，教以右手。能言，男唯女俞，男鞶革，女鞶丝。六年，教之数与方名。七年，男女不同席，不共食。八年，出入门户及即席饮食，必后长者，始教之让。九年，教之数日。十年，出就外傅，居宿于外，学书计，衣不帛襦袴，礼帅初，朝夕学幼仪，请肄简谅。"这记载的就是西周王公贵族在家庭中对儿童实施的学前教育计划。幼儿会自己吃饭了，就要教他使用右手。幼儿会说话了，就要教他们学习答话，男孩用"唯"，女孩用"俞"。身上带的荷包，男孩的以皮革制成，表示长大将从事勇武之事；女孩的以丝帛制成，表示长大将从事女红之事。到了六岁，要教他识数和辨认东南西北。到了七岁，开始教以男女有别，男孩和女孩，坐不同席，吃饭也不同席。到了八岁，出门进门、坐桌吃饭，一定要让长者在前，开始让他们懂得敬让长者的道理。到了九岁，要教他们知道朔望和会用干支记日。到了十岁，男孩要离开家跟着外边的老师学习，在外边的小学里住宿，学习识字和算术。这时候不穿丝帛缝制的衣裤，防止产生骄奢之心；此前所教的规矩，还要遵循不懈。早晚学习洒扫进退的礼节，勤习简策，学习以诚待人。

西周继承了殷商的传统，也建立了保傅教育制度。贾谊的《新书·保傅》中记载："昔者，周成王幼在襁褓之中，召公为太保，周公为太傅，太公为太师。"太保、太傅、太师合称"三公"，"三公"对太子实施教育时有着明确的分工，其中"保，保之身体；傅，傅之德义；师，师之教训。"可见，保傅之教的内容是比较全面的，包括了德、智、体三方面。西周时期行于宫廷内的乳保教育，也影响到当时一般大夫的家庭教育，如《礼记·内则》中说："大夫之子有食母。"乳保教育制度是指在后宫挑选女子担任乳母、保姆等，以承担保育和教导太子、世子事务的制度。

此外，周朝已经开始出现了胎教的思想。周王室在尚未取代商王朝之前，已经是一个文明程度很高的宗族。据《烈女传·母仪传·周室三母》记载："大任之性，端一诚庄，惟德之行。及其有娠，目不视恶色，耳不听淫声，口不出敖言，生文王而明圣，大任教之，以一识百，卒为周宗，君子谓，大妊为能胎教。"在周文王的母

---

① 胡金平.中外教育史纲 [M].南京：南京师范大学出版社，2008：13.

亲大任怀孕的时候，非常重视胎教的作用。她在孕期不看不雅的场景，不听淫逸无礼的声音，不讲傲慢自大的言语，言行端庄，所以文王生下来就非常聪明，圣德卓著。大任教他一，他就识得百。君子赞叹说，这都是因为大任的胎教做得好。文王能够成为圣德的先君，奠定周朝 800 年不衰的基业，这与母亲大任给予的良好胎教是分不开的。

奴隶社会时期是我国古代学前教育的奠基时期，这个时期学前教育的特点如下。

（1）由于阶级的出现，原始社会的儿童社会公育已经消失，而代之以宗法家族承担教育学前期儿童的任务。

（2）由于奴隶主贵族居于统治地位，垄断着受教育的权利，因而学前教育也仅限于奴隶主贵族的家族中实施。

（3）学前教育与学校教育已经开始出现较为明确的年龄划分。

（4）对儿童实施的学前教育不仅有着鲜明的阶级性，而且已经注意到根据儿童的年龄，制订相应的学前教育计划。

（5）奴隶社会的最高统治者对学前教育尤为重视，建立了针对君主教育的保傅制度，提出了实施胎教的要求。

第二节　封建社会的学前教育

公元前 475 年，我国开始进入封建社会。伴随奴隶制度的崩溃，奴隶社会"学在官府"的局面被打破，私学大兴，教育对象范围扩大，原来为奴隶主贵族所垄断的文化与道德等方面的知识，为更多的人所掌握，从而也为家庭实施学前教育提供了更多的可能性，因此学前教育得到了进一步的发展。

一、封建社会的学前家庭教育

在封建社会，"家庭"是社会的基本单位，是子女与社会最早的接触点，也是我国古代儿童接受学前教育的场所。

（一）封建社会学前家庭教育的目的

1. 为培养统治人才服务

在封建社会，历代统治者多重视教育，设立学校，他们的目的主要在于通过学校教育为封建社会培养"建国君民"的统治人才。在我国古代最早的一本教育学著作《学记》中写道："君子如欲化民成俗，其必由学乎……是故古之王者建国君民，教学为先。"[1] 汉代太学的设立也能够说明这一点。太学，是汉代出现的设在京师的全

---

[1] 孟宪承 . 中国古代教育文选 [M]. 北京：人民教育出版社，1979：95.

国最高教育机构。西汉早期，黄老之学盛行，只有私家教学，没有出现传授学术的学校。汉武帝罢黜百家、独尊儒术之后，采纳董仲舒的建议，开始在长安建立太学。

学前教育是学校教育的基础，都是为培养封建社会需要的统治人才服务的，因此封建社会的许多家庭在实施学前家庭教育的过程中，长辈们常以"学而优则仕"的思想教育儿童，以日后加官进爵的知识启蒙儿童。同时统治者亦非常重视学前家庭教育，视其为封建教育的重要组成部分和造就官僚后备军的人才教育的开始。

2. 奠定齐家治国的基础

古人十分重视家庭教育，并把它作为今后出仕、治国安邦的基础与管理才能的一种检测。秦以后虽实行郡县制，但仍以家庭（家族）为国家对臣民进行统治的中介。中国封建社会历代的地方行政，一般都以县为最基本的行政单位，然而县境广阔，人口众多，要实行有效统治，还必须依靠地方自治性质的乡村组织。由于中国农村社会聚族而居的特点，家族成为乡村组织的基础。乡村组织对百姓实行的是族权与政权的联合统治，因此，国家的统治归根到底要依靠家庭组织的力量。"家之不宁，国难得安"。由此，许多政治家、思想家提出"国之本在家，欲治其国，须先齐家"的观点，并赋予家庭人口生产、物质生产、教育三重职能，使中国传统的家庭具有特殊的意义。

3. 光耀门楣

如果说齐家治国是政治家为古代学前家庭教育制定的终极目标，那么光耀门楣则是普通家庭实施学前教育的实质动机与最切近实际的目的。将个体的光荣与家庭的荣耀联系起来，根源于中国社会的特点。中国古代是个注重血缘关系的社会，历代统治者制定法律，惩罚罪犯，都不只限于个人，总要牵连整个家族，所谓"一人当灾，全家遭殃"，一人犯法，轻者罪及三族，重者株连九族。同样，"一人得道，鸡犬升天"，如在科举时代，若家中有人高中举人、进士，则朝廷以大红喜报报喜，整个家族都将沉浸于喜气洋洋之中。正是个体与家庭间这种休戚相关、荣辱与共的关系，使得学前家庭教育在封建社会显得格外重要。家中长辈都视子女为私有财产，希望通过家教早日使子孙"成龙"，以达到振兴家业、光宗耀祖的目的；同时，子孙们亦以身许家，把光耀门楣作为自己的奋斗目标和报答父母养育之恩的最好方式。

（二）封建社会学前家庭教育的内容

综观上下两千多年的封建社会时期的学前家庭教育，其教育内容主要包括思想品德教育、生活常规教育、文化知识教育、身体保健等方面。

1. 思想品德教育

中国古代是以思想品德为教育内容的主体，主要是使儿童形成初步的道德观念，养成良好的行为习惯。这种德教内容主要包括以下几个方面。

（1）孝悌。注重孝道在我国有着悠久的历史。孔子非常重视孝悌，认为孝悌是做人、做学问的根本。孝悌不是教条，是培养人性光辉的爱，是中国文化的精神。谈孝悌，"父慈子孝，兄友弟恭"都是相对的，并不只是单方面的顺从、尊敬。西周以后，孝悌之道更是成为古代道德的根本，因此在封建社会中，培养幼儿的孝悌观念，也就成为学前家庭教育的首要任务。

对幼儿进行"孝"的教育，主要是要求幼儿从小养成不违父母意志，服从父母绝对权威的习惯。如清代学者李毓秀在其所著《弟子规》中曾说："父母呼，应勿缓；父母命，行勿懒；父母教，须敬听；父母责，须顺承。"对幼儿进行"孝"的教育，还要求幼儿自小养成敬奉双亲的习惯。《孝经·纪孝行》中说："孝子之事亲也，居则致其敬，养则致其乐。"意思是说，孝子的事亲之道，主要是平时对父母态度应恭敬，不得懈怠，尽己之能侍奉父母并使其得到快乐。

（2）崇俭。我国古代是个农业文明的国家，农村的稳定决定着朝廷的安危。农业生产艰辛，丰收得之不易，一如唐诗中所说："谁知盘中餐，粒粒皆辛苦。"故珍惜粮食、崇尚俭朴就成为中华民族的传统美德和家庭教育的重要内容。

在封建社会，父辈创下的家业，小辈坐享其成，难知其中的艰辛。"由俭入奢易，由奢入俭难"。如果不使自己的子弟养成俭朴的生活习惯，他们就有可能成为败家之子，这也是许多家庭重视对儿童进行崇俭教育的一个重要原因。为了培养儿童的俭朴生活习惯，对于幼儿的饮食与衣着，古人主张不能过于讲究，如《礼记·曲礼》中曾规定："童子不衣裘裳。"这不仅是因其过暖不利于儿童发育，更主要的是因其华贵不利于儿童养成崇俭的习性。

（3）诚信。诚信就是诚实无欺。幼儿的天性纯洁美好，"绝假纯真"，然而由于不正确的影响或幼儿自身因自夸或惧过之故，有时也会说谎，这是日后欺诈之心生长的萌芽，长此以往，其"童心"将逐渐失却，"若失却童心，便失却真心；失却真心，便失却真人；人而非真，全不复有初矣"。[1] 要维护此诚实无欺的"童心"，使之不失，长辈首先应该从正面进行教育。而由于幼儿年幼无知，难辨是非，长辈又应以自身诚实的行为来引导幼儿。

（4）为善。善，在封建社会主要是指合乎道义、合乎礼仪的事。古代学前家庭教育中非常注意使幼儿养成行善去恶的观念，经常教育幼儿除在家孝顺父母、敬爱兄长外，在外凡是合乎道义的利人之事应为之。由于孩童年幼，不可能做出惊天动地的大善事，故许多家长都非常重视教育幼儿"去小恶成大善，积小善以成大德"。

2. 生活常规教育

封建礼教是封建时代人们思想行为的规范体系。孔子说："非礼勿视，非礼勿听，非礼勿言，非礼勿动。"即要求不符合社会道德规范和行为准则的事，不看、不听、不说、不做。这四个规范，就是从眼睛、耳朵、嘴巴、身体严格地管束自己，由外在

---

[1] 中国学前教育史编写组.中国学前教育史资料选 [M].北京：人民教育出版社，1989：48-49.

规范熏陶自己。古代关于儿童生活常规的要求很多，被概括为"幼礼"或"童子礼"。

在儿童自身的举止行为方面，古代对儿童的坐、立、行、跪、拜、起居、饮食等各方面都有严格的规定。比如"正衣冠"，据《礼记》记载："礼义之始，在于正容体，齐颜色，顺辞令。"因此，古代开学仪式的第一课即是"正衣冠"。古人认为："先正衣冠，后明事理。"让学生注重自己的仪容整洁，是首先要上的第一课。入学时，新生要一一站立，由先生依次帮学生整理好衣冠。然后，"衣冠整齐"地排着队到学堂前集合。恭立片刻后，才能在先生的带领下进入学堂。

在儿童与家中长辈的关系方面，古代更是制定了详尽的行为准则，统称为"应对、进退之节"。在婴儿手足能自主活动的时候，就要教他拱手作揖。每日清晨黄昏要向父母请安，逢年过节及长辈寿辰要叩头行礼。

养成讲究卫生的习惯也是古代培养儿童家庭生活常规的重要内容。朱熹认为儿童平时应十分注意衣着整洁，尽量避免弄脏衣服，并要勤换勤洗。除了注重个人卫生，还要保持环境卫生。古代要求儿童讲究卫生的目的，主要是培养儿童恭谨、持重的品德。此外，也是培养儿童形成自幼勤劳的习惯。

3. 文化知识教育

古人非常重视从幼儿期就开始学习必要的生活知识。《礼记·内则》中六岁"教之数与方名"（识数和辨识方向），九岁"教之数日"（朔望和会用干支纪日），这些都属于早期的知识教育。由于古代没有普遍设置的小学体系，所以本属小学教育的内容常常提前至学前教育阶段就开始传授。封建社会家庭对幼儿实施的文化知识教育，主要是教他们识字、学书、听解《四书》，以及学习一些名诗、名赋、格言等。识字教育是文化知识教育的重点与起步，在有条件的家庭中，幼儿的识字教育一般在三四岁时便已开始。封建社会对于用作幼儿识字启蒙教育的字书教材的编写颇为重视，秦时李斯著有《仓颉篇》，赵高作《爰历篇》；汉时司马相如撰《凡将篇》，史游作《急就篇》；南朝周兴嗣的《千字文》与宋代王应麟的《三字经》，以及无名氏的《百家姓》，简称"三、百、千"，则是古代蒙学字书编写的代表作，它们流传极广。

古代家庭教育中，由于人们普遍认为幼儿因手骨没有发育完全，执笔有一定困难，故识字教学与习字教学常常是分开进行的。一般的家庭在幼儿六七岁时才开始教他用毛笔在纸上练习写字。教幼儿习字的程序大致是先教幼儿把笔，其次是教幼儿描红，第三步则是教幼儿临摹名家碑帖，最后才是脱离碑帖习字。

及早教幼儿识字、习字是为了使幼儿能及早阅读儒家典籍。在某些家庭中，或出于父母"望子成龙"心切，或由于幼儿特别聪慧，当幼儿四五岁已能识得一些字后，便开始教授《四书》《孝经》等，北齐的颜之推曾说："士大夫子弟，数岁已上，莫不被教，多者或至《礼》《传》，少者不失《诗》《论》。"可见当时的士大夫家庭对幼儿进行儒家经典的教学已很普遍。

由于诗赋是科举考试中的一项重要内容，故在家庭中亦极为重视对幼儿进行诗赋知识的启蒙。当时在家庭中主要是选择汉赋中的某些名篇、唐宋诗中的某些名家作品让幼儿背诵。最为常用的教材有《唐诗三百首》《千家诗》和北宋汪洙的《神童诗》等。

教育史话

孟母断机教子

孟子虽然天性聪颖，但是也有一般孩子的顽皮。到学宫学习了一段时间后，开始的新鲜劲头过去了，贪玩的本性难移，有时就逃学，对母亲谎称是找丢失的东西。有一次孟子又早早地跑回了家，孟母正在织布，知道他又逃学了。孟母把孟子叫到跟前，把织了一半的布全部割断。孟子问为什么要这样，孟母回答说："子之废学，若吾断斯织也！"教育孟轲，学习就像织布，靠一丝一线长期的积累。只有持之以恒，坚持不懈，才能获得渊博的知识，才能成才，不可半途而废。逃学就如同断机，线断了，布就织不成了，常常逃学，必然学无所成。孟轲幡然大悟，从此勤学苦读，没有辜负母亲的期望，终于成了一位伟大的思想家和教育家。

4.身体保健

古代学前儿童的教育内容是以思想教育与文化知识教育为主，但同时在许多家庭中也注意到教养结合的问题，强调注重对婴幼儿的身体保健工作。明代医师万全在《育婴家秘·鞠养以慎其疾》中认为："（小儿）能坐、能行，则扶持之，勿使倾跌也。"明人徐春甫要求僮仆、婢妾"不可训其手舞足蹈，无礼骂人，高举放倒，猛推闪避"。为了提高婴幼儿抗御疾病的能力，许多中医学者反对婴幼儿过饱过暖。

游戏是学前儿童喜爱的活动，也是古代家庭中加强幼儿身体锻炼的一种重要方法。早在战国时期，《韩非子·外储说左上》中就有小孩玩"过家家"游戏的记载："夫婴儿相与戏也，以尘（土）为饭，以涂（泥）为羹，以木为胾。"大意为：那小孩子之间玩游戏，以尘土作为饭，以泥水作为汤，以木头作为肉块。古时能起到锻炼身体作用的幼儿游戏主要有拔河、骑马、跳百索、滚铁环、陀螺、放风筝、踢毽子、踢球（琢石为球，以足蹴之，前后交击为胜）等，许多游戏至今仍为幼儿们所喜爱（图1-3）。

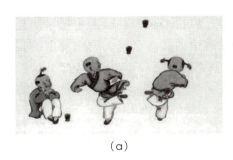
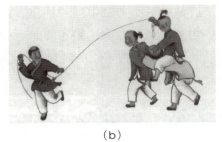

（a）　　　　　　　　　　　　　　（b）

图1-3　古代儿童游戏

（a）踢毽子；（b）过家家

　　封建社会学前家庭教育的内容非常丰富，它涵盖了德、智、体等诸方面，与学校教育和社会教育的内容在本质上是一致的，体现了教育的连贯性。但古代学前家庭教育的内容又是偏颇的，它过于突出德育与智育，而且许多繁杂的教育内容过于成人化与教条化，使幼儿难以承受，在很大程度上扼杀了儿童的天性。

二、封建社会的胎教思想

（一）胎教的发展历史

　　我国胎教的历史可以追溯到西周时期。到了汉代，民间胎教思想得到了长足的发展，贾谊的《新书》中专设"胎教"一篇，论述胎教的必要性。他认为，胎教之道应当"书之玉版，藏之金柜，置之宗庙，以为后世戒"。大意为：胎教的方法，应该雕刻在美玉上，珍藏在黄金打造的柜子里，放在宗庙之中，让后世子孙引以为戒。汉代学者认为人的本性与世间万物是相通的，因此女子在怀孕的时候，一定要注意自己所想和所做的。言语行为如果与善相应，就生出良善的孩子，如果与恶相应，就生出不善的孩子。儿女的性情容貌和万物相像的，都是母亲与万物相感的结果。

　　南北朝、隋唐时期，胎教思想完全深入民间，这得益于颜之推和中医学科。北齐学者颜之推在《颜氏家训》的首篇中就开门见山教子孙如何胎教："古者圣王有胎教之法，怀子三月，出居别宫，目不斜视，耳不妄听，音声滋味，以礼节之。书之玉版，藏诸金匮。"意思就是，按照古代圣人的做法，怀孕三个月，胎儿定型了，就将孕妇单门独院地安排一个环境，孕妇所见所闻所食用，都是"绿色"的、健康的，墙上最好挂些名言警句，房里最好摆放上文房四宝、经典名著，给孕妇营造一个好的人文环境。历代医著和医家对于"胎教"的内容也有很多记述。南北朝至隋唐，中医学体系逐渐形成。在医生们的号脉问诊之中，古老的胎教学便慢慢蜕去儒教思想的圣光，与医学结合起来。中医从医学和生理学的角度来研究胎教，倡导胎教，也就进一步促进胎教进入百姓生活。南齐时出现了历史上最早的胎教专著《太公胎教》，它提倡"母常居静室，多听美言，讲论诗书，陈说礼乐，不听恶言，不视恶事，不起邪念"，并强调如此生下的孩子将"福寿敦厚，忠孝两全"。

唐代孙思邈在《千金方·养胎》中提出教育儿童必须从胎教入手。他提出的胎教原则是"弹琴瑟，调心神，和性情""节嗜欲""居处简静""庶事清净""口诵诗书、古今箴诫"，他也进一步阐明了逐月养胎之法。隋唐之际，胎教已经在民间十分盛行，反过来影响到统治者，李世民曾说："古有胎教世子，朕则不暇。"南宋朱熹将胎教细则简练地归纳为12字，即孕妇要时刻注意"一寝一坐，一立一食，一视一听"，以便使胎儿能够"气禀正而天理全"。明清时期胎教理论更加完善，康有为在其《大同书》中强调胎教对一个新生儿成长的重要性，"反本溯源，立胎教之义，教之于未成形质之前""天下之人皆出子胎，胎生既误，施教无从。然而胎教之地，其为治者之第一要地"。另外，他主张建立以提高人口质量为目的的胎教院——"人本院"。①

（二）胎教的经验

纵观古代胎教的历史，可以看出，我国胎教历史悠久，很受社会重视，有着相当程度的发展，也积累了大量的经验。

1. 品行修养

我国古代的胎教非常重视孕妇的品行修养，古人认为"品行端庄，道德高尚，处事无妒忌之心，待人无狡诈之意，宽厚诚实，则生子操行高尚"。这正是哲理中所说的"近朱者赤，近墨者黑"，胎儿与母亲共存一体，世界上没有比这个更近的距离了，母亲的品行直接影响着胎儿，胎儿将不加选择地接受。

2. 注重环境

古代胎教认为，优美的环境能给人一个好的心态。宁静的心态、高尚的情操与惬意的环境组合成一个和谐的有机体，孕妈妈始终保持最佳的心境，将天地万物的爱都凝聚到胎儿身上，这样内感外应，孕妈妈气血和顺，胎儿调固。这是古代胎教中最重要的一环，影响着胎教的成败。

3. 饮食宜忌

饮食是母体的重要营养来源，胎儿的营养来源于母体的气血，因而母体的饮食对胎儿的发育有着直接影响，主张孕妇的饮食应营养丰富而易于消化，宜清淡，不宜膏厚味、煎炙辛辣。就是说，孕妇饮食以清淡平和为宜，鱼、肉都可以吃，但是不可以吃得太多，应有所节制，特别是不要饥一顿饱一顿，甚至暴饮暴食，假如饮食失节，饥饱无度，嗜食厚味，皆可使脾胃运化失常而胎失所养。

4. 慎用药物

我国的胎教思想也非常注重孕妇的药物使用问题。例如明代《育婴家秘》中就有"凡孕妇无疾不可服药，设有疾只以和胎为主，中病即已，勿过用剂也"的论述。

① 王小婷.论中国古代民间胎教思想习俗及其科学性[J].山东社会科学，2012（11）：88-93.

《妇人良方》中还特意编写了《孕妇药忌歌》，可见古代医学家对孕妇服药也有严格的要求。

 **拓展阅读**

什么是"开蒙"？

开蒙，旧时指儿童入书塾接受启蒙教育，泛指开始教儿童识字学习。古代儿童开蒙的年龄一般在 4 岁左右，现在也有一种观点认为，4 岁恰好是儿童学习汉字的最佳年龄段。古代教育家将幼儿从识字开始到 15 岁入大学之前这一阶段称为蒙学阶段。古代教育家认为儿童时期记忆力最强，应利用这一有利条件，应当读的书要熟读成诵。清朝人陆世仪《论小学》中说："自十五以前，物欲未染，知识未开，则多记性，少悟性……故人凡有所当读书，皆自十五以前使之熟读。若年稍长，不惟不肯诵读，且不能诵读矣。"可见，儿童时期是学习国学的最佳年龄阶段。

 **本章小结**

对儿童的"社会共育"是原始社会儿童教育的基本形式，生产劳动教育是重要的儿童教育内容。原始社会后期，军事教育，如学习和使用武器及作战方法，锻炼强健的体魄，也成为一项重要的教育内容。

奴隶社会时期是我国古代学前教育的奠基时期。对儿童实施的学前教育有着鲜明的阶级性，奴隶主贵族垄断着受教育的权利，因而学前教育也仅限于在奴隶主贵族的家族中实施，学前教育与学校教育已经开始出现较为明确的年龄划分。

在封建社会，"家庭"成为我国古代儿童接受学前教育的场所。这个时期学前家庭教育的目的是为培养统治人才服务、奠定齐家治国的基础、光耀门楣。家庭教育的内容包括思想品德教育、生活常规教育、文化知识教育和身体保健。我国胎教的历史可以追溯到西周时期。到了汉代，民间胎教思想得到了长足的发展。我国的胎教的主要经验有：品行修养、注重环境、饮食禁忌和慎用药物。

 **思考练习**

1. 原始社会儿童公育的特点有哪些？
2. 分析我国古代道德教育的利与弊。
3. 对比当代胎教理念，分析我国古代胎教思想对现在的启示。

第二章　中国古代学前教育思想

★ **学习目标导航**

1. 熟悉中国古代著名教育家的主要思想。
2. 比较各教育家学前教育思想的异同。

★ **内容结构导图**

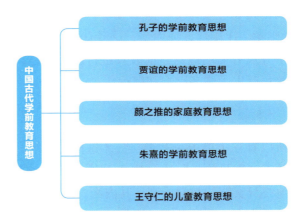

中国古代学前教育思想
- 孔子的学前教育思想
- 贾谊的学前教育思想
- 颜之推的家庭教育思想
- 朱熹的学前教育思想
- 王守仁的儿童教育思想

★ **本章摘要**

在我国古代学前教育漫长的发展历史中，有许多思想家和教育家从不同角度论述过学前教育的相关理论，这些不同的论述形成了我国古代学前教育思想的体系和特色，也对当时的学前教育实践起到了重要的指导作用。本章选择具有代表性的几位思想家的学前教育思想予以简述，他们的思想理论流传至今，值得我们深入研究和借鉴。

第一节　孔子的学前教育思想

孔子（公元前551—公元前479），子姓，孔氏，名丘，字仲尼，鲁国陬邑（今山东曲阜）人，祖籍宋国栗邑（今河南夏邑），中国著名的思想家、教育家。孔子开创了私人讲学的风气，是儒家学派创始人。

孔子在中国历史上最早提出人的天赋素质相近，个性差异主要是因为后天教育与社会环境影响（"性相近也，习相远也"）。因而人人都可能受教育，人人都应该受教育。他提倡"有教无类"，创办私学，广招学生，打破了奴隶主贵族对学校教育的垄断，把受教育的范围扩大到平民，顺应了当时社会发展的趋势。他主张"学而优则仕"，学习了还有余力，就去做官。他的教育目的是要培养从政的君子，而君子必须具有较高的道德品质修养，所以孔子强调学校教育必须将道德教育放在首要地位（"弟子入则孝，出则悌，谨而信，泛爱众，而亲仁。行有余力，则以学文"）。

虽然孔子并没有专门针对学前教育进行研究论述，但其关于教育的思想和教学原则对学前教育产生了诸多影响和启示。

一、因材施教

孔子之所以有三千弟子、七十二贤才这样的成绩，除他本人具有良好的素质之外，主要得益于"因材施教"这一教育原则。"因材施教"这一术语并非孔子直接提出，但却是他终身实践的教学原则，其内涵有四方面：[1]

（1）承认学生个体差异是因材施教的前提。孔子认为不同的学生在智力、能力、性格、志向及学习态度、学习专长上都有差异。他在《论语·阳货》中说："唯上智与下愚不移。"意思说人的智力有上智、下愚和中人之分。

（2）充分、全面了解每个学生的个体差异是因材施教的基础。孔子非常重视"知人"。他说："不患人之不己知，患不知人也。"意思是一个人不害怕别人不了解自己，就害怕自己不了解别人。

（3）尊重学生的个体差异是因材施教的关键。据说孔子有弟子三千人，精通六艺者七十二人。孔子之所以能培养很多优秀的人才，和他不歧视学生的缺点，尊重学生个体差异，顺势培养是分不开的。

（4）根据学生个性差异。因人施教是因材施教的精髓，孔子善于根据学生的才能、兴趣、专长和发展现状，对症下药，因材施教。正如宋代思想家程颐在《程集·遗书》中所说："孔子教人，各因其材，有以政事入者，有以言语入者，有以德

---

[1] 周玲玲 . 孔子"因材施教"教育原则对当前学前教育的启示 [J]. 湘潭师范学院学报（社会科学版），2009（5）.

行入者。"

孔子"因材施教"的思想启示我们：首先要承认幼儿存在个体差异，幼儿的学习方式和发展速度各有不同，在不同学习与发展领域的表现也存在明显差异。孩子年龄越小，个体差异就越明显，因此，教师要公平对待每个幼儿。另外，教师要因势利导，在充分、全面了解每个幼儿的个体差异的前提下，根据每个幼儿的个体差异，把因材施教和全面发展相结合。

二、乐学与启发式教学

首先，《论语·雍也》记载"知之者不如好之者，好之者不如乐知者"。这里孔子强调学生需"乐学"；另外，孔子还强调对学生进行启发式教学。《论语·述而》说："不愤不启，不悱不发，举一隅不以三隅反，则不复也。"朱熹《四书集注》对这句的解释是："愤者，心求通达而未得之意。悱者，欲言而未能之貌。启，谓开其意；发，谓达其辞。物之有四隅者，举一可知其三。反者，还以相证之义。"孔子这段话明确地揭开了启发式教学原理的四层意思：一是学生自己要主动思考；二是教学要讲启发式；三是适时启发，学生思考到差不多但不得其意，欲言不能时启发之；四是启发的结果能举一反三。

在幼儿园中，启发式教学也是幼儿教师经常使用的教学方式。启发式教学首先要注重激发幼儿的学习兴趣和参与活动的主动性、积极性，使幼儿愉快地参与到活动之中；其次，要注重调动幼儿的心智活动，提供给幼儿一种自我探索、自我思考、自我表现的机会；最后，还要注重建立民主、和谐的师生关系，师生双方相互尊重、相互信任、相互配合、相互促进。

第二节　贾谊的学前教育思想

贾谊（公元前200—公元前168），汉族，洛阳（今河南洛阳市）人，西汉初年著名政论家、文学家，世称贾生。贾谊少有才名，十八岁时，以善文为郡人所称。文帝时任博士，迁太中大夫，受大臣周勃、灌婴排挤，谪为长沙王太傅，故后世亦称贾长沙、贾太傅。三年后被召回长安，为梁怀王太傅。梁怀王坠马而死，贾谊深自歉疚，抑郁而亡，时仅33岁。司马迁对屈原、贾谊都寄予同情，为二人写了一篇合传，后世因而往往把贾谊与屈原并称为"屈贾"。

贾谊著作主要有散文和辞赋两类，深受庄子与列子的影响。他在散文方面的主要成就是政论文，评论时政，风格朴实峻拔，议论酣畅，鲁迅称之为"西汉鸿文"，代表作有《过秦论》《论积贮疏》《陈政事疏》等。其辞赋皆为骚体，形式趋于散体化，是汉赋发展的先声，以《吊屈原赋》《鵩鸟赋》最为著名。贾谊的著述，今人辑为《贾谊集》，包括《新书》10卷。他关于早期教育的论述，主要见于《新书》的《傅职》《保傅》《劝学》《胎教》诸篇中。

一、及早施教

贾谊的胎教思想是其学前教育思想中极具特色的部分。在《新书·胎教》篇中，贾谊引述了《周易》《诗经》《春秋》《仪礼》等经典著作重视开篇的例子说明"君子慎始"的观念。他的胎教理论也是基于这样的逻辑，认为要想做到将儿童培养成德行高尚的人才，必须注重胎教。[①]

贾谊认为，君主教育意义重大，因为它关系到国家的兴衰存亡。而对太子的教育，直接关系到国家将来的安危。因此，必须使太子接受良好的教育，使其品行端正，只要太子行得正，天下就安定。贾谊认为："太子之善，在于早谕教。"对君主继承人的教育在其未出生前就要进行。王后怀胎七个月，就要迁往安静清幽的地方居住，使其不听邪音，不食邪味，以养成良好的心性，保证充足的营养。另外，一切言行举止皆合正礼，这样生出的婴儿才会中正不邪。[②]

如果说胎教尚属通过母体对胎儿施加的间接影响，那么在太子出生后，直接的教育就开始了。贾谊主张在太子出生时，便举行一定的礼节仪式，对其加以熏陶影响，及早施教。

及早施教之所以重要：其一，在于小时候形成的品行习惯根深蒂固，就仿佛人的天性一般，不易改变；其二，在于婴幼儿尚未受到外界环境的不良影响，心地单纯，容易形成良好的品德。

二、慎选左右

贾谊认为，慎重择师是对君主进行早期教育的根本保证。周朝设有专门辅导和教谕君主及太子的官员，称为师、傅、保。其中太师、太傅、太保合称为"三公"，他们的副职分别是少师、少傅、少保，合称为"三少"。贾谊在《新书·保傅》中提到："周成王幼在襁褓之中，召公为太保，周公为太傅，太公为太师。保，保其身体；傅，傅其德义；师，道之教训。三公之职也。"[③] 贾谊认为太子一出生就要受到严格正规的专业教育，并让"三公""三少"教育其孝仁礼义，远离恶人。这样太子才能够"见正事，闻正言，行正道，左右前后皆正人"，从而达到"少成若天性，习惯如自然"。贾谊充分吸收了先秦著名思想家的教育思想，认为殷周国运长久，暴秦二世而亡与太子教育有着密切关系。所以，太子成长过程中，接受身边品德高尚

---

① 陈祥龙. 贾谊的学前教育思想论析 [J]. 教育文化论坛，2013，5（4）：59-62.
② 唐淑. 学前教育思想史 [M]. 北京：人民教育出版社，2009：15.
③ 贾谊. 新书校注 [M]. 阎振益，钟夏，校注. 北京：中华书局，2000：183.

的人的影响，潜移默化形成习惯，这样长大以后就不会被恶劣的习俗所改变，从而成为百姓能够信赖的人。

三、三育并举

贾谊关于"三公"的论述充分体现了他体、智、德三育并举的思想。婴幼儿正处在长身体的阶段，将"保其身体"置于首位，符合儿童生长发育的特点。在保证太子身体健康发育的前提下，还要特别注重道德教育。"傅之德义"显然属于德育，而"道之教训"虽属智育，但教训的内容仍然离不开道德的范畴。贾谊非常注重人的道德品质培养，他认为人的善行不能因其小而认为无多大价值，同样，人的恶行也不能因其小而觉得无关紧要。所以，对于儿童极为细微的闪光点，应及时加以引导，使其发扬光大；对他们行为中的小毛病，切不可听之任之，而要及时加以制止，使其迅速改正。总之，三育并举，德育为本，是贾谊早期教育思想的核心。

贾谊的教育思想虽然是针对君主提出来的，具有一定的局限性，但是其基本的精神对于一般儿童的早期教育也是可以借鉴的。他的早期教育思想为我国古代的学前教育理论发展奠定了一定的基础。

第三节　颜之推的家庭教育思想

自古以来我国就很重视家庭教育，如"曾子杀猪""孟母三迁"等故事。而颜之推关于家庭教育的贡献尤为重要。颜之推（531—约591），字介，琅邪临沂人，中国古代文学家、教育家。出生于江陵（今湖北江陵）的一个士族官僚之家，为南齐治书御史颜见远之孙、南梁咨议参军颜勰之子。

颜之推著有《颜氏家训》，是北朝后期重要的散文作品，且在家庭教育发展史上有重要的影响。《北齐书》本传所载《观我生赋》，亦为赋作名篇。他早传家业，12岁时听讲老庄之学，因"虚谈非其所好，还习《礼》《传》"，生活上"好饮酒，多任纵，不修边幅"。他博览群书，为文辞情并茂，得南梁湘东王萧绎赏识，19岁就被任为国左常侍。后投奔北齐，历20年，官至黄门侍郎。公元577年，北齐为北周所灭，他被征为御史上士。公元581年，隋代北周，他又于隋文帝开皇年间，被召为学士，不久以疾终。依他自叙，"予一生而三化，备荼苦而蓼辛"，叹息"三为亡国之人"。《颜氏家训》共20篇，是颜之推用儒家思想教训子孙、以保持自己家庭的传统与地位而写出的一部系统完整的家庭教育教科书。这是他一生关于士大夫立身、治家、处事、为学的经验总结，在封建家庭教育发展史上有重要的影响。后世称此书为"家教规范"。

一、及早施教，推崇胎教

颜之推非常注重儿童的早期教育，他认为幼儿期是一个人发展的奠基时期，家长应该抓紧时机，及早地对婴幼儿进行教育，并且越早越好，甚至到胎教。颜之推认为，孕妇的道德行为影响胎儿的生长，孕妇"目不邪视，耳不妄听"，胎儿便能"正"而勿"邪"。他引用了孔子"少成若天性，习惯成自然"的思想作为理论依据，又引俗谚"教妇出来，教子婴孩"作为例证来论证自己的观点。他主张儿童出生以后，便应以明白孝仁礼义的人"导习之"。

颜之推说："当及婴稚，时人颜色，知人喜怒，便加教诲。"为何在"当及婴稚"要实施教育呢？他认为，一是由于这时人的可塑性大。二是幼童时期，精神专注，教育效果好。他又说："人生小幼，精神专利，长成以后，思虑散逸，固须早教，勿失机也。"就是说幼年时期心灵纯洁，未染恶习，比较容易接受影响，是教育的最佳时期。如果等到长大成人，思虑懒散的时候才去教育，那就丧失了教育的关键时期。颜之推的这种观点与我们当前所强调的早期教育思想是一致的，是符合儿童身心发展规律的。

二、严慈结合

颜之推认为，在儿童家庭教育中，应该懂得如何教子与爱子。对于父母对孩子的教育，他主张"有教有爱，反对溺爱，提倡体罚"。善于教育子女的父母能把教育和爱护巧妙地结合起来，往往会收到良好的教育效果；不善于教育子女的父母往往只爱无教，或只教无爱，最终造成"失之毫厘，谬以千里"的不良后果。在他的主张里，"有教有爱"与"反对溺爱"在当代社会仍然实用，但是他"提倡体罚"的思想显然已经不符合现代的教育思想。

三、均爱无偏

颜之推认为，在家庭教育中切勿偏爱，对所有子女都应一视同仁。他说："贤俊者自可赏爱，顽鲁者亦当矜怜，有偏宠者，虽予以厚之，更所以祸之。"大意为："聪明俊秀的孩子固然值得赏识和喜欢，但那些顽皮愚钝的孩子也应当得到怜惜和爱护。被父母偏宠的孩子，虽然父母是想优待他，但却因此害了他。"家庭教育中父母偏爱孩子，可能会导致受冷落的孩子自尊心受到伤害，妨碍他们的成长；受宠爱的孩子，也会后遭其祸。这和现在的家庭教育观念很接近，在现在的家庭里，被父母宠爱的孩子长大后都会觉得别人爱他是理所当然的，如果别人不爱他，他就会使用非常极端的方式让别人爱他；然而被冷落的孩子就会对世界失去兴趣，他们会封闭自己，远离世界，变得越来越孤独。

四、风化陶染

颜之推认为，儿童正处于生长发育的阶段，极易受到周围环境的影响。而且，在学前教育期间的孩子，主要通过模仿来学习和认识世界。颜之推要求做长辈的应以身作则、率先垂范，既要注重言传，更要注重身教，时时事事给子女以榜样的作用。他强调在儿童品德塑造方面最重要的不是长篇说教，而是良好的长者示范。他把成人道德榜样对孩子的影响称之为风化，他说："夫风化者，自上而行于下者也，自先而施于后者也。"这是一种自然的仿效，丝毫不需强制。为此，颜之推自己以身作则，使用标准语言，并认真示范。

他还认为，在儿童家庭教育中，要注意儿童所结交的朋友，关心他们与家庭成员以外的人的交往，要求儿童必须"与善人居""交益友"。因为和好人交朋友，时间久了自己也会变好；和坏人交朋友，时间长了自己也会变坏。

五、德艺双修

颜之推认为，家庭教育的目的在于培养对国家有用的人才，这种人才必须德行和学艺两者皆备。首先，要重视对儿童进行道德理想和道德情操的教育。父母教育子女从小立志，树立高尚的生活理想，确立正确的道德观念，分清是非善恶。另外，要对儿童进行广泛的"艺"教，即"修以学艺"。他认为士族子弟大多不学无术，却又鄙视农工、商贾，当乱世来临，他们毫无生存能力，以至于死无葬身之地。一个人只要有一技之长，即使在兵荒马乱的年代，也可以安身立命。因此，"艺"教对一个人来说非常重要。他认为"艺"可以分为"文艺"和"杂艺"。所谓"文艺"主要指"六经"以及百家之书，而"杂艺"，包括琴、棋、书、画、医、数、射、卜等。这些"杂艺"在生活中各有其实用价值，学成一艺，"得以自资"。

颜之推有丰富的社会阅历和广博的知识。他把自己立身、为学、治家、处世的经验体会加以总结，写成《颜氏家训》，用以训诫子孙，勉励他们努力学习，继承家风，扬名于世。但是，颜之推的思想因受到阶级和时代的局限，其家庭教育思想中也存在一些目前与现代教育思想相悖的理论，如重劳心、轻劳力、主张体罚等，为此我们应加以批判的吸收。但他重视家庭教育，尤其是儿童早期教育，在家庭教育的意义、内容、原则和方法等方面提出了一系列有价值的观点，对当今家庭教育具有重要的启发和借鉴作用。

 拓展阅读

颜之推《颜氏家训·教子篇》

原文：

上智不教而成，下愚虽教无益，中庸之人，不教不知也。古者，圣王有胎教之法：怀子三月，出居别宫，目不邪视，耳不妄听，音声滋味，以礼节之。书之玉版，藏诸金匮。生子咳嗳，师保固明，孝仁礼义，导习之矣。凡庶纵不能尔，当及婴稚识人颜色，知人喜怒，便加教诲，使为则为，使止则止。比及数岁，可省笞罚。父母威严而有慈，则子女畏慎而生孝矣。吾见世间，无教而有爱，每不能然；饮食运为，恣其所欲，宜诫翻奖，应诃反笑，至有识知，谓法当尔。骄慢已习，方复制之，捶挞至死而无威，忿怒日隆而增怨，逮于成长，终为败德。孔子云："少成若天性，习惯如自然"是也。俗谚曰："教妇初来，教儿婴孩。"诚哉斯语。

译文：

智力超群的人，不用教育他就能成才；智力迟钝的人，虽然教育他也没有用处；智力中常的人，不教育他就不会明白事理。古时候，圣王有所谓胎教的方法：王后怀太子到三个月时，就要搬到专门的房间，不该看的就不看，不该听的就不听，音乐、饮食，都按照礼节制。这种胎教的方法，都写在玉版上，藏在金柜里。太子生下来到两三岁时，师保就已经确定好了，从那时起开始对他进行孝、仁、礼、义的教育训练。普通平民纵然不能如此，也应当在孩子知道辨认大人的脸色、明白大人的喜怒时，开始加以对他们教诲，叫他去做他就能去做，叫他不做他就不会去做。这样，等到他长大时，就可不必对他打竹板处罚了。当父母的平时威严而且慈爱，子女就会敬畏谨慎，从而产生孝心。我看这人世上，父母不知教育而只是溺爱子女的，往往不能这样；他们对子女的吃喝玩乐，任意放纵，本应告诫子女的，反而奖励，本应呵责，反而面露笑容，等到子女懂事，还以为按道理本当如此。子女骄横傲慢的习气已经养成了，才去制止它，把子女鞭抽棍打死也树立不起威信，对子女火气一天天增加，招致子女的怨恨，等到子女长大成人，终究是道德败坏。孔子说："少成若天性，习惯如自然。"便是这个道理。俗话又说："教媳妇趁新到，教儿子要赶早。"这句话一点不假啊！

第四节　朱熹的学前教育思想

　　朱熹（1130—1200），字元晦，又字仲晦，号晦庵，晚称晦翁，谥文，世称朱文公。宋朝著名的理学家、思想家、哲学家、教育家、诗人，闽学派的代表人物，儒学集大成者，世尊称为朱子。朱熹是唯一非孔子亲传弟子而享祀孔庙，位列大成殿十二哲者中，受儒教祭祀。朱熹是"二程"（程颢、程颐）的三传弟子李侗的学生，与二程合称"程朱学派"。

　　朱熹的理学思想对元、明、清三朝影响很大，成为三朝的官方哲学，是中国教育史上继孔子后的又一人。朱熹19岁考中进士，曾任江西南康和福建漳州知府、浙东巡抚，做官清正有为，振举书院建设。官拜焕章阁侍制兼侍讲，为宋宁宗讲学。

　　朱熹一生热衷于教育事业，从政仅14年，而专门从事教育活动时间长达40年之久。即使在为官期间，他也重视文教、锐意办学，未曾间断教育工作，如为南康之军时，修复白鹿洞书院，并在其中讲学，制定学规，对后世影响很大；为潭州知州时，倡导州学、县学，亲自主持修复岳麓书院，处理政务之余，仍教诲诸生不倦。朱熹著述甚多，有《四书章句集注》《太极图说解》《通书解说》《周易读本》《楚辞集注》，后人辑有《朱子大全》《朱子集语象》等。其中《四书章句集注》成为钦定的教科书和科举考试的标准。他的儿童教育思想除散见于一些诗文之中，还见于他为儿童编写的教材《小学》与《童蒙须知》中。

一、论儿童教育的意义

　　朱熹十分重视幼儿教育。他说："必使其讲而习之于幼稚之时，欲其习与智长，化与心成，而无扞格不胜之患也。"[1] 这就是说，一定要在幼儿时期就对年轻一代进行教育，使他们的知识、智慧随着实践锻炼而增长，使其思想随着教化感染而形成，就不会有抵触礼义道德而养成坏思想的后患。他还认为如果从小就抓紧对儿童的教育，等他长大后就已经打好"圣贤坯璞"，这时只需就此坯璞打磨修饰，就能成为圣贤。同时，他还说，如果幼儿时期的教育不端正，长大了就会更加"浮靡"。因此，幼儿教育对一个人一生的成长至关重要。

二、儿童教育的内容

　　朱熹认为，儿童年幼，智识未开，思维能力较弱，根据这一特点，儿童教育的内容应当力求浅近、具体。为此，他提出儿童要学习眼前日用之事，具体包括：在礼仪规范方面，学习"洒扫、应对、进退之节"；在文化知识方面，学习"礼、乐、

---

[1] 朱杰人，严佐之，刘永翔. 朱子全书：第13册 [M]. 上海：上海古籍出版社，2002：393.

射、御、书、数之文";在道德品质方面,学习"爱亲、敬长、隆师、亲友之道"。他认为,要让儿童在日常生活中,通过具体行事,逐步懂得基本的道德规范,养成良好的行为习惯,掌握初步的文化知识,在"学其事"的实际活动中经受锻炼,培养德性,增长才干,成为"圣贤坯璞"。

为了使幼儿能够比较系统的学习,履行日常行为规范,朱熹专门编写了一本《童蒙须知》,以作为幼儿的守则。《童蒙须知》分衣服冠履、言语不趋、洒扫涓洁、读书楔子、杂细事宜等目,对儿童生活起居、学习、道德行为礼节等均作详细规定。例如,"凡为人子弟,当洒扫居处之地,拂拭几案,当令洁净"。"凡读书,须整顿几案,令洁净端正"。"读书有三到,谓心到、眼到、口到。心不在此,则眼看不仔细。心眼既不专一,却只仅仅诵读,决不能记"。"凡为人子弟,须是低声下气,语言详缓,不可高声喧哄,浮言戏笑"。

三、儿童教育的原则与方法

(一)严格要求

朱熹引张载的话说:教小儿,首先要使其安详恭敬,严格履行各种道德规范。如果不严格要求,男女从幼便骄惰坏了,等到长大,就更加凶狠。之所以如此,就在于自幼就未尝按为人子弟的规矩行事。[①]

(二)提倡以正面教育为主

朱熹在教育工作中一贯重视和提倡以正面教育为主,尤其是对儿童教育,他更为强调多积极诱导,少消极限制。因此在他编写的《小学》一书中,他非常重视榜样的教育作用,收录了大量古今圣贤的"嘉言懿行",供儿童模仿学习,力求使儿童从中"学到做人的样子"。同时在他编写的《童蒙须知》中,对儿童的日常生活行为的规定也主要着眼于进行正面的、具体的指导,如他教育儿童"凡著衣服,必先提整衿领,结两衽、纽带,不可令有缺落。"[②]

(三)自动和适时的启发

朱熹很重视学习的自觉性问题,他认为学习是自己的事情,是别人不能代替的。他说:"读书是自家读书,为学是自家为学,不干别人一线事,别人助自家不得。"依他的看法,做学问主要靠自己主观努力,以积极的态度去掌握知识或寻求真理。

既然这样,那么教师起什么作用呢?他说:"指引者,师之功也。"他认为教师在教学过程中,虽然占有重要地位,但终不能代替学生的作用。教师只是做一个"引路人",在学生开始学习时给予引导指点;在一个阶段学习完结时,检查学生学

---

①② 徐梓,王雪梅.蒙学须知 [M].太原:山西教育出版社,1991:191-192;21.

习是否正确，是否有成效，给予适当的评价、证明和裁断；当学生遇到困难时，一同商量。在商量的过程中，教师要适时的启发。朱熹认为充分调动学生的积极性和主动性，不是削弱教师的作用，也不是消极等待学生自发地出现主动性，而是靠教师积极主动启发学生，调动学生的积极主动性。他说："读书无疑者，须教有疑，有疑者却要无疑，到这里方是长进。"读书一定要能发现问题，提出疑问，并在学习中解决它，最后达到学习没有疑问，使教师的主导作用与学生学习的主动性结合起来，这是一种很有价值的见解。

（四）慎择师友

由于幼儿模仿能力强，是非辨别能力弱，周围的环境对他们的影响很大，因此朱熹也与古代许多教育家一样，强调在幼儿教育中注意谨慎选择师友。

朱熹认为，对于普通的士大夫家庭，谨慎选择幼儿的教师应从谨慎选择乳母开始。朱熹认为"乳母之教，所系尤切"，乳母与幼儿接触的时间较长，其一言一行都会对幼儿产生很大的影响。朱熹认为在选择乳母的时候要注意选择宽裕慈惠、温良恭敬、慎而寡言的人。儿童稍长，除了需要谨慎选择教师之外，还应该开始注意培养儿童辨别是非的能力。而且儿童要谨慎选择朋友，"益友"应近之，"损友"应远之。

第五节　王守仁的儿童教育思想

王守仁（1472—1529），汉族，幼名云，字伯安，别号阳明。浙江绍兴府余姚县（今属宁波余姚）人，因曾筑室于会稽山阳明洞，自号阳明子，学者称之为阳明先生，亦称王阳明。明代著名的思想家、文学家、哲学家和军事家，陆王心学之集大成者，精通儒家、道家、佛家。弘治十二年（1499年）进士，历任刑部主事、贵州龙场驿丞、庐陵知县、右佥都御史、南赣巡抚、两广总督等职，因平定宸濠之乱而被封为新建伯，隆庆年间追赠新建侯。谥文成，故后人又称王文成公。

王守仁（心学集大成者）与孔子（儒学创始人）、孟子（儒学集大成者）、朱熹（理学集大成者）并称为孔、孟、朱、王。王守仁的学说思想——王学（阳明学），是明代影响最大的哲学思想。其学术思想传至日本、朝鲜半岛以及东南亚，立功、立德、立言于一身，弟子极众，世称姚江学派。其文章博大昌达，行墨间有俊爽之气。有《王文成公全书》传世。

一、在教育方式上，要顺导性情，鼓舞兴趣

他认为："大抵童子之情，乐嬉游而惮拘检，如草木之始萌芽，舒畅之则条达，摧挠之则衰痿。今教童子，必使其趋向鼓舞，中心喜悦，则其进自不能已。譬之时

雨春风，沾被卉木，莫不萌动发越，自然日长月化。"意思是说，儿童性情好动，喜欢嬉戏玩耍，而害怕受拘束和禁锢，就像草木刚刚萌芽，顺其自然就会使它长得枝叶茂盛，摧挠它则很快会使它衰败枯萎。所以对儿童进行教育，必须注意顺导儿童性情，不宜加以束缚和限制。而顺导儿童性情进行教育，最重要的就是要激发儿童学习的兴趣，兴趣在提高儿童教育质量方面起着十分重要的积极作用。如果儿童学习兴趣盎然，则学习时必然心情愉快，能生动活泼地学习，这样进步自然不会停止。就像时雨春风滋润草木花卉，没有不生机勃发、自然而然地一天天长大的。反之，如果忽视了儿童兴趣的培养，则会压抑儿童学习的积极性，儿童学习很难取得进步。

为此，王守仁对当时流行的无视儿童兴趣，摧残儿童天性的传统教育方法进行了尖锐的批评，他指出："若近世之训蒙稚者，日惟督以句读课仿，责其检束，而不知导之以礼；求其聪明，而不知养之以善，鞭挞绳缚，若待拘囚。"其结果不仅使学生厌恶学习，憎恨教师与学校，而且会使学生想尽办法蒙骗老师，品德日趋败坏。他认为这种教育不是教人为善，乃是驱人为恶。可见，王守仁提倡顺导儿童性情，鼓舞儿童兴趣的教育方法，是与传统教育方法根本对立的，在当时具有非常积极的意义。

二、在教学内容上，要教学生"歌诗，习礼，读书"

王守仁认为教育儿童，要以孝悌礼义廉耻为主要内容。同时应用歌诗以激发儿童的意志，用习礼来规范儿童的行为举止，用读书来启发儿童的智慧。教师在教学生歌诗之时，必须容貌整肃，心气安定，声音清朗，节调均审。不要浮躁而性急，不要轻飘而喧嚣，不要气馁而畏惧，长期坚持就会精神宣畅，心气平和。而习礼之时，必须澄心意肃思虑，仪表节律审慎，容貌举止合度。不要轻忽而惰怠，不要沮丧而愧疚，不要僵直而粗野；从容而不迟缓，谨慎而不拘束，长期坚持就会使举止容貌自然合于礼仪，思想道德坚定不移。而授书之时，不务多，只求精熟。衡量学童的天资情况，能接受二百字的，以教授一百字为限，使其精力常有余地，就不会有厌倦愁苦的忧患，而会获得成就感与快乐。王阳明很重视学生的精神状态，强调要让学生气定神闲、无所畏惧地接受知识，并要适可而止，不要使学生很累、很烦，从而失去学习的兴趣。

总之，在王阳明看来，对儿童进行"歌诗""习礼"和"读书"教育，是为了培养儿童的意志，调理他们的性情，在潜移默化中消除其鄙吝，化除其粗顽，让他们日渐礼义而不觉其苦，进入中和而不知故，在德智体美诸方面都得到发展。

三、教学原则上，要随人"分限所及"

王守仁认为儿童的教育必须注意从根本上下功夫，循序渐进。他说："婴儿还在母体里时，只是纯然的气，有什么智慧？出生以后才开始啼哭，既后能笑，又既后才能分辨父母兄弟，然后才能站立、行走、拿东西、背东西，终于能做世上所有的事，这都是精气一天天充足、筋骨一天天坚强、智慧一天天被开发的结果，并不是刚出生的时候给他讲解、推导就可获得的。"[1] "我辈致知，只是各随分限所及。今日良知见在如此，只随今日所知扩充到底；明日良知又有开悟，便从明日所知扩充到底。如此方是精一功夫。与人论学，亦须随人分限所及。"意思是在致知上下功夫，只是随着各人所能达到的程度去做。今天的良知达到这么个程度，就随着今天的程度去扩充；明天的良知又有了新的开悟，便随着明天的程度去扩充，这样做才是精粹纯一的功夫。教他人学习，也必须随着各人所能达到的程度去进行。人的"分限所及"是指人的接受能力的限度。随着年龄的增长，人的"分限所及"是在逐步增长的；随着知识的积累，人的"分限所及"也是在逐步增长的。教授内容的多少难易，必须随着人不同的"分限所及"而变化。

四、因材施教的思想

王守仁认为，教育者对儿童施教，不仅要考虑儿童认识发展水平的共性特征，还要注意个体发展水平的差异，针对每个人的个性差异，因材施教。他认为因材施教的目的在于使受教者各成其材，他认为每个儿童都有其长处，教育者如能就其长处加以培养，就可以使他们某一方面的才能得到发展。针对儿童性格方面的不同，他也要求教师应根据儿童各自的特性，采取不同的方法，分别予以适当的陶冶，各成其长。王守仁的因材施教，各成其材的思想，承认了发展个性的必要性，对传统教育抹杀儿童个性的存在，以一个模式培养儿童的教育方法是一个有力的批判，同时也体现了他思想的进步意义。

王守仁的儿童教育思想不仅在当时反对传统教育方面具有明显的积极意义，而且在很大程度上符合儿童教育的规律，与近代进步的教育思想有很多一致的地方。尤其他的顺应自然的儿童教育思想与卢梭的自然主义教育思想有很多相似的地方，但比卢梭早了 200 多年，实属难能可贵。

🐘 **本章小结**

孔子是我国古代伟大的教育家、思想家。虽然孔子并没有专门针对学前教育进行研究论述，但其因材施教的思想和乐学与启发式教学的思想和教学原则对学前教育产生了诸多影响和启示。

贾谊的胎教思想是其学前教育思想中极具特色的部分。他认为要想做到将儿童培养成德行高尚的人才，必须注重胎教，孩子出生以后还要及早施教。贾谊认为，慎重择师是对君主进行早期教育的根本保证，此外，最重要的是以德育为本，保育、德育、智育。

---

[1] 王阳明 . 王阳明全集 [M]. 吴光，等，编译 . 上海：上海古籍出版社，1992：14.

颜之推极其注重儿童的早期教育，同样非常重视胎教，并认为应及早施教。他提出了严慈结合、均爱无偏、风化熏陶、德艺双修等重要的家庭教育方法和观点，对当今家庭教育具有重要的启发和借鉴作用。

朱熹认为幼儿教育对一个人一生的成长至关重要。儿童教育的内容应当力求浅近、具体，包括礼仪规范、文化知识、道德品质方面的内容。儿童教育的方法与原则包括严格要求、以正面教育为主、自动和适时的启发以及慎择师友。

王守仁认为在教育方式上，要顺导性情，鼓舞兴趣；在教学内容上，要教学生"歌诗，习礼，读书"；教学原则上，要随人"分限所及"。此外，王守仁认为，教育者对儿童施教，不仅要考虑儿童认识发展水平的共性特征，还要注意个体发展水平的差异，针对每个人的个性差异，因材施教。

 **思考练习**

1. 分析孔子的教育思想对学前教育的启示。
2. 评述颜之推的家庭教育思想。
3. 阅读《童蒙须知》，论述其主要教学内容。

第三章　清末的学前教育

★ **学习目标导航**
1. 了解蒙养院制度的基本内容。
2. 能够结合当时的历史背景，分析我国学前教育机构的产生。

★ **内容结构导图**

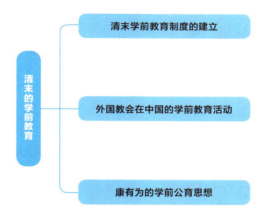

★ **本章摘要**
　　1840年，英帝国主义发动了侵略中国的鸦片战争，此后，各国列强相继多次侵略中国，使中国逐步沦为半殖民地半封建社会。清政府中的一些开明人士从对阵各帝国主义的战争中，看到了坚船利炮的威力，感到有必要学习西方先进的科学技术乃至一些文化教育制度，因而相继出现了洋务运动、维新变法以及清政府的新政改革。在此大背景下，一部分仁人志士寄希望于通过教育挽救中国。中国的教育包括学前教育在晚清的数十年间（1840—1911年）逐步发生了变化。

第一节　清末学前教育制度的建立

一、清末学前教育产生的背景

1898 年 9 月 21 日，由于以慈禧太后为首的顽固势力发动政变，维新变法运动失败，"百日维新"中教育改革的措施，除京师大学堂保留下来以外，多遭破坏。清廷扼杀维新变法，并没有稳固政权，随之而来的是八国联军围攻北京。在严重的阶级矛盾和民族矛盾下，又出现了义和团和以孙中山为首的资产阶级革命派。清政府为了稳定局势，于 1901 年宣布实行"新政"。在教育方面的主要措施就是兴办新式学堂，废除科举制度。[1] 为此，1902 年张百熙奉命草拟了《钦定学堂章程》，但此学制虽经颁布，并未实施。1904 年年初，又颁布了由张之洞、张百熙、荣庆等人合订的《奏定学堂章程》，即"癸卯学制"。"癸卯学制"中确定了更为详备的近代学制系统，其中包括了蒙养院制度。在这种情况下，我国的近代学前教育才开始产生并逐步发展起来。

教育史话

京师同文馆之怪现状

京师同文馆是清末第一所官办外语专门学校。同文馆开办之初，根本招不到人。彼时的中国，没人想留学，更没人想移民。读书人一念唯在科举，念书是要出路的，同文馆念出来干什么？当译员，译员是几品官？当时人的眼中，也就是个书办之类的"吏"吧？是故门槛虽低，却是无人肯入。最初的情形，近乎搞摊派，即命令旗人的官学里挑选。这是奉命调学生，托人情的不少，却不是要进去，乃是躲过上命，一如躲过抓壮丁。不谈日后前程，从观念上讲，学了洋文，便等于降了外国。故入同文馆几同丧失了名誉的人。家中有去当学生的，便被人看不起，乃至于闹到要断绝亲戚关系的，亦不鲜见。

如此这般，要招到学生，只好以利诱之，给予优厚待遇。起初是每月三两银子，仍乏人问津，就再加码，入学一两年后加到每月六两，再往后八两、十两，最高可至十二两。其时翰林在达官贵人家教读，每月至多也不过八两银子。而且除了衣服，饮食起居，都是馆里供给的，伙食还好：六个人一桌，四大盘六大碗，夏天一个大海碗，冬天换作火锅，一桌菜要六两银子。吃不

---

① 何晓夏. 简明中国学前教育史 [M]. 北京：北京师范大学出版社，2007:61.

够再添，不愿吃再随意点，熟人来了可留饭，一文钱不花。这就见得同文馆学生之阔得不一般，以至馆中的洋教员要慨叹，世界上学生的待遇，没有比这更好的了。

二、蒙养院制度的确立

1903 年，由张百熙、容庆、张之洞重定学堂章程，即《奏定学堂章程》，也叫癸卯学制。1904 年颁布执行。"癸卯学制"中，《奏定蒙养院章程及家庭教育法章程》（以下简称《章程》），是中国第一个学前教育法规，涉及的主要内容有以下几个方面。

（一）蒙养院的意义、教育对象

《章程》充分肯定了学前教育的重要意义、作用，指出了它在国民教育体系中的基础地位，说明了设置蒙养院，是作为学前儿童教育的专门机构。蒙养院章程规定："蒙养院专为保育教导三岁以上七岁之儿童，每日不得过四点钟。"

（二）蒙养院的设置

按《章程》规定，蒙养院并不单独设置，而是附设在育婴堂及敬节堂内。

（三）蒙养院保教要旨

《章程》规定，蒙养院保育教导要旨如下：

（1）保育教导儿童，专在发展其身体，渐启其心知，使之远于浇薄之恶风，习于善良之轨范。

（2）保育教导儿童，当体察幼儿身体气力之所能为，心力知觉所能及，断不可强授以难记难解之事，或使之疲乏过度之业。

（3）保育教导儿童，多留意儿童之性情及行止仪容，使趋端正。

（4）儿童性情好模仿，务专意示以善良之事物使则效之孟母三迁即此义也。

分析这个保育教导要旨可以看出，蒙养院对儿童的教育，包含体育、德育、智育、美育的内容，在教育原则上，提出了应该照顾儿童性情及心理特点，指出教育要量力适度，还要利用榜样的教育作用。

（四）蒙养院课程

《章程》规定蒙养院儿童在院时间每日不超过 4 点钟，课程有游戏、歌谣、谈话、手技。

1. 游戏

游戏分为随意游戏及同人游戏两种：随意游戏者使幼儿各自运动，同人游戏者合众幼儿为诸种之运动，且使合唱歌谣，以节其进退；要在使其心情愉快活泼，身体健适安全，且养成儿童爱众乐群之气习。

2. 歌谣

歌谣俟幼儿在五六岁时渐有心喜歌唱之际，可使歌平和浅易之小诗，如古人短歌谣及古人五言绝句皆可，并可使幼儿之耳目喉舌运用舒畅，以助其发育，且使心情和悦为德性涵养之质。

3. 谈话

谈话须择幼儿易解及有益处、有兴味之事实，或比喻之寓言，以期养其性情兴致；与小儿对话时，且就常见之天然物及人工物等指点言之，并可启发其见物留心之思路。其所谈之话，儿童已通晓时，保姆当使儿童演述其要领。演说之际务使声音高朗，语无滞塞，尤不许儿童将说话之次序淆乱错误。

4. 手技

手技授以盛长短大小各木片之匣，使儿童将此木片作房屋门户等各种形状；又授以小竹签数茎及豆若干，使儿童作各种形状，又使用纸作各种物体之形状；更进则使用黏土作碗壶等形。又使于蒙养院附近之庭院内，播草木花卉之种于地，浸润以水与肥料，使观察共自发生以至开花结实等各形象。诸如此类，要在使引导幼儿手眼，使之习用于有用之处，为心知意兴开发之资。

（五）蒙养院保姆的来源与培训

蒙养院内教师称"保姆"，保姆由乳媪和节妇训练而成。训练保姆的方法，使在育婴堂和敬节堂中，选一识字妇女当教员，如堂内无识字的，可以请一识字老妇人入堂任教。训练保姆的教材诸如《孝经》《四书》《烈女传》《女诫》《女训》《教女遗规》等，还有一些外国家庭教育书如日本天下歌子《家政学》。

按这些规定训练出来的保姆，她们是"三从四德"的模范和宣传者，最多不过有小学三年级的文化。她们培养出的孩子，其精神面貌、生活作风、智力开发程度便可想而知了。

（六）蒙养家教合一

蒙养院属于近代幼稚园，但《章程》又明确规定"蒙养家教合一"。其表现为两个方面：一是蒙养院要辅助家庭教育，二是家庭教育包括女学。

这种既办蒙养院又不放弃甚至强化封建式的家庭儿童教育，充分暴露了这个产生于半殖民地半封建制度下的我国第一个学前教育法规，具有明显的封建性、落后性，其资产阶级的教育形式与封建主义的思想内容必然造成尖锐的矛盾。

三、蒙养院制度的实施

（一）蒙养院的设立

清末我国出现了各种各样的幼儿教育机构，名称各异。1903年秋，湖北省立幼稚园在武昌成立，为我国设立幼儿教育之始。清末蒙养院发展缓慢，它们星星点点地设在几个大城市，按其性质，可分为公立蒙养院与私立蒙养院两种。

1. 公立蒙养院

从1902年起，在张之洞的筹划下，由学务处具体组织实施，开始湖北全省大规模的教育革新工作。武汉正是以此为起点，封建传统教育旧制开始全面瓦解，一个带有近代资本主义色彩的地区性的新学制体系逐渐形成。1903年秋，湖北巡抚、代理湖广总督端方根据张之洞所定《章程》，饬令拨官款，在省城武昌阅马场创办幼稚园（图3-1），这是湖北，也是中国第一所幼稚园，开我国幼儿教育之先河。为促进幼稚园的发展，在张之洞的主持下，湖北幼稚园曾附设女子学堂，招收15~35岁的女子，专门学习幼稚师范课程。这是中国幼稚师范的萌芽，但后来被扼杀了。希望独立培养合格师资的计划没有实现，湖北幼稚园教员主要由日本人担任。当时聘请了户野美知惠等3名日本保姆，她们是日本来华的最早的幼教工作者。1904年，户野美知惠拟定了《湖北幼稚园开办章程》。

图 3-1　湖北幼稚园

湖北幼稚园首次招收80名5~6岁的女童，学业为1年。以后续招4岁上下幼童，定两年毕业。幼稚园采取班级的形式开展保教活动，开办章程明确规定它是新教育体系的初阶，办院内容是重养不重学，以培养小儿自然智能，开导事理，涵养德生，以备小学堂之基础。由于当时风气未开，武汉地区官宦之家多不愿送子弟入园，入托者多为贫家子弟，武汉的幼儿教育发展相当有限。1906年，3名日本保姆离任返国，湖北幼稚园改名为武昌模范初等小学堂蒙养院。

同年，北京的京师第一蒙养院也宣告成立，院长毕业于日本保姆师范，师资和教材也来自日本。湖南蒙养院成立于1905年，即光绪三十一年，由巡抚端方创办，招收3~6岁儿童，也是一所官办的学前教育机构。开办之初也是聘请的日本人春山雪子、佐藤操子为保姆，课程由二位保姆制定并有详细的《湖南蒙养院教课说略》，对课程及其教材、教法做了规定。她们注意从德、智、体、美多方面进行保教活动。

课程有谈话、行仪、读方（即识字）、数方（即用指数器数数）、手技、乐歌、游戏等七项。

2. 私立蒙养院

"癸卯学制"颁布以后，也曾出现过一些私人办的蒙养院，如天津严氏蒙养院。光绪三十一年（1905年）由严修创办。清代翰林院编修、学部侍郎严修于光绪二十八年（1902年）在天津创办严氏女塾，3年后创办严氏女子小学，并设蒙养院和保姆讲习所，以蒙养院为实习场所。聘请日本大野铃子为教师，招收4~6岁儿童30人，均为严家近邻或亲友的子女。活动时间为上午9时至11时半。从日本购买钢琴、风琴、桌椅等，户外置有秋千、藤圈，室内有各种恩物。手工有编织、折纸、剪纸、黏土、画图。歌曲大部分是翻译日本的，故事有中、日民间故事。从初建到停办历时20年（1905—1925），前15年由保姆讲习所毕业生任教，后5年由严修的孙女严仁清主持，并改名严氏幼稚园，采用美国的教材和教法。

图3-2 晚清时代的浙江宁海县育婴堂

1904至1911年，全国各地陆续开设了新式的幼儿教育机构（图3-2），虽然这些机构规模较小，但毕竟打破了旧式幼儿教育之海的沉寂，为中国幼儿教育的发展带来了一线新的生机。[1]

（二）蒙养院的师资培训

1904年，清政府颁发了《女子小学堂章程》和《女子师范学堂章程》，教育上打破了女禁。女子师范学堂担负培养女子小学堂教员的同时，也兼训练蒙养院保姆。章程中尚无明确规定专设训练保姆的机构，但在实际上，开始出现了专门训练保姆的机构。据张宗麟在《中国幼稚教育略史》一文所述，至宣统末年（1911年），全国女学生数目已经有二三十万。其中也有学幼稚教育的女子。如1904年，上海务本女塾创立上海公立幼稚舍，当时务本女塾创办者吴馨派吴朱哲女士去日本保姆养成所学习，1907年吴朱哲女士回国，开办了保姆讲习所，有学生36人，规定学习科目有保育法、儿童心理学、教育学、修身学、谈话、乐歌、图画、手工、文法、习字法、理化、博物等。在上海公立幼稚舍创办保姆讲习所的同时，北京京师第一蒙养院设立了保姆讲习班，广州也设立了保姆养成所。

为了解决师资短缺的问题，天津严氏蒙养院创始人严修于1905年创办了保姆传习所。由大野玲子教授保育法、音乐、体操、弹琴、手工、游戏等，其他英文、算

---

[1] 廖其发. 中国幼儿教育史 [M]. 太原：山西教育出版社，2011：196-198.

术、化学、生理等课程由张伯苓及其南开学堂的教师任教。该所半天上课，半天在蒙养院实习，大野玲子任教 3 年，先后培养了 20 多名毕业生，她们成为我国北方最早的一批学前教育工作者。这些学员毕业后分别在严氏蒙养院、严氏女学、官立第二小学以及官立第五小学任教。这些师资的培养，对京、津乃至整个北方近代幼教事业的发展都起到了很大的促进作用，成为当时全国的典范。

从清末蒙养院制度的确立和实施中，不难看出：

第一，中国学前教育完全由家庭负担的历史结束了，在通向学校教育社会化的道路上，迈出了艰难的第一步。

第二，学前社会教育机构在中国产生，既反映了近代大生产的发展要求学前教育与之适应这一般规律，又反映了它是一种自上而下的被动出现的特点，是随着近代学制的出现而勉强确定的。

第三，蒙养院办院的纲领，体现了"中学为体，西学为用"的总原则，既不肯放弃传统儿童教育的核心——封建伦理道德的灌输，又要具有近代社会学前教育的形式和内容。

第四，效仿日本。清末蒙养院制度，基本上仿照了日本明治三十二年（1899 年）颁行的《幼稚园保育及设备规程》；在实施中，较正规的蒙养院，教员由日本人担任，课程、教法也参照日本，甚至设备也由日本购进。表现出极大的半殖民地半封建教育的特点。

第二节　外国教会在中国的学前教育活动

一、外国教会开办的慈幼机构

育婴慈善慈幼事业是教会在中国兴办的近代慈善事业的重要组成部分，它包括育婴堂、孤儿院、盲童学校、聋哑学校等慈幼机构。西方教会开办这类慈善机构的初衷，是想借此善举以博得中国人的好感，进而吸引人们皈依基督耶稣。

西方教会在华创办的所有慈幼机构中，育婴堂和孤儿院是最主要的。从相关史料来看，天主教会比基督教会更热衷于此，开展也较早。1843 年，法国天主教耶稣会即在上海设立圣婴会，一面为重病垂危的孩子付洗，一面赎买被遗弃的孩童，并开始着手建造孤儿院。19 世纪 40 年代末，耶稣会众传教士在横塘修道院内创设了一所孤儿院，1850 年迁往附近的蔡家湾。至 1851 年，蔡家湾孤儿院有男孤 43 人、女孤 23 人。而此时浦东唐墓桥也建有一所孤儿院，专收女孤，蔡家湾孤儿院遂将女孤全都送往唐墓桥，此后，只收男孩。到 1855 年止，蔡家湾孤儿院有男孤 122 名。受太平军战事的影响，蔡家湾的孤儿曾一度随神父迁至董家渡修道院，战争结束后搬至徐家汇的土山湾，即土山湾孤儿院。这大概是外国传教士在近代中国较早创办的一所孤儿院。[①]

此后，教会办的这类慈幼机构逐渐增多。到 19 世纪八九十年代，中国的大部分省区都有类似的机构，而且其收养儿童的数目比当时教会学校学生的数目更多。据统计，在光绪十四年（1888 年），天主教在我国蒙古地区办公学校（正式学校）4 所，收男女学生 128 人；要理学校（短期识字学校）69 所，收男女学生 984 人。就在这一年，教会在蒙古地区开办的孤儿院收养孤儿 1429 人。这些慈幼机构收养的绝大多数儿童是因为父母去世无人抚养的婴幼儿或者父母无力抚养的婴幼儿。婴幼儿被收养到这里以后，能够吃上饭和得到最低限度的照料。至于"教"的方面，宗教教育是教会慈幼机构的必修课。无论是天主教会还是基督教会对此都十分重视。此外也颇注意传授一些文化知识基础和举办职业技能教育。在文化基础的教育内容上，教会慈幼机构大都传习一些简易的中英文知识。而在传授技能时，教会还提供一些劳动实践机会，即提倡"教"与"工"的结合。如天主教早期在上海创办的蔡家湾孤儿院，就让一定年岁的男孤学习缝纫、木工、制鞋、印刷等技术；上海徐家汇土山湾孤儿院的孤儿也要学木工、制鞋、雕刻、油漆、纺织以及农田耕种等活儿，并设立一所印书馆，让孩童进行实际操作。宁波伯特利孤儿院，孤儿在"十岁以下要糊火柴匣和编织渔网，十岁以上要刮麻、打麻帽和编织毛线，后来又发展一种出口生意编结金丝草帽"。[②]

教会所办的慈幼机构大都采取养、教、工三者结合的慈善救助方式。每遇灾荒或战乱，大量的婴孩被遗弃，教会则将之收入，给以衣食。晚清时期，由于教会的慈幼机构大多附设于教堂中，保育设施不足，保健方法亦欠缺，育婴经费多靠各国教会自行筹措所得，有时入不敷出。而一些修女缺乏必要的育婴知识及耐心，这一时期婴孩的死亡率很高。当然，一些育婴机构的成效也是明显的，幼婴亦从中受益，逐渐成长为社会有益之人。我们在评价它的历史地位时，决不能一叶障目，或完全忽视这点。

19 世纪 80 年代，外国教会在中国沿海如福州、宁波等地开始开办幼儿教育机构，以后教会办的幼稚园逐渐增多。根据美国传教士林乐知所著《五大洲女俗通考》第十集下卷所载，当时外国在中国设的幼教机构六所，学生 194 人。[③] 随后，在福州、宁波、上海、北平等地都有外国人开办的幼稚园出现。

---

①② 周秋光，曾桂林. 近代西方教会在华慈善事业述论 [J]. 贵州师范大学学报（社会科学版），2008（1）：6-13.

③ 包锋. 教会幼稚园的兴办与中国新式幼儿教育的产生 [J]. 呼伦贝尔学院学报，2008，16（2）：93-95.

二、教会所办幼教机构对我国学前教育的影响

（一）教会幼稚园改变了中国传统幼儿教育的形态

中国封建社会的幼儿教育，往往是在家庭中进行的，而在私塾里接受童蒙教育的儿童也仅仅局限于官富人家的子弟及有家学渊源的书香家庭，广大贫困百姓的子女以及女童被排斥在外。教会幼稚园为了吸引中国儿童入园，条件非常的宽松，不但不收学费，还为入园的儿童提供免费的食宿和生活用品，个别学校还发放津贴以补贴家用。贫困家庭的子弟因此获得了宝贵的接受学前教育的机会，这大大扩大了受教育儿童的范围。同时，教会幼稚园还以平等的姿态吸引了一批女性儿童。1869年，全国教会女校学生共 570 人；1876年，全国有包含幼稚园的女校共 121 所，学生达 2100 余名；到 1895 年女校已达 225 所，女生 4262 人。[①] 这为社会注入了一股清新的空气，动摇了根深蒂固的"女子无才便是德"的思想观念（图 3-3）。

图 3-3　清末上海教会女塾学童在练习哑铃

（二）教会幼稚园的教育模式为中国近代幼儿教育带来了全新的教育理念

首先，教会幼稚园组织严密，教育制度近代化。教会学校虽然以宗教传播为主要目的，但是其先进的教育管理模式，教育思想观念，科学的教育内容、教育方法，以及注重儿童身心发展，有计划的教育活动，注意儿童的实际操作能力的培养，比起当时中国封建社会的启蒙教育要先进很多。此外，当时西方先进的如福禄贝尔、蒙台梭利以及杜威的幼儿教育思想已经伴随着教会学校传入我国。

（三）开中国近代学前教育传授西方科学课程的先河

我国封建社会的教育内容知识以传授"忠孝仁义"为旨要，四书五经是一成不变的教科书，教或学自然科学被视为奇淫技巧，自然科技只能在小作坊或手工业者之间以师徒的方式传承。在教育的主要阵地官学或私学里，并不教授这些自然科学知识。而教会学校，则开设了识字游戏、户外游戏、美术工艺、音乐、故事等课程，这对于传统的蒙学教育来说，无疑是一种全新的模式。

① 黄新宪. 基督教教育与中国社会变迁 [M]. 福州：福建教育出版社，1996：102.

三、培育师资，兴办幼稚师范

从历史来看，教会学前师范教育在中国学前师范教育史上确实有"蓝筚开山之功"；然"委托养成最初基教师之责任于外人，此吾国之创举，亦世界各国所未见之奇事也。"据考证，国人最早接受学前教育的专业训练是在1901—1902年的日本实践女学校附属中国女子留学生师范工艺速成科，该科规则规定："本科教程虽分师范及工艺二科，然凡适于为师及为幼稚园保姆各种紧要科目，则使学生共修之。"[1] 师范科科目有教育、心理、理科、历史、算术、体操、唱歌、日语、汉文。工艺科科目有教育、理科、算术、体操、唱歌、日语、汉文、刺绣、编物、图画等。

1905年，湖南省派出20名女生到日本学速成师范科。1907年奉天（今辽宁省）女子师范学堂派出21名学生赴日学习，就读于日本实践女学校师范科。到1907年，仅日本东京一地，便有中国女留学生近百名。

除日本外，欧美国家也积极争取中国留学生。1907年出洋考察的清朝大臣端方访美，美国耶鲁大学、康奈尔大学及卫斯理文理学院，便与端方协商，每年可派出免费留学生赴美。1908年美国总统罗斯福决定退还一部分庚子赔款，作为中国派遣留美学生费用。以后其他各国，也学了美国的方法。去西方的中国留学生逐渐增多。

欧美国家除了为中国培训师资，还在华设立幼稚师范学校或女学。1844年，美国女子教育协会会员、传教士爱尔德赛（Mary Ann Aldersey）在宁波创办女熟。这是近代外国人在华设立的最早的教会女学，也是中国最初出现的女子学堂。以后各国在华开办的女学逐渐增多。

值得注意的是，这类幼儿师资培训机构培养的毕业生虽大多能热爱孩子、性情温和可亲，文化素养高、钢琴弹得好，但其突出特点还是"宗教性"。这些机构都特别强调宗教课程，如景海女学与宗教有关的课程占了全部学分的1/3，教育理论科目比例还不到1/4，而且在日常教学管理中也特别强调学生对宗教仪式、集会活动的参与。这类幼儿师资培训机构培养的是"牧师型幼儿教师"，其目的与其说是为了发展幼儿教育事业，还不如说是为基督教能在中国民众中得到更好的传播。恰如张雪门所说：教会培养出的幼儿教师拿的是教会的钱，吃的是教会的饭……为他们自己的教会尽责，而不是为教育服务，是为了宗教，不是为了孩子。[2]

① 李海萍. 层级上移与政策支持：清末民初学前师范教育机构之嬗变 [J]. 教师教育研究，2016（4）：99-106.
② 李召存. 中国近代幼儿师范教育的历史嬗变 [J]. 学前教育研究,2008（11）:41-44.

创办中国幼儿园的第一人——端方

端方（1861—1911），清末大臣，金石学家。本来是汉人，姓陶，号陶斋，后改姓为托忒克氏，民族改为满洲正白旗。光绪八年（1882年）中举人，历督湖广、两江、闽浙，宣统元年调直隶总督，后被弹劾罢官。

1902年端方被任命为湖广代理总督，当时的两湖总督是张之洞，张之洞主张改革传统教育的同时，开始认识到"西学"的重要性，着手试办以"西学"为主的新式学堂，并且开始书院改革，其中较为著名的是两湖书院，开办的新式学堂中，最为著名的是自强学堂。1902年，两湖书院改为两湖高等学堂，分科为八门，成为一所包括文、理、法三科的综合性高等学堂。后又经过多次改革，最终成为一新式学堂。

此时的端方也趁机借窝下蛋，在武昌小学堂内创办了中国的第一所幼儿园——湖北幼稚园。而且聘请了日籍保姆野美智慧等三人负责经营管理。

幼稚园主要招收五到六岁的儿童，人数为80人，学制为一年。开设的课程有行仪、幼稚园语、手技、日语、唱歌、游嬉等七个大类，可谓是德智体美劳全面发展。除此之外，园服、课本、学习用具全部免费提供，而且只要户口是湖北的，符合规定，学费全免，但伙食不负责提供。除此之外，端方还是第一所省立图书馆的创办人，还派出了20多名女子赴日本学习师范教育。

第三节　康有为的学前公育思想

康有为（1858—1927），广东省南海县（今佛山市南海区）丹灶苏村人，人称康南海，中国晚清时期重要的政治家、思想家、教育家，资产阶级改良主义的代表人物（图3-4）。康有为出生于封建官僚家庭，光绪五年（1879年）开始接触西方文化。光绪十四年（1888年），康有为再一次到北京参加顺天乡试，借机第一次上书光绪帝请求变法，受阻未上达。

光绪十七年（1891年）后，康有为在广州设立万木草堂，收徒讲学。光绪二十一年（1895年）得知《马关条约》签订，联合1300多名举人上万言书，即"公车上书"。光绪二十四年（1898年）开始进行戊戌变法，变法失败后逃往日本，组织保皇会，鼓

图3-4　康有为

吹开明专制，反对革命。辛亥革命后，作为保皇党领袖，他反对共和制，一直谋划溥仪复位。民国六年（1917年），康有为和张勋发动复辟，拥立溥仪登基，不久即在当时北洋政府总理段祺瑞的讨伐下宣告失败。康有为晚年始终宣称忠于清朝，民国十六年（1927年）病死于青岛。《大同书》是康有为的代表作之一。在这部著作中，康有为设想的理想社会是一个没有私有制和等级制，"人人平等，天下为公"的大同社会。

一、论儿童公育

康有为早在1884年的《礼运注》中，就提出了"人人教养于公产而不恃私产"的儿童公育思想。此后，在《大同书》中，他又进一步阐发了上述思想。他首先用较大篇幅揭露了封建社会中"家"的种种罪恶和黑暗，认为一家人之间意见不合而强制性地生活在一起，不符合平等自由的原则。同时他指出"有家必有私"，并列举"有家之害大碍于太平"的13条罪状，认为有家则人性不能善，人体不能健，人格不能齐，还会产生奸诈、贪盗等恶行，阻碍社会福利的扩大，影响教育正常地进行，更无从使私产变公产，对世界之人，尤其是贫苦之人实行公养。所以他主张"去家界为天民"，即消灭家庭，解除封建伦常对人们的束缚，他认为只有这样才能使人得到自由平等，人人成为大同世界的公民，实现天下为公、太平大同、世界极乐。

至于消灭家庭的方法，他指出应由公立政府办理婚姻、生育、教养、医病、老死诸事。就儿童的教育而言，他认为应由公立政府"公养人而公教之"。可见，康有为主张对儿童实行公育，是从实现大同世界必须消灭家庭这一出发点的。尽管这是不可能实现的空想，但他反对封建社会男尊女卑及主张铲除社会最害人的宗法家族制度，反映了新兴资产阶级的要求，具有民主主义思想的进步性。

康有为认为大同社会的教育是有一个前后相衔接的完整的学校体系。在这个学制体系中人人必须学习到20岁。它包括人本院（已怀孕的妇女进入本院，接受胎教）、育婴院（婴儿在人本院到6个月，断乳后，进育婴院，接受学前教育，至5~6岁）、小学院（儿童在此接受初等教育，至10岁）、中学院（10~15岁，接受中等教育）、大学院（16~20岁，接受高等教育）。

二、人本院教育

已怀孕的妇女进入人本院，接受胎教。在这里，孕妇胎教的主要宗旨是进行优生。为了达到目的，康有为费尽心思，对此进行了全方位的考虑和设计。首先要考虑胎教地点，应皆立于温冷热带，以受寒气而得凝固，得红白而去蓝黑，以为人种改良之计。胎教地点确定后，负责胎儿教育之师当仁慈智慧尤深，她们要对孕妇的衣食住行等各个方面严加规定，使孕妇做到禁欲节交，尽量避免不利于胎儿发育的人或事物。为了使胎儿出生顺利，康有为特别反对女子堕胎，主张对堕胎女子及参与者严加惩罚。康有为非常重视胎教在整个教育体制中的基础作用。他认为生人之本，皆在胚胎，人道之始，万化之原也。胚胎是人生命的根本和开始，也是人口素质的开始。胎教可以正本厚源。今人本院专为胎教以正生人之本，厚人道之原。康有为认为，事物的成长要从先天、从源头上抓起，否则物质已坚壮，难于揉屈，故长大而后教，气质强盛，难以变化。人的成长也是如此。其进而言教者，知人道之治，风俗人心为先矣，人口良好的素质要在和谐纯净的道德风俗环境中慢慢养成，不可贪一时之功。因此，人本院的环境选择、孕妇的环境熏陶以及营养、氛围、情绪等都要非常重视。总之，人本院力求为胎儿创造一个优越完美的内在和外在环境。康有为在100多年前就提出了人本院胎教思想，这是石破天惊之创举。它完全不同于以前传统的教育方针，具有现代性和前瞻性。尽管他的胎教思想也有不足之处，但与古代的胎教思想相比，又前进了一步，增加了一定的科学成分。

三、育婴院教育

康有为认为自婴儿在人本院出生、成长到6个月断乳后，进入育婴院，接受学前教育，直至5~6岁。这样就免去了母亲生育孩子后怀抱与抚育孩子的责任，一律由公立政府另请专人负责养育。康有为的这个观点是从公养公育的角度提出的，但是按照现代的教育观点来看，孩子小时候如果与母亲接触的时间较少，将不利于良好的亲子依恋关系的建立。育婴院的看护者皆是女子，称为女保。以男子心粗性动而少有耐性，不若女子之静细慈和而有耐性也，其名曰保。2岁以下的幼儿每位女保专抚1人，2岁以上的幼儿可以每位女保看护2~3人。凡女保皆由本人自愿，而由总医生选其德性慈祥、身体健康、资禀敏慧、有恒性而无倦心、有弄性而非方品者，乃许充选。女保地位较高，见者不论贵贱，皆加敬礼。女保的选择要求十分严格：一要充分遵循自愿原则；二要考虑人品、性格、智慧、身体等综合因素。管理院事者都是医生充当，他们由院内公众选举产生，选仁质最厚、养生学最明者。

其次，康有为认为育婴院的地理环境和建筑结构也应非常讲究，应靠近人本院，当择与婴儿最相宜之式，大约楼居少而草地多，务令爽垲而通风，日临池水以得清气，多植花木，多蓄鱼鸟，画图雏形之事物，皆用仁爱慈祥之事以养婴儿之仁心。凡争杀、偷盗、奸诈种种恶物，皆当屏除，无使入婴儿心目中。婴儿在这里接受品行、形象知识、慈爱之歌等启蒙性教育。婴儿能歌，则教仁慈爱物之皆以为歌，使之浸渍心耳中。重视对婴儿进行德行的熏陶。并且，本院凡弄儿之物，无不具备，务令养儿体，乐儿魂，开儿知识为主。子能言时教以言，凡百物皆备，制雏形或为图画，俾其知识日增。在养体、育德之外，另以开智（传授知识）为主。

此外，他还非常重视婴幼儿的保健工作，规定早晚由医生巡视两遍，穿衣、饮食、游戏都要适度。小儿有病，则每日诊视3次，重者则特殊护理。

在我国学前教育史上，康有为首次提出了一整套儿童公育思想，设想了从胎教到幼教的完整的学前公共教育体系。尽管这一思想带有空想性，在当时的社会条件下不可能实现，但其思想架构合理，为后来的儿童公育倡导者树立了榜样，提供了可资借鉴的模式，对我国近代儿童共育思想的发展以及公共学前教育机构的产生起了促进和奠基作用。

 **本章小结**

清末，随着蒙养院制度的确立，我国的近代学前教育才开始产生并逐步发展起来。我国第一个学前教育法规《奏定蒙养院章程及家庭教育法章程》在那时颁布，主要内容包括蒙养院的意义、教育对象，蒙养院的设置，保教要旨、课程、师资培训及家教和一。清末的蒙养院按其性质，可分为公立蒙养院与私立蒙养院两种。湖北省立幼稚园在武昌成立，为我国设立幼儿教育之始。为了解决师资短缺的问题，当时我们部分地区开办了保姆养成所、讲习所，为我国近代幼教事业的发展起到了很大的促进作用。

育婴慈善慈幼事业是教会在中国兴办的近代慈善事业的重要组成部分，它包括育婴堂、孤儿院等慈幼机构。教会幼稚园改变了中国传统幼儿教育的形态，为中国近代幼儿教育带来了全新的教育理念，开中国近代学前教育传授西方科学课程的先河。

在我国学前教育史上，康有为首次提出了一整套儿童公育思想，设想了从胎教到幼教的完整的学前公共教育体系。他主张已怀孕的妇女进入人本院，接受胎教。在这里，孕妇胎教的主要宗旨是进行优生。康有为认为自婴儿在人本院出生、成长到 6 个月断乳后，进入育婴院，接受学前教育，直至 5~6 岁。这样就免去了母亲生育孩子后怀抱与抚育孩子的责任，一律由公立政府另请专人负责养育。

 **思考练习**

1. 比较分析蒙养院保教要旨和《幼儿园工作规程》中对幼儿园任务的论述。

2. 试分析清末的"新政"对蒙养院制度的建立所产生的影响。

3. 如何看待帝国主义在我国开办的学前机构？

第四章　民国时期的学前教育

★ **学习目标导航**
1. 了解蒙养园制度的主要内容。
2. 掌握《幼稚园课程标准》的主要内容。
3. 了解民国时期各类幼稚园的发展。

★ **内容结构导图**

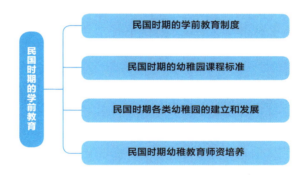

民国时期的学前教育
- 民国时期的学前教育制度
- 民国时期的幼稚园课程标准
- 民国时期各类幼稚园的建立和发展
- 民国时期幼稚教育师资培养

★ **本章摘要**

　　1911年的辛亥革命，推翻了清王朝统治，以孙中山为首的南京临时政府为了顺应社会时代的要求，为了国家的富强、民族的独立，在国家建设的方方面面进行了大量革故鼎新的改造。教育上，在蔡元培的领导下，颁布了新的教育宗旨，颁布了"壬子癸丑学制"，改革课程，同时对学前教育制度也进行了改革，改"蒙养院"制度为"蒙养园"制度。1915年以后，受新文化运动的影响，学前教育领域开展了对错误儿童观的批判，大量引入西方先进的学前教育思想，随着"壬戌学制"的颁布，确定了"幼稚园"制度。在学习先进国家经验的基础上，全国各地在幼稚园的设置、课程标准、师资培训等方面进行了一系列的改革，促使学前教育制度在发展中日趋完善。①

---

① 崔青华. 民国时期学前教育制度的嬗变及历史影响 [J]. 河北师范大学学报（教育科学版），2012.

中外学前教育史

第一节　民国时期的学前教育制度

一、壬子癸丑学制的建立

1911 年辛亥革命后，以孙中山为首的南京临时政府对教育开始了一系列适应资产阶级需要的改革。关于学校的系统问题，教育部 1912 年 9 月公布了规定学校体系的新学制，并附有 9 条说明，称为"壬子学制"。自新学制公布至 1913 年 8 月，又陆续颁布了各种学校规程，对新学制有所补充和修改，于是总合成一个更加完整的学制系统，即"壬子癸丑学制"（图 4-1）。

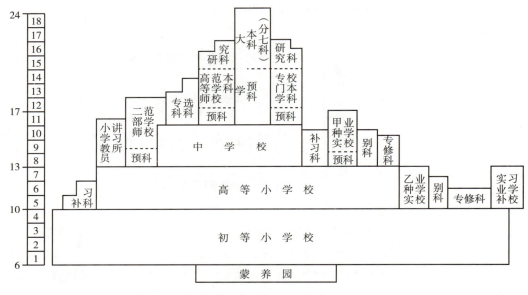

图 4-1　壬子癸丑学制

（一）壬子癸丑学制的规定

壬子癸丑学制规定：儿童从 6 岁入学到 23、24 岁大学毕业，整个学程为 17 年或 18 年，分三段四级。第一阶段为初等教育，分两级：初等小学 4 年，为义务教育，毕业后可入高等小学校或乙种实业学校；高等小学 3 年，毕业后可入中学校或师范学校、甲种实业学校。第二阶段为中等教育：设中学校，学制 4 年，毕业后可入大学、专门学校或高等师范学校。第三阶段为高等教育：设大学本科 3 年或 4 年，预科 3 年；专门学校本科 3 年毕业（医科 4 年），预科 1 年。此外，下设蒙养园，上有大学院，不计年限。

（二）蒙养园制度的基本内容

壬子癸丑学制规定：将蒙养院改名为蒙养园。有关蒙养园的规定如下："女子师范学校于附属小学校外应设蒙养园，女子高等师范学校于附属小学校外应设附属女子中学校，并设蒙养园。"[①] 它将蒙养园规定为其他教育机构上的附属机构纳入整个学制体系，不再附设于育婴堂和敬节堂内，彰显了学前教育的地位。[②] 有关蒙养园制度的基本内容如下：

蒙养园以保育三周岁至入国民学校年龄之幼儿为目的。

（1）保育幼儿务使其身心健全发达，得善良之习惯，以辅助家庭教育。幼儿之保育须与其身心发达之度相符，不得授以难解事项及令操过度之业务。幼儿之心情宜常注意，使之端正，并示以善良之事例，令其刚效。

（2）保育之项目为游戏、谈话、手技、唱歌。

（3）保育之时数由管理人或设立人定之，报经县知事之认可。

（4）蒙养园得置园长。

（5）蒙养园保育幼儿者为保姆。保育须女子，有国民学校正教员或助教员之资格，或经检定合格者充之。前项检定，由国民学校检定委员会行之。

（6）蒙养园长及保姆之任用惩戒，依国民学校教员之例。区立蒙养园长及保姆之俸额及其他给与诸费，县知事依照国民学校教员之规定，参酌地方情形定之。

（7）蒙养园之幼儿数，须在百人以下，但有特别情事者，得增至百六十人。

（8）保姆一人所保育之幼儿数，须在三十人以下。

（9）蒙养园应设备游戏园、保育室及其他必要诸室；室以平屋为宜。恩物、绘画、游戏用具、乐器、黑板、桌椅、钟表、寒暑表、暖房器及其他必要器具，必须具备。[③]

与清末《奏定蒙养院章程及家庭教育法章程》相比，这个法令规定的蒙养园制度承袭了清末蒙养院制度的保育内容，仍然是以日本的幼稚园为参考。但是，学制规定的蒙养园附设于小学和女子师范学校或者女子高等师范学校内，保姆须由国民学校正教员或助理教员的资格，或经测评合格者担任，这提高了蒙养园的地位。[④]

二、幼稚园制度的建立

"五四"运动后，新教育的浪潮渐高，许多欧美留学生都有几分真心为教育而努力，尤其是杜威、罗素等人接连到中国演讲，不仅仅引起了一般青年的兴奋情绪，即使一般平时只知道做官的教育人士也逐渐受到感动。因此引起了小学的改进、中学的改进、学制的改革、全国教育人士的大集会等，幼稚教育也就在这个浪潮中得

---

① 舒新城.中国近代教育史资料：中册 [M].北京：人民教育出版社，1961：710.
②④ 周玉衡，范喜庆.学前教育史 [M].上海：复旦大学出版社，2009：34.
③ 张宗麟.幼稚园的演变史 [M].北京：海豚出版社，2012：29.

到推进。教育改革的综合体现就是学制改革。在资产阶级教育和教育团体的推动下，1922 年 9 月，教育部召开学制会议，通过《学制改革系统案》，11 月公布《学校系统改革令》，又称"壬戌学制"或"新学制"（图 4-2）。

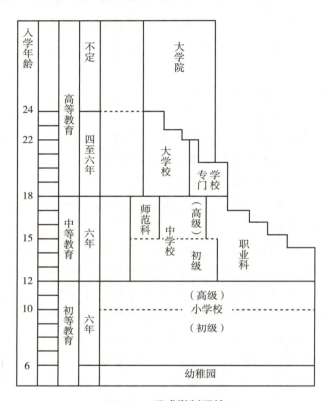

图 4-2　壬戌学制系统

该学制根据"七项标准"制定。这七项标准是：①适应社会进化之需要；②发挥平民教育精神；③谋个性之发展；④注意国民经济力；⑤注意生活教育；⑥使教育易于普及；⑦留各地方伸缩余地。这个学制不再采用日本的模式，而是受美国实用主义教育思想影响，采用美国的"六三三"制的框架。小学六年，初中三年，高中三年。学前教育方面，这个学制规定在小学下设幼稚园，"幼稚园收受六岁以下之儿童"，并把幼稚园正式列入学校系统。

1922 年的学制改革，是"五四"新文化运动推动下的教育改革的集中表现，结束了辛亥革命以后教育上出现的混乱状况。缩短了小学年限，延长了中学年限，中学阶段加强了职业训练和增加职业科。大、中学采用学分制、选科制，注意了青年的不同需要与个性，学制上没有男女差别。学制构成也比较简明。就学前教育而言，幼稚园教育，在学制上确定了独立的地位，确定了学前教育机构在学制系统中作为国民教育第一阶段的重要地位。

第二节　民国时期的幼稚园课程标准

在新学制颁布以后，虽然学前教育有了一定的发展，但也存在一些亟待解决的问题。如幼稚园的师资培养问题，幼稚教育的调查和实验研究的问题，乡村幼稚园的推广问题以及幼稚园课程和教材的审查编辑等问题。为此，1928 年 5 月在南京召开的全国第一次教育会议上，讨论通过了陶行知和陈鹤琴对上述问题提出的"注重幼稚教育案"共 7 项，其中有一项就是由陶行知提出的"审查编辑幼稚园课程及教材案"。会后，受大学院（后改为教育部）之聘，由陈鹤琴、张宗麟、郑晓沧、葛鲤庭、甘梦丹、杨宝康等人，依据南京鼓楼幼稚园的课程实验结果、中央大学附属幼稚园以及晓庄乡村幼稚园的经验，负责起草了《幼稚园课程暂行标准》，并通过《幼稚教育》月刊和各种教育杂志的《幼稚教育专号》进行交流研讨。1929 年 9 月，《幼稚园课程暂行标准》拟定完成，由教育部令各省市作为暂行标准试验推行，并于 1932 年 10 月由教育部正式公布，称为《幼稚园课程标准》。这是我国第一个自己制定的统一的幼稚园课程标准。

《幼稚园课程标准》分幼稚教育的总目标、幼稚园课程的范围、教育方法要点三个部分。

一、幼稚教育总目标

（1）增进幼稚儿童身心的健康。

（2）力谋幼稚儿童应有的快乐和幸福。

（3）培养人生基本的优良习惯（包括身体、行为等各方面的习惯）。

（4）协助家庭教养幼稚儿童，并谋家庭教育的改进。

二、幼稚园课程的范围

"标准"的第二部分是课程范围，规定的幼稚园的课程内容有：音乐、故事和儿歌、游戏、社会和常识、工作、静息、餐点，共七项。每一项都分别阐述，各项均列目标、内容及最低限度的要求。

（一）音乐

1. 目标

（甲）满足唱歌的欲望。

（乙）启发并增进欣赏音乐的机能。

（丙）发达发声的官能，节奏的感觉，并训练节奏的动作。

（丁）发展亲爱、协同等的情感。

（戊）引起对于事物的兴趣。

2. 内容大纲

（甲）以下各种歌词的听唱表演及欣赏：

    （子）关于家庭生活的；

    （丑）关于纪念和庆祝的；

    （寅）关于时令节日的；

    （卯）关于自然现象的；

    （辰）关于习见的动植物的；

    （巳）关于日常工作的；

    （午）关于爱国的；

    （未）关于社交的；

    （申）关于表演用的。

（乙）节奏的听和演作。

（丙）通常音乐的欣赏和演作。

（丁）自然声音的欣赏和模仿。

3. 最低限度

（甲）唱歌的声音清晰，拍子大致无误。

（乙）对于简单的律动（快慢高低等），有辨别反应的能力。

（丙）明了四首以上歌词的意义，并能表演。

（丁）有独唱两首简单的歌词的能力。

（二）故事和儿歌

1. 目标

（甲）引起对于文学的兴趣。

（乙）发展想象。

（丙）启发思想。

（丁）练习说话，增进发表能力。

（戊）发展对于故事的创作能力，培养快乐、高尚、和爱等的情感。

2. 内容大要

（甲）以下各种故事的欣赏演习：

    （子）童话；

    （丑）自然故事；

    （寅）历史故事；

（卯）生活故事；

（辰）民间传说；

（巳）笑话；

（午）寓言。

（乙）各种故事画片的阅览。

（丙）各种有趣味而不恶劣的儿童歌谣、谜语的欣赏、吟唱和表演。

3. 最低限度

（甲）能述说四则最简单的故事且意思很明了。

（乙）能创作一则最简单的故事且有明显的内容。

（丙）能作简单明白的应对。

（三）游戏

1. 目标

（甲）顺应爱好游戏的自然性向，而予以适当的游戏活动。

（乙）发展筋肉的连合作用，并训练感觉和躯肢的敏活反应。

（丙）训练互助、协作等社会性。

2. 内容大要

下列各种游戏的练习。

（甲）计数游戏。

（乙）故事表演和唱歌表情的游戏。

（丙）节奏的和舞蹈的游戏。

（丁）感觉游戏。

（戊）应用简单用具的游戏。

（己）摹拟游戏。

（庚）我国各地方固有的各种良好的游戏。

3. 最低限度

（甲）能参加群体的集合，成行成圈，自觉协调。

（乙）能使用园中所设备的游戏器具三种以上。

（丙）知道游戏的简要规则。

（四）社会和自然

1. 目标

（甲）引导对于自然环境和人民活动的观察和欣赏。

（乙）增进利用自然、满足生活、组织团体等的最初步的经验。

（丙）引导对于"人和社会自然的关系"的认识。

（丁）养成爱护自然物和卫生、乐群等的好习惯。

2. 内容大要

（甲）关于衣、食、住、行等生活需要、卫生方法，以及家庭、邻里、商铺、邮局、救火组织、公园、交通机关等社会组织的观察研究，与本地名胜古迹的游览。

（乙）日常礼仪的演习。

（丙）纪念日和节日的研究举行。

（丁）身体各部的认识和简易卫生规律的实践。

（戊）健康和清洁的查察。

（己）党旗、国旗、总理遗像……的认识。

（庚）常见的鸟、兽、虫、鱼、花草、树木和日、月、雨、雪、阴、晴、风、云等自然现象的认识和研究。

（辛）月份、星期、日子、和阴、晴、雨、雪等逐日天象的填记。

（壬）附近或本园内动植物的观察采集，并饲养或培植。

（癸）集会的演习（以培养公正、仁爱、和平的态度精神为主）。

3. 最低限度

（甲）认识自己日常生活所用的主要衣、食、住、行各项物品。

（乙）略知家庭、邻里、商铺、工场、农田以及地方公共机关的作用。

（丙）知道四肢、五官的机能作用。

（丁）认识家禽、家畜及五种以上植物，了解太阳、风、雨的作用。

（戊）认识总理遗像和党旗、国旗。

（己）对于师长、家长有相当的礼貌。

（庚）有爱好清洁的习惯。

（五）工作

1. 目标

（甲）满足对于工作的自然需要。

（乙）培养操作习惯，增进工作技能，并锻炼感觉能力。

（丙）训练关于群体的活动力。

（丁）发展智力。

2. 内容大要

由儿童各随所好，实做以下范围内的任何工作：

（甲）沙箱装排；

（乙）恩物装置；

（丙）画图；

（丁）纸工；

（戊）泥工及纸浆工；

（己）缝纫——缝纫的动机，大概由玩弄玩偶而来，如装饰玩偶的房屋，或为玩偶做小衣服、小被、小窗帘等。

（庚）木工——用简单木工器具，如锥、锯之类。

（辛）织工——能用最粗的梭、织线带等。

（壬）园艺——种菜、种豆，种普通花卉等。

（癸）其他——利用各种自然物及废物做成玩具、装饰品等。

3. 最低限度

（甲）能独做简单的工作而不求助于人。

（乙）能爱惜工具和材料。

（丙）能整理工具、材料、作品和安置工具、材料、作品的地方。

（丁）能保持地上的清洁。

（戊）能不弄脏身体和衣服。

（己）能用铅笔或蜡笔。

（庚）能用剪刀。

（辛）能选择颜色。

（壬）能排列图形。

（癸）能种活一两种蔬菜或花卉。

（六）静息

1. 目标

（甲）直接的，满足精神康健。

（乙）间接的，增进精神活动的效率。

2. 内容

（甲）静默：仿照蒙特梭利的办法，举行定时的静默。

（乙）静卧：凡行全日制的，最好为各个儿童备卧具，午饭后退休静卧。凡小儿童，应睡二小时以上；年龄较大的，睡一小时半。醒时不当扰及他人。

（七）餐点

1. 目标

（甲）适应需要——儿童食量小，所以进食时间的距离须短。自早餐至午刻，有五时之久，中间一定需要少许饼饵之类充饥。

（乙）练习饮食时应有的礼节。

（丙）养成饮食应有的清洁习惯。

（丁）养成爱惜食物的习惯。

2. 内容

每日上午十时左右，每儿食适当的食品和饮开水一杯。

三、教育方法要点

"标准"的第三部分是教育方法要点，共列17项，说明幼稚园具体的教育方法。主要内容如下：

（1）以上所列各种活动，于实际施行时，应该打成一片，无所谓科目。

（2）幼稚儿童每天在园的时间，全日约六小时。在都市有特殊情形的幼稚园，可用半日制，每日上午约三小时。

（3）各种作业，可由儿童各从所好，自由活动。但是团体作业，每日也应有一次。由教师用暗示法，吸引儿童共同操作；当团体作业时，如有少数儿童不愿参加，不必强迫。

（4）故事、游戏、音乐、社会和自然，大部分都可由教师引导，施行团体作业，工作则大部分应该由儿童个别活动，由教师个别指导。——此等活动，可将全部作业分为若干项目（例如图书、剪贴、积木……），由儿童分组合作，分工活动。

（5）教师应该充分的预备，以免临时困难。预备的事项，应该随儿童活动的趋向而定。

（6）教师所提出以引导儿童活动的材料，和指导儿童活动的方法，以及一切进行，……都须体察儿童的心理，切合儿童的经验。

（7）幼稚教育所用的材料，不是空话，而是日常可见可接触，至少可想象的实物、实事。幼稚教育所用的场所，不限于室内，而须以户外的自然界、家庭、村、市、工商业……为最好的活动的地方。

（8）幼稚目的设计教学，须注意下列各点：

①从儿童自由活动中，发现设计的题材。

②在设计中应有的一切活动，应该早就体察儿童的能力，把儿童不能做或做不成功的部分省去，以免儿童因不能做而废止，或因中途失败而懊丧。

③设计的材料，以易达目的易得结果的为最好。

（9）教师是儿童活动中的把舵者，要使儿童跟着他的趋向而进行，在未达目的前，不要改变宗旨。所发的暗示，也当一贯而不杂乱；在儿童既反应而来到完成时，不可再有另一种的新暗示。

（10）教师是最后裁判者。儿童的问题，应由儿童自己解决。到儿童的确不能解决时，教师才可从旁启发引导。

（11）教师应利用奖励，以鼓励儿童对于某种作业的兴趣。幼儿的奖励，以言语和玩具的赠予为最有效，标识、符号等的奖励次之。

（12）有几种技能，应该用"练习"的方法，使儿童纯熟。

（13）园中的事务，凡儿童能做的，如扫地、揩桌子、拔草、分工管理园具等，应充分的由儿童去做。

（14）每半年举行"体格检查"一次，每月举行"体高体重检查"一次，每日举行"健康并清洁检查"一次（法详小学卫生等科课程标准）。儿童身体上的缺陷和各种疾病，教师应该设法补救——教师不但应有母亲和师长的知能，并须具有看护的身手，治病的常识。

（15）教师对于儿童的身体、性情、好尚，以及家庭、环境……都应注意。最好备一本小册子，将观察所得的记录起来，以为研究和施教的资料。

（16）教师应该常常到儿童家庭去，或请家长到园中来……尽力联络感情，宣传幼稚教育和家庭教育的方法。

（17）幼稚园除利用户外的自然和社会外，要合乎我国的民族性、合乎当地社会情形、适应儿童的需要，要利用废物、天然物和日用品。

《幼稚园课程标准》是我国第一个由国家颁布的幼稚园课程标准，它建立在幼稚园制度确定以后幼稚园数量上的较大发展和各种实验活动开展的基础之上，是由我国的专家和学者在总结自己实践基础上，吸收和借鉴西方学前教育思想与教育方法而形成的，因此，它既体现了民族性，又体现了洋为中用的精神。

该"标准"具有中国化、科学化的特点，它要求寓知识于娱乐之中，其教育内容和方法，都比较符合儿童的接受能力，符合儿童的年龄特点和教育的要求，因此有较强的科学性。在教育内容上，对儿童进行多方面训练，不仅开发儿童的智力、身体、德性、美感，而且注意儿童社会化的培养。在教育方法上，灵活多样，运用团体、分组和个别的方式，组织儿童的各种活动，儿童的活动有相当的自由。教育目标也比较灵活，除一般要求外，还有最低限度的要求，以适应不同地区、不同幼稚园发展不平衡的状况。

第三节　民国时期各类幼稚园的建立和发展

一、幼稚园发展概况

1922年新学制颁布后，确立了幼稚园制度，我国的幼稚园事业有所发展。除女子师范必须附设幼稚园外，其他师范学校、高等师范、国民学校，均可附设幼稚园。与此同时，还允许私人创办幼稚园。根据教育部编的《全国初等教育统计》可知，1930年，全国共有幼稚园630所。在园幼儿26675名，教职员工1376人。到1936年，全国有幼儿园1283所，在园幼儿79827人，教职员工2607人（见表4-1）。尽管幼稚园数和在园幼儿的绝对数量不是很多，但其发展速度非常快。尤其是在陈鹤琴、

图4-3　民国时期的幼稚园

张雪门等一大批学前教育领域的优秀教育家和教师在全国范围内开展以探索建立中国化、科学化教育为中心的实验改革的推动下，出现了一大批各具特色的幼稚园（图4-3），如厦门集美幼稚园、南京高等师范附属小学幼稚园、北京香山慈幼院、南京鼓楼幼稚园、南京燕子矶幼稚园等，从它们各自的办园特色中可以反映出当时中国幼稚教育发展的特点和形势。

表4-1　1929—1936年全国幼稚园发展统计表

学年度	幼稚园数	班级数	儿童数			保育期满儿童数			教职员数
			男	女	合计	男	女	合计	
1929	829	1585	22469	9498	31967				1580
1930	630	697	15098	11577	26675	5476	3998	9474	1376
1931	829	1318	21275	15495	36770	7075	5047	12122	1839
1932	936	1407	24798	18274	43072	7687	5725	13412	2056
1933	1097	1449	27432	20080	47512	8763	7146	15905	2219
1934	1124	1599	36582	22916	59498	8953	5718	14671	2472
1935	1225	1666	42071	26586	68657	9089	5401	14490	2443
1936	1283	1988	46597	33230	79827				2607

资料来源：中国学前教育史编写组.中国学前教育史资料选[M].北京：人民教育出版社，1989：360.

抗日战争爆发后，为适应形势需要，1938年4月，中国国民党临时全国代表大会制定了《战时各级教育实施方案纲要》（以下简称《纲要》）。《纲要》规定了九大方针，17个要点。《纲要》对幼稚教育作了如下规定："幼稚教育，应使保育与教导并重，增加幼儿身心之健康，使其健全发育，并培养其人生基本的良好习惯。施教对象应推广及于贫苦儿童。"

抗战时期，我国很多地方幼稚园被迫停办，从表4-2中可以看出，无论是幼稚园的数量还是入园幼儿数量都在连年下降，战争结束后才有所回升，恢复到战前水平。

表4-2　1937—1947年全国幼稚园发展统计表

学年度	幼稚园数	班级数	儿童数	保育期满儿童数	教职员数
1937	839	1180	46299	9825	1400
1938	857	1157	41324	8301	1491
1939	574	754	40479	7597	946
1940	302	791	28517	8395	973
1941	367	925	58339	12060	789
1942	592	1398	51749	14305	1014
1943	441	1190	46202	16910	1021
1944	428	1527	50491	20193	1393
1945	1028	2889	106248	28281	2407
1946	1263		112792	41504	2805
1947	1302	3367	130213	54225	2502

资料来源：周玉衡，范喜庆.学前教育史[M].上海：复旦大学出版社，2009：50.

二、幼稚园的类型

张雪门通过研究，认为当时的幼稚园大致可以分为四类：以培植士大夫为目标的幼稚园；宗教本位的幼稚园；儿童本位的幼稚园；以改造中华民族为目标的幼稚园。以上这四类并不是各类之间绝对不能相混，然而这四类在教材上、方法上虽彼此混杂，但在教育的目标上，自有其显明的界限。

（一）以培植士大夫为目标的幼稚园

这类幼稚园设备方面与普通的中小学差不多；教材方面，除文字一科，或用单字或用课本，其余科目全用课本。教师教授的时候，不必顾及儿童的兴趣；教学方法方面，多采用注入式；训育方面，管理非常严格，认为"顺从"是儿童的美德，但另一方面，儿童脱帽、穿衣、分点心等事，都有校役来侍候。因此，与旧式的士大夫教育类似。①

（二）宗教本位的幼稚园

这类幼稚园大多设在教堂里，或者在教堂的附近。所用的桌椅都很小巧、精致，四面的墙挂有耶稣的像，或者圣母的像。各类玩具差不多都是外国来的；幼稚园中的小孩，总是活泼的，早晨聚会要做祷告，吃茶点的时候要唱赞美诗；教学方面，教师讲圣经的故事，教学方法不像以培养士大夫为目标的幼稚园那么勉强，随时启发，随时指导，然而它的教育目标，在养成基督教徒。②

（三）儿童本位的幼稚园

这类幼稚园在设备方面，院子外面有一片草地，有各种运动器具，以满足儿童好动的要求；有动物园、有花圃，以适合儿童好奇的心理；教材方面，有工作、早点、音乐、演技和游戏、文学、言语、书画阅读、书写、算术、社会、自然研究、旅行等。各种教材彼此有密切的联系，不是孤立的分科。教材仅为启发儿童身心的工具；教法方面以儿童生活为主。从教师方面出发可分为两种：第一是布置环境，第二是指导工作。但儿童是自由、自动的，而且注重自我发表；训育方面，大半采用民治组织，尊重儿童自己的意思，并且使儿童也尊重别人的意思。③

（四）以改造中华民族为目标的幼稚园

张雪门认为，以上三类多少都受到外国的影响，这一类可以说是中国自己创造出来的。在设备方面，除了院子里有运动器具，也有花、蔬菜、五谷、鸡和兔子等。教室的构造都是旧房子加以修改，朴素简单，但适合幼儿。总之，这类幼稚园的设备是简朴的，且以国货为主。课程方面，课程的活动偏于作业。所谓作业是一种有目的的活动，用各种方法，找各种材料及工具，以完成目的的一种活动。作业分为两种：游戏和工作。活动方面，儿童对于课程的活动是团体的、自动的、客观的。教师不过在儿童的活动中增进他们的知识，训练他们的技能，并培养其基本的习惯、兴趣和态度。其目的是想通过这种幼稚教育，来克服所谓中国愚、弱、贫、私的缺点并克服封建势力与帝国主义在中国的影响，从而达到改造中华民族之目的。④ 这可以说是当时抱教育救国理想的幼儿教育家和幼儿教育工作者们所做的一种努力。

①②③④ 张雪门.张雪门幼儿教育文集：上卷 [M].北京：北京少年儿童出版社，1994：444-445；447；449；450-452.

三、典型幼稚园介绍

这个时期，我国的学前教育事业比初创时期有了新的发展，在城市和乡村先后出现了一批影响较大的幼稚园。下面介绍两所典型的幼稚园。

（一）南京鼓楼幼稚园

1919 年受"五四"运动的影响，陈鹤琴从美国学成归来，任教于南京高等师范学校。1923 年陈鹤琴在自己的住宅（南京鼓楼头条巷 25 号）的客厅里办起了幼稚园，并聘请东南大学附中音乐老师甘梦丹女士为教师。该园第一次招收幼儿 12 名，大多是东南大学教师的子女，其中包括两名日本儿童。这就是鼓楼幼稚园的前身。陈鹤琴决心在这所幼稚园里研究、实践、探索中国化的幼儿教育，但由于园舍较小、所收儿童较少，教育实验受到种种限制。为此，他发动东南大学教授成立了幼稚园董事会，并为筹建新的园舍募捐。不久，他便在自己的住宅旁购买了三亩园地，新建了一座幼稚园园舍，这就是今天鼓楼幼稚园的园址（北京西路 4 号）。幼稚园董事会一致推选陈鹤琴为园长，并将鼓楼幼稚园作为东南大学教育科研实验幼稚园，派张宗麟为研究员，协助陈鹤琴进行研究工作。[①]

在陈鹤琴主持和张宗麟的协助下，鼓楼幼稚园积极开展早期教育实验。首先，他们对幼稚园课程进行实验研究，这项研究从 1925 年秋冬开始一直延续到 1926 年秋，经历了三个发展时期，即自由散漫期、伦理组织期和中心制期。经过这三个时期的课程实验，鼓楼幼稚园的教育工作逐步完善，也使探求中国化的幼稚园课程迈出了可贵的一步。其次，他们对幼稚园教学进行实验研究，并自编儿歌、故事、歌谣等，组织实施教学，还编印了《幼稚园课本》。后来他们还进行了幼稚园的设备研究。陈先生认为幼稚园设备是幼儿游戏、教师教学必不可少的条件。他还提出设备要符合儿童化、坚固耐用、卫生、有艺术性、有本地风光、安全以及多样化等七条标准。1928 年，陈鹤琴、张宗麟、甘梦丹参加并负责全国幼稚教育课程标准的草拟和制定工作，将鼓楼幼稚园的课程实验成果正式列为全国幼稚园的课程标准。由此可见，鼓楼幼稚园就是中国化幼儿教育的发祥地。1952 年 8 月，陈鹤琴主动要求将鼓楼幼稚园交给南京市人民政府接办，改名为南京市鼓楼幼儿园。

（二）南京燕子矶幼稚园

1927 年 11 月，在陶行知领导下，以张宗麟、徐世璧、王荆璞为骨干，在南京郊区创办了燕子矶幼稚园（全日制，孩子回家午饭）。办园宗旨在于研究和试验如何办好农村幼稚园的具体方法，以便普及全国农村。起初因陋就简地借用小学屋，后来自力更生地建造了一幢茅屋泥墙、亭子式的园舍，门前草地上架有自制的滑梯和

---

① 徐惠湘，陈鹤琴 . 南京市鼓楼幼儿园 · 中国幼儿教育 [J]. 早期教育（教师版），2003（4）：36-37.

秋千,大门两边挂了一副陶行知手书的门联:"谁说非学校,就算非学校;彼且为婴儿,与之为婴儿。"

1. 教育目标

燕子矶幼稚园教育的总目标是:使幼儿具有健康的体魄、劳动的双手、科学的头脑、艺术的兴趣、改造社会的精神,为将来成为新时代的创造者打好基础。

2. 教育的具体内容

(1)草拟生活纲要。生活纲要分为全年生活纲要、一月生活纲要、每周生活纲要和当天生活纲要等四种。

全年生活纲要的主要内容包括节气、气候、动物、植物、农事、儿童玩耍、风俗、儿童卫生等八个方面。一月生活纲要是每月的幼儿生活教育大纲,即每月儿童生活的纲要。每周生活纲要是一年的生活纲要和每月的生活纲要的具体化。当天的生活纲要是教师每天根据每月和每周的生活纲要以及儿童头一天提出来的感兴趣的问题所安排的当天的工作。

(2)找寻生活的材料。燕子矶幼稚园在实验研究的过程中,充分利用周围环境来寻找可资利用的各种材料,如土制点心(红薯、萝卜等),废物手工材料(麦秸、旧报纸等),自然物(石子、蝴蝶等)。此外,该园还联系当时的社会实际,收集儿童民谣、儿童故事、儿童游戏、儿童谜语等选编为教材,丰富教学内容。

(3)试用生活法。燕子矶幼稚园在陶行知"教学做合一"的生活教育理论指导下,运用单元教学法组织教学。在试用生活法时,该园特别注意几个方面:第一,户外生活多,室内生活少,农村的幼儿长期生活在大自然中,受自然环境的陶冶作用更大。第二,注意卫生。当时我国的农村地区卫生条件较差,但是该园特别注意儿童卫生习惯的培养。第三,注意读法。当时的乡村儿童到七八岁就很难上学了,要在家里带弟弟妹妹、放牛、烧锅做饭,所以,幼稚园就特别注意教幼儿识字,让这些儿童多认点字。

燕子矶幼稚园特别重视农事活动,开辟了小农场和小花园,让幼儿亲自动手,参与力所能及的劳动,从小培养幼儿的生活能力。1930 年,国民党查封了晓庄师范,通缉陶行知,燕子矶幼稚园被迫停办。

第四节　民国时期幼稚教育师资培养

民国时期的幼稚教育师资培养由不够正规逐渐向严格化、标准化转变。

一、蒙养园保姆培训

中华民国南京临时政府成立以后，按当时颁布的学制规定，幼教师资的培训被正式引入师范学校的培养目标。1912年9月公布、1916年1月修正的"师范教育令"中规定：[1]

"专教女子之师范学校称女子师范学校，以造就小学校教员及蒙养园保姆为目的"；

"女子师范学校，除依前项规定外，并得附设保姆讲习科"；

"女子高等师范学校以造就女子中学校、女子师范学校教员为目的"。

由此可见，女子师范学校的培养目标把小学教员与蒙养园的保姆并列，对未来保姆教师的培养也有了规定，由女子高等师范学校毕业生担任。另外，对于保姆的工资也有了具体的说明，这进一步确立了保姆在师范教育中的地位。

对于师范教育的招收对象、学制也逐渐趋于严格化。师范学校分预科、本科、讲习科。预科收高小毕业或14岁有同等学力者，修业一年；本科一部招生预科毕业生，或15岁以上同等学力者，修业四年；本科二部招收中学毕业或17岁以上同等学力者，修业一年；讲习科可设在蒙养园内。

女子师范教授科目也作了规定。预科有修身、读经、国文、习字、外语、数学、图画、乐歌、体操、缝纫等科目。本科一部科目为修身、读经、教育、国文、习字、历史、地理、数学、博物、物理化学、法治经济、图画、手工、家事园艺、缝纫、乐歌、体操、外语等。本科第二部有修身、读经、国文、数学、博物、物理化学、图画、手工、缝纫、乐歌、体操等科目。

这套女子师范生的培养目的和学科设置也适应了小学和蒙养园的要求。至此，对幼教师资的要求进一步提高，不仅要求女师范生在德智体美劳等方面均衡发展，而且要求对女师范生进行爱国守法教育，教育更加贴近实际生活，教授的内容更强调实用性，也更加注重教学方法的传授及教学能力的培养，旨在提高女师范生的专业化水平。[2]

---

① 封新城.中国近代教育史资料：中册[M].北京：人民教育出版社，1961：708-710.

② 李萌.从"保姆"到"幼儿园教师"——基于以往学制看幼儿园教师专业化水平的提高[J].幼儿教育·教育科学，2013（11）：40-44.

二、幼稚园保教人员的培养

在"新学制"颁布不久后，南京的江苏省立第一女子师范学校于1922年春扩大校舍，秋设幼稚师范科和幼稚园。幼稚师范科修业年限为两年，办至1932年秋。保姆传习所课程有公民训育、国文附习字、教育、算术、理科、图画、手技、体操游戏法、谈话法、保育法、音乐、幼稚教育、家事、实习等。幼师课程有党义、国文、混合数学、教育概论、教育概况、心理学、自然研究、医药看护、园艺、幼教理论、儿童心理、小学教育法、儿童文学与故事、注音符号与口语、教育史、教育心理、测验统计、实习等。

但此后一段时间内，幼稚师范教育没有得到人们的重视。在1928年的全国教育大会上，陶行知和陈鹤琴分别提出开设幼稚师范和在普通师范中设幼师科以培养幼儿教育人才，经讨论通过后，由教育部通令各省师范学校和乡村师范学校酌情开设幼稚师范科。随后，为了加强对幼稚师范的管理和推动幼稚师范教育的发展，又对附设幼稚师范科作了若干具体规定，如师范学校附设幼稚师范科，修业年限为两年或三年，招收初中毕业生等。同时规定了幼稚师范科的教学科目和学生入学、转学、休学、复学、退学及毕业的办法。

1935年国民政府修正的《教育部公布师范学校规程》规定师范学校要附设幼稚师范科，教学科目为公民、体育、游戏、卫生、军事看护、国文、算学、历史、地理、生物、化学、物理、劳作（农艺、军事、工艺）、美术、音乐、伦理学、教育概论、儿童心理、幼稚园教材及教学法、保育法、幼稚园行政、教育测验及统计、实习。实习包括参观、试习、试教，在每项实习前后都要完成预备、报告、讨论三项手续。师范学校还要附设幼稚园，以便于师范生实习。在附设的幼稚园实习，使师范生能够将在学校学到的理论知识在实践中加以具体运用，以提高实际教学能力，为今后的工作积累实践经验。

1932年，为了保证幼稚师范毕业生的合格率，教育部在有关规程还作了幼稚师范科参加会考的规定，两年或三年幼师科的会考科目有公民、国文、算学、历史、地理、生物、物理、化学、教育概论、儿童心理、幼稚园教材及教学法、保育法。会考三科以上不及格者应令留级；一科或两科不及格者，可先行服务，准其继续参加下两届该科会考两次，及格后方得毕业，才有正式服务的资格。毕业会考由国家统一命题组织进行，会考成绩占毕业成绩的50%。

在此期间，不但公立师范教育科有了一定的发展，由私人设立的幼稚师范也不断出现。如厦门集美幼稚师范学校（1927年）、南京晓庄师范幼稚师范院（1929年）、北平幼稚师范学校（1930年）、上海幼稚师范学校（1930年）等。现选择北平幼稚师范学校（私立）和江西省立实验幼稚师范学校（公立）两所学校为例略作介绍。

（一）北平幼稚师范学校

北平幼稚师范学校是香山慈幼院的一部分，创校于 1930 年，张雪门担任校长。学校最初建在香山见心斋，1931 迁到城内西帝王庙。该校以培养幼稚师资为己任，最终目的是为实现全民的幼稚教育。学生来源由香山慈幼院女中学生升入，城内招收录取少量女学生。教学酌采道尔顿制，但又较之灵活，尤其是重视学生教室外的活动，如到农场、工场、幼稚园实习，不像道尔顿制之拘泥于教室，学校重视实行教学做的方法，实习的内容包括：幼稚园实习，实行先参观，次参与，后实习的制度。此外还有家政实习、自然实习、儿童文学实习、手工实习、游戏实习等。为保证学生实习，还特约香山慈幼院实习农场、香山幼稚院第一校、北平市教育局委托试验艺文幼稚科为固定实习场所。1932 年还在校内添设第一中心幼稚园。学制三年，但可分年结业，一年制为速成科，可任幼稚园教师或助教；二年制为幼师科，可任幼稚园主任；三年制毕业后，可兼任小学低年级及婴儿园教师。抗日战争爆发后，迁至广西桂林，后停办。原址现为北京第一五九中学。

教育史话

香山慈幼院的开办

1917 年，北京、河北地区发生极大的洪涝灾害，103 个县被淹，许多家庭流离失所，上千儿童无家可归。当时督办和赈济水灾的熊希龄先生收容了流落儿童近千人，后来部分被认领，但是还有二百多人无人领养，再加上京畿附近的贫民孤儿，又接近千人。于是熊希龄请徐世昌大总统和已经退位的清室内务府商量，拨出原皇家的静宜园，兴办了香山慈幼院。

北平幼稚师范学校校歌

词：于澄宇
曲：老志诚

生活兮教育，生活兮教育，我们生命惟一之伴侣，为汝勤力，不分旦夕，为汝驰驱，不顾险夷，人生意义在利他，他利己亦利，生命兮教育。

淳朴兮孩子，淳朴兮孩子，未来世界好坏之主体，浑然心地，不知害利，乐哉游戏，不计非是，社会价值在没我，没我以利人，先利小孩子。

（二）江西省立实验幼稚师范学校

这是中国第一所独立设置的公立师范学校。由陈鹤琴在 1940 年 10 月创立于江西泰和县，附有小学、幼稚园、婴儿园。1943 年 2 月改为国立幼稚师范学校，并添设幼稚师范专科。办学宗旨是：第一，培养幼稚园的师资；第二，开展幼稚教育的理论和教材教法的实验研究；第三，进行陈鹤琴的"活教育"理论的实验。课程内容分为精神训练、基本训练和专业训练三项，外加人生心理一科。教材和教学方法强调尽量与小学实际、幼稚园实际相联系，教学方法强调以"做"为中心，采用陈鹤琴提出的"做中学、做中教、做中求进步"的方法。基本目标是培养学生"做人，做中国人，做现代中国人"。学校校风优良，自由平等，实行"纯爱"教育，培养了一批幼教战线的优秀人才。1948 年并入南昌女子师范学校，改为幼稚师范科。

 **本章小结**

民国时期的"壬子癸丑学制"规定：将蒙养院改名为蒙养园。蒙养园制度承袭了清末蒙养院制度的保育内容，但是，学制规定的蒙养园设置地点与师资要求和培训提高了蒙养园的地位。1922 年 9 月，教育部颁布了"壬戌学制"。规定在小学下设幼稚园，"幼稚园收受六岁以下之儿童"，并把幼稚园正式列入学校系统，确定了学前教育机构在学制系统中作为国民教育第一阶段的重要地位。

1932 年 10 月教育部正式公布《幼稚园课程标准》。这是我国第一个自己制定的统一的幼稚园课程标准。《幼稚园课程标准》分幼稚教育的总目标、幼稚园课程的范围、教育方法要点三个部分，是由我国的专家和学者在总结自己实践基础上，吸收和借鉴西方学前教育思想与教育方法而形成的，因此它既体现了民族性，又体现了洋为中用的精神。

1922 年"新学制"颁布后，确立了幼稚园制度，我国的幼稚园事业有所发展，并且出现了一大批各具特色的幼稚园，如南京鼓楼幼稚园、北京香山慈幼院。幼稚园的类型大致可以分为四类：以培植士大夫为目标的幼稚园；宗教本位的幼稚园；儿童本位的幼稚园；以改造中华民族为目标的幼稚园。

民国时期的幼教师资的培训被正式引入师范学校的培养目标。对于师范教育的招收对象、学制和教授科目也逐渐趋于严格化。在此期间，不但公立师范教育科有了一定的发展，由私人设立的幼稚师范也不断出现。

思考练习

1. 分析蒙养院制度与蒙养园制度有哪些异同。

2. 分析燕子矶幼稚园的办园特点，谈一谈对当前我国学前教育实践的启示。

3. 述评民国时期我国幼稚师范教育的发展。

第五章　共产党领导下的解放区学前教育

★ 学习目标导航

1. 了解解放区学前教育的方针和政策。
2. 了解解放区托幼机构的主要形式。
3. 熟悉解放区学前教育的保教形式。

★ 内容结构导图

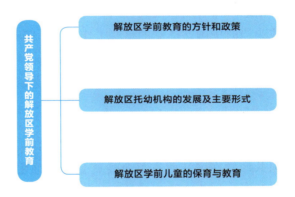

共产党领导下的解放区学前教育

- 解放区学前教育的方针和政策
- 解放区托幼机构的发展及主要形式
- 解放区学前儿童的保育与教育

★ 本章摘要

　　解放区的学前教育，是指 1927—1949 年在中国共产党领导下建立起来的农村革命根据地、抗日根据地、解放区的学前教育。它是适应根据地政治、经济、文化状况，特别是战争的客观需要，吸收其他地区的经验而发展起来的。在其 20 多年的发展历程中，革命根据地制定了学前教育方针、政策，组建了幼儿保教队伍，创办了各种幼儿教育机构，进行了长期的幼儿教育实践活动，积累了幼儿保育、智育和德育方面的经验，为社会主义学前教育的发展奠定了良好的基础。

第一节 解放区学前教育的方针和政策

一、解放区实施学前教育的背景

在国民革命时期，中国共产党一直注意解放妇女，发挥妇女的作用，积极动员妇女投身于战争和生产中。1922 年 7 月，中国共产党第二次全国代表大会召开，提出：废除一切束缚女子的法律，女子在政治上、经济上、社会上、教育上一律享受平等权利。1924 年 1 月，国共合作后的中国国民党第一次全国代表大会召开，大会明确指出："于法律上、经济上、教育上、社会上确认男女平等之原则，助女权之发展"。这些倡议为妇女解放创造了良好的条件，也意味着学前教育机构的设立势在必行。

之后，在土地革命时期和抗战时期，为了革命战争和生产建设，设立大量的学前教育机构成为当时中国共产党的重要工作之一。同时，在中国共产党领导下的革命队伍中，有不少的子女需要抚养。特别是一些儿童因父母在革命斗争和抗日战争中失去了生命，成为革命遗孤，需要有相应的机构来照顾他们。

二、解放区学前教育的具体方针政策

为了更好地发展学前教育事业，中国共产党制定了一系列的方针和政策。1927 年 9 月，中国共产党在《江西省革命委员会行动纲领》中明确指出："建立一般未达入学年龄的机关（如儿童养育院、幼稚园等），以利增进社会教育和为解放妇女的目的"。

1931 年 9 月 23 日，《湘鄂赣省工农兵苏维埃第一次代表大会文化问题决议案》强调注意学龄前儿童教育，并指出"注意看护小儿的教育，注意小儿听觉、视觉及器官的充分发展，三岁以上的儿童暂时由儿童的家庭以及共产主义儿童团施行幼稚教育，注意儿童的记忆力、模仿力和联想力等智慧的发展。"

1934 年 2 月，苏区中央人民内务委员部公布《托儿所组织条例》，它是红色政权的第一个关于学前儿童教育的指导性、纲领性文件。文件对托儿所的目的、功能、规模、上级领导机构、儿童入托条件、作息制度、环境、设备、经费、保教人员编制标准、保教人员的职责、儿童的卫生与健康、托儿所管理的事项作了详细的规定。明确了托儿所的目的是"为着要改善家庭的生活，……使小孩子能够得到更好的教育与照顾，在集体的生活中养成共产儿童的生活习惯。"文件规定的发展方向，办所方针符合解放区的实际情况，它的颁布是解放区幼儿教育制度建设的开端，促进了

苏区幼教事业的发展。①

　　抗日战争爆发后，有的幼稚园毁于炮火，有的被迫停办，幼稚园数量急剧下降。很多儿童在敌人的残暴攻击下遭受痛苦，也有不少儿童成为失去父母的孤儿。为拯救和教育大批无家可归的儿童，同时为了全力支援前线，解除后顾之忧，中国共产党明确提出了"重视保育事业，抚养革命后代"的学前教育方针，并要求专门建立儿童保育机构。1938 年初成立了中国妇女慰劳自卫抗战将士总会战时儿童保育会。1938 年 8 月，宋庆龄、蔡畅、邓颖超、康克清等在延安成立了战时儿童保育会陕甘宁边区分会，此后，全国各地相继成立了 20 多个分会，抗战中先后建立了 53 所战时儿童保育院，如著名的延安第一、第二保育院。这些儿童保育院收容、保育了 3 万多名难童（包括学前儿童和学龄儿童，以后者为多）。为使保育工作落到实处，各级政府多次做出保育儿童的决定。1941 年 1 月，陕甘宁边区政府在工作报告中将实行儿童保育列为中心工作，同年颁发了《陕甘宁边区政府关于保育儿童的决定》，主要对儿童保育工作的管理体制、保育人员的训练、建立保育院的条件、孕母及产妇的保健待遇、婴儿的保育、保姆的待遇等作了十分具体的规定。1942 年 2 月陕甘宁边区政府发出《关于二届边区参议会有关保育儿童问题之各项规定》的通知，强调建立管理保育行政组织系统，增加孕妇及女公务员的相关待遇，规定了儿童的各项保育经费及保姆的待遇。

　　解放战争时期，是中国革命从局部胜利走向全面胜利的时期。各解放区的教育，继续贯彻和执行抗日民主根据地的新民主主义教育方针和各项政策，制定了一系列的教育方针和政策。为了使教育工作更好地为解放战争服务，1946 年 12 月，陕甘宁边区政府颁布《战时教育方案》，要求"各级学校及一切社教组织亦立即组织起来，发挥教育上的有生力量，直接或间接地为自卫战争服务，一切教育工作者都应成为保卫边区地宣传语和组织者"。在这一方针的指引下，学前教育也向着更高的方向发展。1946 年 5 月，中央儿童保育委员会的成立宗旨中指出："总结革命根据地成立以来的保教工作经验，筹备保育训练班，研究国内外保育理论，与热心儿童保育事业的团体和个人发展联系，向其他解放区推广儿童保育事业。"根据这一宗旨，解放区的学前教育事业得到了进一步的发展。1949 年，《陕甘宁边区妇女第二届代表大会关于保育工作的提案》就其今后开展保育工作的原则、托儿所成立的标准、保育工作者的待遇等问题提出了建议，并建议政府成立与扩大保育机关，开展群众保育工作，成立保育工作委员会。

　　中国共产党根据形势的发展，在不同历史时期制定了不同的学前教育方针政策，使幼儿受到了良好的教育。同时，毛泽东、周恩来、朱德等老一辈无产阶级革命家都十分关心幼儿的教育事业。正是由于他们的关心和正确的方针政策，解放区的学

① 姚国辉.中国学前教育政策史系统分析研究 [D].西安：陕西师范大学，2008：20-23.

前教育事业才得以蓬勃发展，出色地完成了为革命战争和生产服务以及培养革命后代的光荣任务。

第二节　解放区托幼机构的发展及主要形式

一、解放区学前教育机构的初建

1934 年 2 月《托儿所组织条例》（后简称《条例》）颁布后，苏区创办了不少学前教育机构。最早创办的机构为瑞金下州区成立的上屋子托儿所和下屋子托儿所。其中，上屋子托儿所有 20 名幼儿，14 名是红军家属的孩子；下屋子托儿所有 23 名幼儿，19 名是红军家属的孩子。这些幼儿多数还在吃奶。两个托儿所设主任 1 名，看护人员 4 名。当时，由于负责人选择得当，两个托儿所办得不错。

《条例》颁布后，各类组织，特别是妇女组织做了广泛的宣传，一时掀起兴办托儿所之风。据统计，兴国县建立托儿所 227 所，瑞金县（今瑞金市）有 920 所。在其他苏区，也注重幼儿教育的开展，例如，湘鄂赣省苏维埃 1931 年第一次代表大会关于文化问题决议案中明确提出：注意学龄前儿童的教育，在次年颁布的学制中设有幼稚园、保育院等幼儿教育机构。[1] 设立的托儿所主要有两种类型。一类是长期托儿所，大多是收红军家属子女；另一类是季节性托儿所，一般在农忙季节开办，为广大妇女参加生产创造条件。总之，《条例》颁布后苏区托儿所数量迅速增加，这对广大妇女的解放起到了积极的促进作用，也为解放区学前教育以后的发展积累了经验。

二、解放区托幼机构的主要类型

抗日战争和解放战争期间，尽管战争频繁、物资短缺、困难很多，但由于有党和政府的关怀、群众的支持、保教人员的无私奉献，学前教育机构仍然有很大的发展。据陕甘宁边区 1945 年统计，已有托幼机构 90 多个，儿童有 2110 多名，其中寄宿制托儿所、保育院有 1180 多名，全日制的机关托儿所有 930 名。[2] 学前教育机构发展的特点在于形式灵活多样，有各种不同类型的托幼机构。当时托幼机构的类型主要有以下几种。

① 朱宗顺.中国近代学前教育体制的现代化历程 [J]. 教育史研究，2004（1）：30-33.
② 唐淑.学前教育史 [M].北京：人民教育出版社，2009：111.

（一）寄宿制的保育院、托儿所

一般设在环境比较完备的后方，规模较大。由边区政府主办，费用由政府负担，部分由中国福利基金会资助，条件较优越，设备较完善，制度也较健全、严格。主要招收前方将士子女和烈士遗孤、难童及部分后方机关干部的子女。如延安第一保育院、洛杉矶托儿所都属这类托幼机构。[①]

（二）单位日间托儿所

由机关、工厂、学校、部队等单位自办，规模小，设备简单，一般设在本单位内部，经费由单位自理，收托本单位员工的子女。孩子随母亲上班入托、下班接回。托儿所一般招收 15~30 名儿童。当时的中央组织部、十八集团军留守处部队、印刷厂、中央党校等单位都办了这种托儿所。这种类型的托幼机构在解放战争时期较多。[②]

（三）母亲变工托儿所、哺乳室

母亲变工托儿所、哺乳室主要是在保育委员会的要求下，各机关、学校、工厂的母亲们自发组织起来的托幼机构，实行母亲轮流值班，一般没有专职保育人员。如中国女子大学、边区银行、中央党校三部等都办过这样的幼儿园。

（四）游击式的托幼机构

这种形式一般多见于局势不稳、敌情变化大的地区。它的特点是，当局势稳定时，孩子便集中，由托儿所或幼稚园培养；敌人扫荡时，托儿所化整为零，保教人员与孩子分散在老百姓家中，由群众掩护。这种形式在晋、冀、鲁、豫根据地最多。在战争环境下，这类机构管理起来很困难，也有相当的危险性。

（五）小学附设幼稚班

小学附设幼稚班，专为不到入学年龄的 5 岁、6 岁的儿童创办。哥哥、姐姐上学时可以顺便带着他们去幼稚园。儿童接受一年到一年半的学龄前教育后可以正式进入小学。如陕甘宁边区米脂、绥德分区的三所小学和清涧城关完小、延安完小等学校都办过此类幼稚班。

这些幼儿教育机构，有完全公办的，有民办的，纯属于劳动妇女自己组织的互助性质的，有民办公助的；有寄宿的，有日间的，也有季节性质的。总之，解放区学前教育机构的形式，因地制宜，灵活多样。解放了成千上万的妇女干部和劳动妇女，使他们能够参加革命工作、生产或学习，使孩子们得到更好的养护和教育。各类托幼机构的建立，不仅能使母亲们安心工作，培育了革命后代，支援了革命战争，而且还锻炼出一支坚强的幼教干部队伍，他们成了新中国成立后幼教事业的骨干。[③]

①② 唐淑.学前教育史 [M].北京：人民教育出版社，2009：112.
③ 何晓夏.简明中国学前教育史 [M].北京：北京师范大学出版社，2007：140.

（六）私人设立的托儿所

解放战争时期，在党和政府的鼓励下，陕甘宁边区还出现了少量的私立托儿所。据统计，东北地区于 1947 年至 1949 年 7 月创办了私立敏山托儿所、私立新民托儿所等 9 所托幼机构。

（七）混合类型的托幼组织

根据群众与孩子的相应，边区政府举办了全托和日托并存的托幼组织。如解放战争时期，延安群众报社托儿所最初是全托（寄宿制），后根据吃奶婴儿的需要和有一般疾病孩子母亲的要求，又举办了日托班，收托这部分孩子。

第三节　解放区学前儿童的保育与教育

由于战争环境的艰苦，经济的困难，农村文化卫生落后，解放区的学前教育，在内容、原则、方法上难有统一的要求和严格的规定。但随着经验的不断积累，特别是在一些公办的比较正规的托儿所、保育院，也曾建立起相当规范化的保教内容和程序。保教活动是依据保教总方针进行的。

一、婴幼儿保育

解放区的托幼机构中收托的孩子大多是干部、军人、烈士的子女或难童、孤儿。因此这些机构不仅是社会教育的机构，而且还要承担起家庭保教的责任。保证孩子的身体健康，是学前教育的首要任务。

（一）提供必要的、合理的营养

解放区在物资供应十分紧张的情况下，提出"一切为了孩子""孩子第一"的口号，保证婴幼儿必要的营养。孩子们的待遇高于一般工作人员和战士，他们享用和伤病号一样的供应量，保证吃饱、吃好、吃得有营养。

要给处在生长发育期的儿童提供充足的、营养丰富的食品是抗战时期摆在保育会面前最大的难题。因食物缺乏、营养不足，很多保育院的儿童体质下降，患上各种疾病，甚至死亡。陕甘宁边区第一保育院也存在物质匮乏的困难，但边区政府给予了食物和经费补助，并且享受中灶待遇，因此，陕甘宁边区第一保育院儿童基本没有出现挨饿情况，不仅如此，该保育院孩子们还能享受到鸡、肉、蛋、糖、水果等营养食品。对于国统区各保育院儿童而言，这样的物质保障是难以获得的。为了提高各种食物的营养价值，边区保育院还根据儿童年龄大小、身体健康状况进行食物的调配。他们根据当地的情况对蛋白质、碳水化合物、脂肪类、无机盐和维生素这五类营养素进行合理调配，以满足儿童生长发育的需要。蛋白质类的牛奶、奶粉在边区极为缺乏，保教人员就以羊奶、豆浆、豆腐替代。在母鸡产蛋较多的春天，保育院就保证每个儿童每天吃 2 个鸡蛋。对于很难获得乳脂、牛油等脂肪类食物，保育院用青油、猪油代替。保育院还注意烹饪方法以增加食物的营养价值，并注意食物之间营养的搭配。在幼稚班的每周食谱中可见萝卜炖鸡块、菠菜氽丸子、羊肉煮胡萝卜、鸡蛋炒豆腐等菜肴，婴儿班食谱可见肉丝炒萝卜丝、西红柿炒鸡蛋、炒肝子白菜等菜肴。乳儿班食谱为肉骨汤煮麦糊、豆浆煮饼干（加糖）、鸡蛋煮馍干加菠菜水等食物（见表 5-1）。[1]

表 5-1　1943 年陕甘宁边区第一保育院幼稚班孩子饭谱 [2]

时间	早饭 早八点	点心 十点半	午饭 十二点	点心 两点	晚饭 六点
周一	肉丝炒萝卜丝	水果	菠菜氽丸子	点心	面片
周二	炒肝子白菜		羊肉胡萝卜		面条
周三	萝卜炒鸡块		糖包子、绿豆稀饭		豆稀饭
周四	回锅肉白菜		菜花卷、鸡蛋粉丝汤		挂面
周五	大葱炒鸡蛋		红焖肉加白菜		和和面
周六	萝卜煮饭		肉包子、豆稀饭		面条
周日	回锅肉		西红柿炒鸡蛋		挂面

（二）坚持合理和规律的生活作息制度

有秩序地生活是儿童健康的保证。解放区的保教机构充分考虑到它的重要性，依据孩子的不同年龄和季节制定了合理、规律的生活作息制度。下面是洛杉矶托儿所的儿童生活表（表 5-2）。[3]

表 5-2　幼儿班（3~4 岁）生活时间表（春秋季用）

时间	内容	时间	内容
6：00	起床、上厕所	12：30—14：00	午睡
6：30—7：00	洗脸漱口	14：00—14：30	上厕所
7：00—7：30	户外活动	14：30—15：00	喝水

---

[1] 张纯. 抗战时期陕甘宁边区第一保育院的保教实施及历史意义 [J]. 河北师范大学学报（教育科学版），2015，17（4）：40-45.

[2] 吕芳. 陕甘宁边区幼儿保教研究 [D]. 西安：陕西师范大学，2018：34.

[3] 何晓夏. 简明中国学前教育史 [M]. 北京：北京师范大学出版社，1990：143-144.

续表

时间	内容	时间	内容
7：30—8：00	早饭	15：00—16：30	按课程活动（唱游）
8：00—8：30	上厕所	16：30—17：00	洗手
8：30—10：30	按课程活动（唱游）	17：00—17：30	晚饭、漱口
10：30—11：00	上厕所、饮水	17：30—18：00	上厕所
11：00—11：30	洗手	18：00—18：30	洗脸洗脚
11：30—12：00	午饭	18：30—19：00	入睡
12：00—12：30	上厕所		

为了确保工作的井然有序，当时各托幼机构还建立了一些合理的规章和管理制度。如关于工作时间与早晚照料儿童的制度，日班和夜班职责的规定，交接班制度，各科室、保教人员职责的规定，服装保管室制度等。

（三）疾病的预防

1. 卫生工作是疾病预防的重要措施之一

边区保教机构的卫生工作从对象上主要分为三个方面：儿童的卫生工作、工作人员的卫生工作、环境卫生的工作。工作人员在入院时就要接受身体检查，不合格者不准入院。在入院后也要接受规定，保证衣着整洁，同时生活习惯良好，给幼儿树立良好的模范作用。环境的卫生状况、干净与否也是预防疾病的重要措施，孩子们生活的环境干净、舒适了才能有个良好的身体和心理健康。保教机构的选址就对环境的选择有要求。对于儿童的卫生工作，儿童在入院前必须进行身体检查，有传染病的禁止收入院内，以此杜绝传染源。平时院里对幼儿的卫生习惯的注意也是十分细致和周到。

2. 通过日光浴增强幼儿的体质

日光浴是边区保教机构在缺医少药的条件下，使孩子们增强身体素质，提高抵抗疾病能力的好办法。比如洛杉矶托儿所的孩子们除了睡午觉以及吃饭，多半时间都在户外活动，上课也在户外。天热的时候在树下。晚饭后常到河边沙滩活动，也采用日光下在河中洗澡的办法。托儿所的工作人员吹起哨子，孩子们便自己脱好衣服、排好队，由保育员领着到指定的地点去到厚厚的沙层上享受日光浴。这样的日光浴对孩子们的身体很有好处，大部分的孩子皮肤又红又黑，体格粗壮。

3. 建立隔离制度

在流行病突发时期，或者有传染病出现的时候，保教机构会建立隔离制度。规模大一点的保育院专门设有隔离室和病房。新入院儿童，须经医生严格检查，如无传染病者，方可入院。入院后，须隔离三星期方能编班过集体生活。在疾病流行时，与外界严密隔离，若在院内一旦发现疫病，立即与其他部分隔离；保姆值班时，穿隔离衣，并戴口罩。[①]

二、婴幼儿教育

鉴于当时的形势，解放区的许多托幼机构对入托儿童虽实行保教合一、以保为主的方针，但并没有放松对孩子们的教育，各托幼机构都力图使孩子们的身心得到全面发展。

（一）思想品德教育

日本的侵略和民族内部的斗争使得保育院的幼儿有的从出生就失去了父母，有的与父母不能相见，有家不能回，甚至在保育院还会遭到敌人的暗杀，幼儿们自然对这一点感受也最深刻。因此，鉴于当时的大环境，在教育幼儿时，由于民族需要、国家需求，首先要明确教育的政治基调。在这个大方向的引领下，保育院的儿童又作为一个集体朝夕相处，他们很小就懂得热爱集体、团结群众、热爱国家。例如家长们给孩子送来糖果，保育员就征得他同意，分给全体小朋友一起吃。梨子不够每个孩子分一个时，就削成片片，每人分吃几片。这样使得没有父母或远离父母的孩子体会到温暖，养成团结友爱的良好习惯。

（二）智育

由于保育院幼儿入院时除不收患传染病儿童这一项限制，不管哪个年龄段的儿童只要是符合条件都收容入院。因此，由于年龄相距悬殊（一岁到五岁、六岁不等），保育院根据年龄将全院儿童分为乳儿部、婴儿部、幼稚部、小学部。按儿童年龄及发育情形给以适当的教育，婴儿学习说话、走路……。幼稚班则按照中央教育部的幼稚教育目标、抗战需要和所处的客观环境制订教育计划。

1. 教育目标

对于儿童在保育院教职工的教导下，智力要达到什么程度，保育院也有具体外化的标准。

例如，从二周岁到六周岁，儿童智慧一般要达到如下标准：

（1）识别农作物 60 种，动物 40 种，颜色 12 种，形状 12 种。

（2）会单独表演唱歌，发表心里的话，讲简单故事和担任指挥唱歌。

（3）能从 1 数到 100，并能心算 3+5=8 之单位加法。

（4）识字 50 个，并会写自己名字。

（5）对各种常识发生兴趣，并能简单地知道太阳、月亮、雨、雪。知道谁是

---

① 吕芳．陕甘宁边区幼儿保教研究 [D]．西安：陕西师范大学，2018：39-42.

咱的?

（6）朋友、敌人？吃、穿、用的东西谁创造的？工农、老乡是好的……

与此相应，每学期末，保育院也会对儿童进行对应的智力测验以检测是否达到预期结果：

（1）默忆测验：看十件物品后，令立即默想说出来；讲一个故事后，从内容中提出十个问题，令儿童回答，以此测验记忆力。

（2）识别测验：拿多种立体形状、颜色及其他物品，令儿童识别，以此测验儿童之辨别力。

（3）发表测验：令儿童准备于众人前发表唱歌、表演、讲故事等，考察其态度是否自然，姿势是否活泼，发音是否清晰。[①]

2. 教学活动的组织原则

（1）计划教育与兴趣教育配合进行。以生活为教育内容的"看到什么就讲什么"的兴趣教育，比较适用于2岁到4岁的孩子。对比较大的孩子，要求教员给他们讲有系统的、对一个物体的整体概念，教育的计划性程度加重。所以在教育工作实施中，计划教育与兴趣教育是结合起来并行的。

（2）实行单元教育。即每一周或两周确定一个教学单元，语言、唱歌、识字、计算等均围绕这个单元选取教学的内容。这个单元完成后，下一两周再确定另一个单元。然后各科又围绕这个单元，选取教学内容。单元教学法只要定了一个主题以后，所有的活动都要围绕这个主题进行。例如1944年延安市进行骡马大会的时候，延安完小幼稚班的教员就以"骡马大会"为一个星期的教学主题，制订了一个礼拜中每一天的教学计划：星期一讲延安骡马大会筹备情况，认字：骡、马、大、会；唱"骡马大会歌"；算术：以牛、羊为主数数。星期二认字：加上"延安市"三字；游戏以牛、羊、马为内容……直至星期六讲完骡马大会。

再如定"模范儿童"为主题时，就讲有关模范儿童的故事，看模范儿童的画报，唱宣扬模范儿童的歌。例如，"今天大家来开会，开会干什么？选举模范儿童呀，谁是好孩子，大家都选他。模范儿童当班长，全体拥护他，班长做事顶呱呱，大家都喜欢，争取模范最光荣，大家坐飞机，没有一个是乌龟，人人夸奖咱！"这样一个系列下来，孩子们对"模范儿童"的印象深刻了，也认识了新字、学了新歌，对自己的行为要求也提高了。又如在讲到"蜂和蚁"这一单元的时候，叫孩子们亲自观察蚂蚁和蜜蜂的活动，看它们是如何分工合作的，从而引出儿童之间也应该相互合作，相互帮助。

---

① 吕芳 . 陕甘宁边区幼儿保教研究 [D]. 西安：陕西师范大学 ,2018:39-42.

3. 教学方法

解放区的方法主要有以下 3 种：

（1）直观教学法。这种教学方法是以实际事物教育儿童，使儿童获得明确观念的一种教学法，一般多着重触觉，但是听觉、味觉、视觉、嗅觉等也是直观中的重要部分。

（2）比较教学法。这种教学方法能使儿童所学的事物认识格外正确，印象格外深刻，记忆格外持久。相似的事物主要采取这种方法。

（3）"三化"教学——教学故事化、教学游戏化、教学歌曲化。故事是适合儿童的学习心理的。根据教学单元，通过故事形式改编成教材，对儿童进行教育，能激发儿童的情感，引起他们学习的兴趣。

解放区的学前教育，是中国共产党领导下的为革命战争服务、为工农大众服务的学前教育，是新民主主义教育的重要组成部分，为新中国成立以后的学前教育事业奠定了基础。

 拓展阅读

延安中央托儿所 ①

1939 年下半年，为了让前方浴血奋战的将士安心抗战，中共中央决定在延安创办中央托儿所。原为中央书记处的驻地蓝家坪半山腰上的八九孔窑洞，成了中央托儿所的诞生地，丑子冈被任命为首任所长。据党史资料记载，中央红军于 1935 年长征抵达陕北后，成立了中华苏维埃共和国中央政府西北办事处，1937 年国共合作后，陕甘宁边区政府在延安成立，由林伯渠任主席，下设教育厅，专门负责边区的教育事业。

随着大批青年为了投身抗日救亡，追求真理来到延安，延安的新生儿数量开始增加。最初因为战争年代的特殊原因，革命者的后代大多寄养在老乡家中，但因百姓对育儿知识的缺乏导致幼儿发育不足，甚至因忙于农活，将孩子拴在炕上，边上放上一碗米汤，便不管不顾地下地干活去了，尿布湿透了也不及时更换，甚至满头秃疮，长满虱子。这样的育儿方式不但导致幼儿成长不好，甚至出现了较高的死亡率，也直接影响到边区干部和将士的革命情绪，使得无法全心地进行战斗和工作。

在这样的情况下，为前线将士和革命干部的子女进行集中养育便成为形势所需。1940 年丑子冈和傅连璋在得知上述情况后，将中央办公厅的六孔窑洞作为场地，并

---

① 红船杂志.保育革命后代的托儿所，为什么会更名"洛杉矶托儿所"？[EB/OL]. https://www.sohu.com/a/466981973_120123885?spm=smpc.author.fd-d.149.16330672936560eoDnLzm&_trans_=000012_wm_sy.2021-10-01 浏览.

调曹和静等几名年轻女同志为保育员，中央托儿所便在这样仓促之中在兰家坪的山坡上建立了起来。后来在中央的支持下，托儿所保育队伍得到充实，窑洞也扩大到了20多孔，入托的幼儿也增加到了几十个。这其中就有刘伯承的儿子刘太行、左权的女儿左太北、邓小平的女儿邓琳等。抗日名将子女多也成了延安中央托儿所的一大特色。而中央托儿所首任所长丑子冈也成了孩子们口中亲切的"丑妈妈"。

 **本章小结**

　　中国共产党根据形势的发展，在不同历史时期的解放区制定了不同的学前教育方针政策，使幼儿受到了良好的教育，出色地完成了为革命战争和生产服务以及培养革命后代的光荣任务。

　　解放区托幼机构的主要类型有寄宿制的保育院、托儿所，单位日间托儿所，母亲变工托儿所、哺乳室，游击式的托幼机构，小学附设幼稚班，私人设立的托儿所以及混合类型的托幼组织。

　　婴幼儿保育方面，保证孩子的身体健康，是学前教育的首要任务。我党采取的主要措施有提供必要的、合理的营养，坚持合理和规律的生活作息制度，注重疾病的预防。婴幼儿教育方面，主要注重思想品德教育和智力教育。

思考练习

　　1. 解放区托幼机构的主要形式有哪些？

　　2. 解放区在婴幼儿保育方面有哪些经验？

　　3. 解放区在婴幼儿教育方面有哪些经验？

第六章　现代教育家的学前教育思想与实践

★ 学习目标导航

1. 了解四位现代教育家的学前教育思想和观点。

2. 能够从当时社会的大背景下分析四位现代教育家的学前教育实践。

3. 能够比较四位现代教育家学前教育思想的异同点。

★ 内容结构导图

现代教育家的学前教育
思想与实践
- 陶行知的学前教育思想与实践
- 张雪门的学前教育思想与实践
- 陈鹤琴的学前教育思想与实践
- 张宗麟的学前教育思想与实践

★ 本章摘要

　　自 19 世纪末我国出现学前教育机构以来，我国的学前教育得到了很大的发展，同时出现了一批著名的研究学前教育的学者，他们在吸收和借鉴西方先进的学前教育思想的同时，结合我国的实际情况，经过长期探索，提出了适合我国国情的学前教育思想。其中，以陶行知、张雪门、陈鹤琴、张宗麟四位先生为代表，为我国的学前教育事业发展做出了难以磨灭的贡献。

第一节　陶行知的学前教育思想与实践

一、生平及教育活动

陶行知（1891—1946），安徽省歙县人，教育家、思想家，伟大的民主主义战士，中国人民救国会和中国民主同盟的主要领导人之一（图6-1）。1914年，他赴美留学，先是在伊利诺大学学市政，半年后便毅然转学哥伦比亚大学，师从杜威、孟禄、克伯屈等美国教育家研究教育。

图6-1　陶行知

1917年秋回国，先后任南京高等师范学校、国立东南大学教授、教务主任等职，开始他富有创意而又充满艰辛的教育生涯。他研究西方教育思想并结合中国国情，提出了"生活即教育""社会即学校""教学做合一"等教育理论。他特别重视农村的教育，认为在3亿多农民中普及教育至关重要。

1917年年底，与蔡元培等发起成立中华教育改进社，主张反对帝国主义文化侵略，收教育权利，推动教育改进。

1923年，与晏阳初等人发起成立中华平民教育促进会总会，后赴各地开办平民识字读书处和平民学校，推动平民教育运动。

1926年起发表了《中华教育改进社改造全国乡村教育宣言》，1927年创办晓庄学校，设想以教育为主要手段来改善人民的生活。

1930年4月遭国民党通缉被迫流亡日本。1931年回国开展教育普及工作，在上海创办自然学园、儿童科学通讯学校，主编《儿童科学丛书》等。1932年，他又创建了山海工学团，提出"工以养生，学以明生，团以保生"，将工场、学校、社会打成一片，进行军事训练、生产训练、民权训练、生育训练等，还开展小先生运动。1939年7月，在四川重庆创办育才学校，培养有特殊才能的儿童。在四川重庆附近的合川县（合川区）古圣寺创办了主要招收难童入学的育才学校。

1946年1月，陶行知在重庆创办社会大学，推行民主教育，培养出一批革命人才，并曾帮助一些进步青年前往革命根据地。其提出了"生活即教育""社会即学校""教学做合一"等著名口号，被毛泽东和宋庆龄等称为"伟大的人民教育家"和"万世师表"。

二、创办适合中国国情的幼儿园

陶行知通过对当时中国幼儿教育的考察，指出当时国内幼稚园有三种病。一是外国病，即一切照搬国外的东西，弹的是外国钢琴，唱的是外国歌曲，讲的是外国故事，玩的是外国玩具，甚至吃的是外国点心，教育中毫无中国元素存在；二是花钱病，国内幼稚园花钱太多，有时超过小学好几倍；三是富贵病，幼稚园既是多花钱，就得多弄钱，学费于是不得不高，学费高，只有富贵子弟可以享受他的幸福，所以幼稚园只是富贵人家的专用品，平民没有份的。[①]

在此基础上，陶行知对办什么样的幼儿园进行了深入的思考，提出了一套适合中国国情的办园准则。他认为，首先，幼儿园应该"中国化"，我国的文化博大精深，各地的民间风俗传统、游戏足以丰富幼儿园音乐、诗歌、故事、游戏等方面的教学内容，本土化的教材可以使中国儿童更好地了解中国文化，传承中华文明。另外，要训练本土化的幼儿教师，如农村可以训练本乡师资教导本乡儿童，"我们希望她们经过相当训练以后，出来担任乡村幼稚园的教师。"[②]从而构建本土化的幼儿教师。其次，幼儿园应该"经济化"，因地制宜、因陋就简地开展幼儿活动，这不仅不会影响教育质量，反而会在自己动手创造的过程中激发幼儿各方面的能力，比起坐享其成地获得教育材料要有益得多。最后，幼儿园应该"平民化"。陶行知认为，只有幼儿园既省钱，"不当用的不必用"。[③]又花费不高，才能使普通乡村的幼儿都能进入幼儿园受教育，这不仅有利于幼儿自身的成长，也会使家长受益，对于民族人口素养的提高有着深远意义。[③]

三、论幼儿园的创造力培养——"六大解放"

陶行知认为，儿童有很强的创造力，但在旧社会儿童往往受到各种封建礼教的束缚，身心得不到充分发展，因此要解放和培养儿童的创造力。如何解放儿童的创造力？陶行知先生认为要做到"六大解放"。

（1）解放儿童的头脑：让儿童自己去思考、去想。把儿童的头脑从迷信、陈见、曲解、幻想中解放出来。

（2）解放儿童的双手：让他们去做、去干。他指出自古以来不许孩子动手的错误，孩子好动手是他动脑、好奇、好学、好创造的表现。

（3）解放儿童的眼睛：让孩子自己去看，去观察。要引导和培养儿童的观察力，否则世界上的事物将在他面前白白流过。

（4）解放儿童的嘴巴：儿童有问题要允许儿童问，不要尊从中国不许说话的旧

① 徐莹晖，许志辉. 陶行知论乡村教育 [M]. 成都：四川教育出版社，2010：28.
②③ 陶行知. 中国教育改造 [M]. 北京：人民教育出版社，2008：58；78.
④ 尚丽霜. 陶行知：学前教育思想的先行者 [J]. 东方宝宝：保育与教育，2012（4）：20-22.

习惯。小孩子只有得到言论自由，特别是问问题的自由，才能充分发挥他的创造力。

（5）解放儿童的空间：把孩子从鸟笼式的学校解放出来，让他们去接触大自然、大社会，要解放他们的活动空间，扩大认识眼界，以发挥儿童内在的创造力。创造更多的机会，让儿童去接触大自然的花草、树木、青山、绿水、日月、星辰以及大社会中士、农、工、商、三教九流，与万物为友，并且向中外古今三百六十行学习。①

（6）解放儿童的时间：学校及幼稚园要给儿童自己学习的时间，不要把儿童的全部时间占据，使儿童失去学习人生的机会，养成无意创造的倾向，到成人时，即使有时间，也不知道怎样下手去发挥他的创造力了。解放儿童的创造力，首先要为儿童争取时间之解放。②

那么具体应如何培养儿童的创造力呢？包括以下几个方面：一是需要充分的营养。儿童的体力与心理都需要适当的营养。有了适当的营养，才能发生高度的创造力，否则创造力就会被削弱，甚至夭折；二是需要建立良好的习惯；三是需要因材施教。培养儿童的创造力要同园丁一样，首先要认识他们，发现他们的特点，而予以适宜之肥料、水分、太阳光，并须除害虫，这样，他们才能欣欣向荣，否则不能免于枯萎。③

陶行知先生的四块糖果

陶行知先生当校长的时候，有一天看到一位男生用砖头砸同学，便将其制止并叫他到校长办公室去。当陶校长回到办公室时，男孩已经等在那里了。陶行知掏出一颗糖给这位同学："这是奖励你的，因为你比我先到办公室。"接着他又掏出一颗糖，说："这也是给你的，我不让你打同学，你立即住手了，说明你尊重我。"男孩将信将疑地接过第二颗糖，陶先生又说道："据我了解，你打同学是因为他欺负女生，说明你很有正义感，我再奖励你一颗糖。"

这时，男孩感动得哭了，说："校长，我错了，同学再不对，我也不能采取这种方式。"陶先生于是又掏出一颗糖："你已认错了，我再奖励你一块。我的糖发完了，我们的谈话也结束了。"

①③ 陈文华．中外学前教育史 [M]．北京：科学出版社，2011：82.
② 何晓夏．简明中国学前教育史 [M]．北京：北京师范大学出版社，2007：229.

四、论学前教育普及

陶行知先生认为小学教育需要普及，同样学前教育也需要得到普及和推广，即幼儿园不仅要在都市中存在和发展，而且需要在广大农村中发展和普及。他对普及学前教育提出了三个程序。

第一，需要改变我们的态度。陶行知认为，一方面是家长和社会人士需要改变态度，改变"一般人的态度，以为小孩子的教育不关重要；早学一两年，或迟学一两年，没有多大关系"[①] 的看法，剔除那种漠视学前教育的想法，认识到幼儿教育是"最重要的教育"，关心幼儿的身心发展。另一方面，主办幼儿园的管理者和教师需要改变态度，充分认识到幼儿园"不是富贵太太打麻将时用之托儿所，便应当把整个幼稚园献给全社会的儿童"。[②]

第二，改变创办幼儿园的办法。陶行知认为需要改变创办幼儿园的方法，将幼儿园放在最需要的地方去，用最省钱的方法去办学，同时强调幼儿园的下乡，正所谓"只有向着省钱的方针去谋根本改造，幼稚园才有下乡的希望，才有普及的希望"。[③]

第三，改变学前教师教育制度。一是大力发展幼儿师范学校；二是通过"艺友制"培养学前教育师资。

五、论学前教育师资培养

20世纪20年代，中国乡村教育一直处于师资匮乏、办学困难的境地。陶行知认为在当时短期内解决学前教育师资问题不大可能，只能依据现实条件努力为之，因此针对当时社会实际，他创造性地提出了培养学前教育师资的三种途径。

一是乡村学前教育师资补充以本土为主。陶行知主张解决农村学前教育师资紧缺的问题，必须依靠本土本乡自己解决，教师从本乡妇女中遴选并加以训练，合格以后让她教育本乡儿童。关于遴选的标准，陶相知认为有两条：一是天资聪敏；二是同情富厚。

二是创办幼儿师范学校，培养学前教育师资。陶行知认为，幼儿师范学校是学前教师培养的主要途径，通过幼儿师范学校开设相关的学前教师课程，培养适合学前教育发展的教师，从而为学前教育教师队伍和推进幼儿园的发展提供条件。1927年，陶行知在晓庄师范学校招收和训练了一批幼儿师范生，当时还计划增设第二院，即幼稚师范院，并聘请陈鹤琴先生担任院长。

三是通过"艺友制"培养学前教育师资。陶行知认为，"艺是艺术，或可作手艺解。凡用朋友之道教人学做艺术或手艺便是艺友制。"[④] 陶行知认为，通过"艺友制"

---

①② 陶行知 . 中国教育改造 [M]. 北京：人民教育出版社，2008：97；98.

③ 于慧慧，王中华 . 打造中国特色的学前教育——陶行知学前教育理论解读 [J]. 内蒙古师范大学学报（教育科学版），2012（4）：39.

④ 陶行知 . 陶行知全集 [M]. 成都：四川教育出版社，1991：155.

能更好地培养学前教育师资，建设好学前教育教师队伍，从而有利于推广和普及农村学前教育。陶行知的艺友制教育，针对传统艺徒制师范教育的弊端而提出，他之所以反对艺徒制，主要因为这种方法不平等。不平等体现在三个方面："一是艺徒制下之工匠艺徒几如奴仆，至不平等。二是工匠所有秘诀、心得对艺徒不愿轻传，故使艺徒自摸黑路，精神、时间，皆不经济。三是一切动作，偏重劳力而少用心，太无进步。艺友制则不然：教者、学者既是朋友，便须平等相待，以至诚相见，尤须共同在劳力上劳心，以谋事业之进步。"①

陶行知认为艺友制是最有效的培训教师的方法，需要大力推广。陶行知于1927年12月3日在给自己妻子的家信中提到晓庄幼稚园采用艺友制的情况，他对夫人说晓庄幼稚园已经开学并收了3个徒弟，这些徒弟在跟着幼稚园教师学做"先生"，并说这种师傅带徒弟培训幼儿园师资的办法非常有效。在幼稚园中实行艺友制，其具体做法是在乡村中遴选办得较好的幼稚园，并以选定幼稚园为中心，遴选有经验的幼儿教师担任艺友，每一位艺友再带2~3位徒弟，按"教学做合一"的原则，在幼稚园中进行全部教育教学活动，进行各种基本训练，学习一定的教育理论和技巧，师傅和徒弟做到"共教、共学、共做"。②

陶行知十分注重"艺友"的挑选。陶行知挑选"艺友"有三种人：一种为多位本乡本土热心幼儿教育的妇女；一种为各级各类学校校长、教员的夫人或姐妹；一种为年纪较大的小学女毕业生。1927年，燕子矶幼稚园成立时，就挑选了丁校长夫人和两位女毕业生作为"艺友"，跟随该园教师徐老师学习如何办好幼稚园，由张宗麟先生担任教导。③ 这样挑选出来的"艺友"，进步比较快，能很快适应幼稚园的各项工作，效果颇佳。陈鹤琴先生十分赞赏陶行知先生的做法，后来也在自己办的鼓楼幼稚园中大力推行"艺友制"。

第二节 张雪门的学前教育思想与实践

一、生平及教育活动

张雪门（1891—1973），浙江宁波人，我国现代著名的幼儿教育家（图6-2）。早在20世纪30年代，我国幼儿教育界曾有"南陈北张"（南京陈鹤琴、北京张雪门）之说。1842年，宁波"五口通商"后，外国人通过教会势力，先后在宁波城乡办了不少幼稚园和中小学。1912年，张雪门出任鄞县（今鄞州区）私立星荫学校（现宁

---

① 陶行知全集编委会. 陶行知全集：第九卷 [M]. 成都：四川教育出版社，2005：14.
② 林永希，段桂洁. 陶行知学前教育师资培养观摭谈 [M]. 黄冈师范学院学报，2015（4）：82.
③ 何国华. 陶行知教育学 [M]. 广州：广东高等教育出版社，2002：84.

波市海曙中心小学）首任校长。1918 年，他创立星荫幼稚园，并任园长。星荫幼稚园的创立，开创了宁波历史上由中国人自己开办幼稚园的先河。

图 6-2　张雪门

　　1924 年张雪门离开宁波到北京，在北京大学研究教育，曾主持孔德学校、北平幼稚师范，创办文艺幼稚园，任北京香山幼稚师范学校校长等职。1932 年，应北平民间大学、中国大学、天津女子师范学院之邀，讲授《幼稚教育》。抗战胜利后，张雪门于 1946 年 1 月返回北平，北平市幼教界曾专门为他举行了欢迎会。其时，北平幼稚师范学校帝王庙校址已改为女三中，他为幼师校址问题终日奔波，却到处碰壁。此时适值台湾民政处电邀他赴台办理儿童保育院，他便于 1946 年 7 月中旬前往台湾地区主持台北北投儿童保育院，任院长，以后就一直在台湾地区从事幼儿教育的著述。张雪门与教育家陶行知交往颇深，在他的幼儿教育实践和《幼稚园行为课程》等著作中，始终贯穿了陶行知的"生活即教育"的思想。1960 年他突患脑病，半身不遂，在眼睛几乎失明、手脚失灵、耳朵失聪的情况下，仍然以顽强的意志克服了种种困难，陆续写下了《幼稚教育》《幼稚园课程活动中心》《幼稚园行为课程》等十几本专著，为幼儿教育理论的建设作出了重要贡献。张雪门一生曾先后撰写了幼儿教育方面的论著约 200 多万字，这是他为人们留下的一份十分珍贵的遗产。

二、论幼儿园课程

（一）课程的内涵及目的

　　张雪门认为课程源于人类的经验。因为这些经验对于人生（个人和社会）有极大的帮助，有特殊的价值，所以人类要想满足自己的需求、充实自己的生活，便不得不想学得这些经验。所以，张雪门对课程的定义是："课程是经验，是人类的经验，是用最经济的手段，按有组织的调剂，凭各种的方法，以引起儿童的反应和活动。其目的在于：（一）满足儿童心身的需求；（二）养成'扩充经验的方法'与习惯；（三）使之有系统的组织。"[1] 这个定义，立基于课程的经验论，所以张雪门的课程，是包括潜在课程与显著课程的概念。他认为幼儿园课程的目的在于，联系幼儿已有的生活经验，引起新观念，再将他们的已有观念重新组合，建立新的知识和经验。

（二）课程的组织

　　张雪门认为，"组织课程时，不论是一种教材、一种科目，或一种儿童的活动，首先要注意到的，在于这种课程对于人生（个人和社会）的功用如何？果有功用，

① 戴自俺 . 张雪门幼儿教育文集：上卷 [M]. 北京：北京少年儿童出版社，1994：126.

然后可列入（或保留）于课程中，所以一方须顾到社会意义的重要，他方也须能够满足个体发展期的需求。"张雪门谈道，"我们为什么要顾到社会意义的重要呢？因为个人不能离开社会而单独生长。有许多知识、技能、道德，为生活所必需的，都不是生来具备，要想适应当代的社会，便不得不注意"。[1] 文字、算数等知识，书写用器等技能，自律清洁等品性，以及尊老爱国等情操，于人生境遇中，都有极大的关系。所以讲故事时，教师应当知道哪一方面的重要，用力顾到儿童对于这一故事的兴趣（欣赏）、技能（发音、态度）、情感（道德教训的效果），不能以他们能够记忆故事中事实的知识为满足。

至于个体方面，则要合于儿童的需要。"儿童心身的发展，各个时期不同，其所需要的也不同。在甲时期所需要者，不一定仍是乙时期的需要，因为甲时期的心身，已不是乙时期的心身了"。[2] 满足儿童当时的需要，正是适应他们当时的心身；拒绝他们当时的需要，和阻碍他们的心身无异！不会游泳的成人，就是喜好游戏时不许其游泳的儿童。游戏的时期过了，虽有好教育，救不回儿童已伤的心身。教师知道这一方面的重要，不应凭着主观的成见，应先明白儿童当时的心身。其他如儿童日常生活所含的兴趣、感情和欲念为动作的冲动，虽然似乎无意义的，也当使之有发表的机会。年幼的儿童很喜欢对着动物、云彩发生种种奇妙神秘的感想，就应当用故事、游戏鼓舞他们，使之一天天地发展。凡是适合幼儿生长需要的活动，都可以设计在课程里。

（三）幼儿园课程的编制

张雪门认为，在编制幼儿园课程的时候，需要注意以下三点。

第一，幼儿对于自然界和社会没有分明的界限，用客观的方法，作系统的研究，是成人的事，不是幼儿的事。张雪门讲道："一枝花，一只鸟，一个客人，除非引不起他的注意，那么，花鸟是花鸟，客人是客人，他是他，当然没有关系；如果花鸟或客人，已引起了他学习的动机，他和花鸟或客人立刻就连在一起，达到了忘我的境地。"所以，我们编制幼儿园课程的时候，要将自然界和社会联系起来，如果分得太清楚太有系统了，反而不能引起儿童的反应。

第二，幼儿园时期，要满足儿童个体的需要，这同时也是基于社会的希求。张雪门认为，我们编制课程时，要极力注意儿童现在的需要和能力。因为，只有充分满足儿童现在的需求，尽量发展现在的能力，才能够为儿童将来适应大社会做准备。

第三，幼儿园的课程要依据儿童的直接经验，虽然这种经验没有传授式的教学经济，且没有系统，但是儿童从自己直接的生活发现学习的动机，是非凡的自然。儿童的学习，不论尝试或直接参与或模仿，都是切实的内容，无论结果好坏，都是对儿童有益的。

---

①② 戴自俺.张雪门幼儿教育文集：上卷 [M].北京：北京少年儿童出版社，1994：179，180.

（四）幼儿园课程的内容

张雪门认为幼稚园教材是一般在幼稚园的时候儿童生活的经验。他们的经验一是从本身个体发展上而得，二是和自然环境相接触而得，更有从社会环境交际中而得。儿童具有内部的结构，外受环境的刺激，自然有种种反应的动作。教师的主要工作就是利用这些动作，使其经验格外扩充、发展。这些动作在幼稚园课程上的名称，就是手工、美术、言语、文学、音乐、游戏和算术。

1. 手工活动

手工是作业的一种；是有固定的目的，使用各种工具材料，经过相当的程序或手续，产生一定结果的一种工作。[①] 儿童生后几个月，他的小手在把握上的力量，已比身体上其他部分发达，到了幼儿阶段，看见什么东西，都要用手去弄。东西经过手的接触，逐渐明白它的性质，久而久之，就会用东西发表自己的观念，这就是我们所讲的"手工"。幼稚园儿童所做的手工，大概不外乎模拟家庭的工作、职业的共组和为木偶做的工作，有时更有为满足自己发表的欲望而做的工作。

2. 美术活动

儿童不但会用工具发表自己的观念，有时还有"美术"的意味。虽然这些美术从成人眼光看起来非常拙劣，但实寓有儿童自己的感情和想象在里面，只要教师指导得好，儿童不难逐渐地达到精美的技术。譬如替偶人卧具绣花，替母亲装饰生日的花篮，替小朋友做贺年片，都是很自然和实际的材料。

3. 言语和文字活动

张雪门指出，"儿童有了经验，要把自己的经验发表出来，同时也要领略别人的经验，就不得不有言语的需求。当自己的经验和别人的经验不一致的时候，更不得不用言语做交换的工具。"[②] 这就是言语的作用。言语在幼儿两岁内虽已经完成，但仍须时时练习。幼稚园在工作和游戏的自由时间内，可以有充分的各种经验会话的机会。此外如各种令节，动物园中，火车中，自然旅行和自然的谈话；关于群众商量的谈话，儿童解释他们在家中或幼稚园里已行和将行的事情，个人或团体对于成功和进行方法的判断，以及看画片，述故事，都是谈话的好资料。

4. 文学活动

"文学"合于幼稚园儿童们欣赏力的，只有口头的故事和歌谣；有时他们自己也会创造。故事中最适合的教材，是神仙故事和动物故事；这些故事的内容都是很温和而美丽的，而且大多数反复重述，儿童记忆非常容易。还有长短、大小、高低等，凡年幼儿童不易了解的观念，听了故事具体的描写，自然会逐渐明白。

---

①② 戴自俺. 张雪门幼儿教育文集：上卷 [M]. 北京：北京少年儿童出版社，1994：409，415.

5. 音乐活动

婴孩抱在母亲的手臂上已经听惯了睡歌，到了幼儿阶段不但能反应各种"音乐"的节拍，而且当事情做得有趣的时候，就不知不觉口里发出有节奏的声调。幼稚园唱歌的材料，有催眠歌、滑稽歌、家庭歌、职业歌、气象歌、时令歌等。有时单人独唱，有时团体合唱。这一时期的唱歌，声律重于歌词；他们主要的愉快，全在于格式的合节和摇曳，内容要等到儿童成长时才感到兴味和重要。

6. 游戏活动

张雪门认为游戏是儿童的本能。幼稚园的时候，儿童的游戏逐渐趋重于团体的组织，如感官游戏、模仿游戏、寻觅游戏。例如，皮匠舞、扫帚舞等土风舞，以及行船、开车、耕田等模仿操，尤其是同气同声的行为。竞争游戏，年长的儿童偶然地做一次，又可以锻炼各个人灵变注意等习惯，但这些究竟是剧烈的运动，非但于幼稚生生理上有害，且其目标都是为着个别的自己的利益，总是不多玩为好！

7. 算术活动

儿童在玩弄积木或购买东西时，使用"算术"是出于自然的。优质算术教材，须紧紧地和儿童的生活相衔接，不必有形式的教科书。如估计大小和内容，可以使他们代别人寻找合适的椅子，构造足以容三五个人的木屋，或取够做一只碗的泥土等。有时用尺寸裁纸裁布，用升斗量沙床中的沙土，在某一时候改做某一种动作，数茶点时要用的碟子，填写出席缺席的人数，以及开杂货铺做买卖游戏，都是很合适的材料。

三、论师范生的培养

张雪门认为，要办好幼儿教育，最主要的是要有良好的幼教师资。在《实习三年》中，他开宗明义地指出："幼教的良窳，由于主持幼教者的师资；而师资的由来，实由于师范教育的培植。如果我们研究幼教仅限于幼稚园的教育，抛弃了师范教育，这无异于清溪流者不清水源，绝不是彻底的办法。"他非常重视幼教师资的培养，因此，他所办的幼儿师范都有明确的培养目标，如北平幼稚师范学校的办学方针，即主张幼稚园教育要力求适应本国国情及生活的需要，目的是培养普及平民的幼稚教育，具有改造民族素养的新一代国民而献身的幼教师资。①

张雪门特别强调，幼稚师范的实习，一定是要"有系统组织的实习"。即"第一须有步骤，第二须有范围，第三须有相当的时间，第四更须有适合的导师与方法。"张雪门将幼稚师范的实习分成四个阶段。

第一是参观。时间为一个学期，参观的对象为幼儿园的建筑、教具、工具等设

---

① 朱良.张雪门的幼稚师范实习理论及其启示 [J].学前教育研究，2004（5）：52-53.

备，还有师生的仪表、态度与兴趣，对幼儿习惯的处置，工作、游戏、文学等教学的过程与设计等。参观的目的是培养幼儿师范的学生对幼儿园的基本观念。

第二是见习。时间也是一个学期，从准备材料开始，一直到整个设计活动中的参与。见习是把师范生从参观中获取的经验，再经过一次行为的表演，使得他们的认识更为清楚，观念更为坚。

第三是试教，时间为一个学年。参加试教的师范生要担任一切有关教学和幼儿园行政方面的工作，如幼儿园的招生、编班、选材、组织课程、编制预决算等。师范生从参观和见习中获得了很多经验，他们对幼儿园的观念也有了一定的根基。为了帮助他们的学时发展到更高的阶段，便应该给他们一个较长时间的独立复杂的机会，而试教便是最好的形式。

第四是辅导，时间也是一个学年。师范生在经历了参观、见习、试教三个阶段以后，对幼儿教育已经打下了一定的基础，但这种基础还比较薄弱。因此，需要经历辅导这个阶段，使他们从实践中了解幼儿教育的真正价值。辅导的范围，从纵向的方面是由儿童的队伍出发，向儿童的家庭推进；同时更由个案工作求得整体的联络，向学校单位前后延伸至托儿所和小学低年级。横的方面，是向广大的社会联系，包括社区调查、营养站、卫生站等。这些工作，他们都要自己计划，自己分配，自己检讨并且改进。对这一时期的师范生，要求他们不但要了解儿童的发展情况，更要进一步主动地展开全面的儿童福利工作，培养地府师资，以求达到幼儿教育的合理和普及。①

从以上可以看出，张雪门提出的师范生见习和实习方案不同于一般师范学校的见习和实习方案。张雪门的方案时间更长，见习和实习的地方更广泛，内容更深入，且具有更强的系统性和可操作性。

第三节　陈鹤琴的学前教育思想与实践

一、生平及教育活动

陈鹤琴（1892—1982），浙江上虞人，中国著名儿童教育家、儿童心理学家（图6-3）。早年毕业于清华大学，留学美国五年，1919年获得哥伦比亚大学硕士学位；"五四"运动期间回国后，长期从事师范教育与儿童教育工作，在儿童心理的研究与幼儿教育的研究方面取得了丰硕的成果。

图6-3　陈鹤琴

① 朱良 . 张雪门的幼稚师范实习理论及其启示 [J]. 学前教育研究，2004（5）：53-54.

陈鹤琴回国后，最初任南京高等师范学校教授；东南大学成立后，任教授兼教务主任。在此期间，他致力于研究儿童心理学、家庭教育学和幼儿教育学。1923年他创办了鼓楼幼稚园，作为理论研究的实验基地。他非常重视实验与实践。1927年，他在东南大学任教期间，在南京建立教育实验区，为推广小学教育作实验。陶行知先生创办晓庄乡村师范学校时，他担任校董会董事并兼任该校第二院院长，为推广乡村幼儿园进行实验。

陈鹤琴为中国幼儿教育事业作出了重要的贡献。他创立了中国化的幼儿教育和幼儿师范教育的完整体系。他从事的幼教事业是全面的、整体的，从托儿所、婴儿院开始入手，到幼儿园和小学；在师资培养方面创办了中等幼师和高等幼师专校。陈鹤琴为了配合幼儿教育与儿童教育的需要，创办了儿童玩具、教具厂，根据儿童心理的发展程序，制作了多种型式的玩具与教具。陈鹤琴为了丰富儿童的知识，编辑出版了不少儿童课外读物，如《中国历史故事丛书》《小学自然故事丛书》等。他所编辑的儿童读物。根据儿童的心理特点，语言活泼，图文并茂。他还为幼教、小教界主编了多种辅导性刊物，如《幼稚教育》《儿童教育》《小学教师》《活教育》与《新儿童教育》等。他为了推广与普及幼儿教育和儿童教育，创办与领导了中国幼稚教育社、中华儿童教育社，通过学术团体的活动，对幼儿园教师、小学教师和教育研究者进行了辅导。

二、"活教育"理论

陈鹤琴认为，进入20世纪后，中国的教育事业开始了一个新的时代，比如引进国外先进的教育理论和经验，建起"西方式"的学校等，但是中国的教育制度还有很多不足之处，受到封建传统思想的束缚和制约。他分析说："我们很清楚地看到在传统的学校里的儿童，都是些小可怜虫，他们机械地、被动地被灌输以有限的所谓知识食粮，而实际上他们却难以消化。不管他们认为多枯燥乏味，除了埋头读书外，别无他法，在教室四壁的梦坑、囚笼里，没有机会去接触大自然。只要他们读和写，而从不要求他们自己去想去做。"[1]而他的"活教育理论"正是对封建传统教育进行改革的一次伟大的尝试。其内涵主要体现在"三大纲领"（目的论、课程论、方法论）和"两大原则"（教学原则、训育原则）中。[2]

（一）"活教育"目的

陈鹤琴说："人就必定在人与人之间相互发生关系……所以活教育要讲做人，应当努力来学习如何做人，如何求得社会的进步，人类的发展。"[3]继而，陈鹤琴进一

① 陈鹤琴.陈鹤琴全集：第六卷[M].南京：江苏教育出版社，2008：297.
② 王雯."活教育"的理论基础[J].学前教育研究，2002（6）：9.
③ 北京市教科所.陈鹤琴全集：第五卷[M].南京：江苏教育出版社，1991：62.

步指出："第一层次是'做人'，做人是指一个一般意义上的人，是最起码的。第二层次是'做中国人'"，他说："今天是我们生活在中国，是一个中国人，做一个中国人与别的国家的人不同。"[1] 即"活教育"的目的在于"做人""做中国人""做现代中国人"。具体而言表现在以下几个方面。

1. 要具备健全的身体

他认为一个人身体的好坏，对于他的道德、学问及从事的事业有很大影响。中国人身体素质不好，一向被人讥笑"东亚病夫"，因此具备健全的身体，更为重要。

2. 要有建设的能力

当时中国"凡百俱废"，急切需要的是各种建设，而过去的教育培养的人不重视建设的能力，所以"活教育"则重视建设的能力，要把它培养起来，以便适应国家建设的需要。

3. 要有创造的能力

他认为中国人本来有很强的创造能力，无论是文化或制度，在古代的中国就已经很好，只是近几百年来因循苟且不知创造。"及至科举一兴，思想就格外受到束缚，一般文人学士，摇笔呐喊的能力本领虽有余，而创造的能力则不足。时至今日，我们亟须培养儿童这种创造能力"。他一向认为儿童本来就有很强的创造能力，只要善于启发诱导、教育和训练，创造能力是可以培养起来的。

4. 要有合作的态度

他认为中国人个性强，往往各自为政，在团体活动中，常缺乏合作的态度。"所以我们对于小朋友要从小就训练他们能合作团结，才能使他们配做一个新中国的主人翁"。

5. 要有服务的精神

他说："如果我们训练的儿童，熟悉各种知识和技能，可是不知服务，不知如何去帮助人，那这种教育可以说全无意义。"他认为"活教育"的目的，就是要教育儿童知道应该帮助别人，知道为大众服务，具备服务的精神。

（二）"活教育"的课程

陈鹤琴批评旧教育是"死教育"，课程是固定的，教材是呆板的，不问儿童是否了解，不管与时令是否适合，只是一节一节课地教，这样的教育只能培养"书呆子"。针对这些缺点，"活教育"则反其道而行之，他认为，"大自然、大社会都是活教材"，"活教育的课程是把大自然、大社会作为出发点，让学生从中直接去学习"。他认为"大自然和大社会"才是活的书，直接的书；而书本上的知识却是死

[1] 北京市教科所.陈鹤琴全集：第五卷 [M].南京：江苏教育出版社，1991：62.

的书，间接的书。活的书比死的书要好，直接的书比间接的书要好。间接的书本知识只能当作学习的副工具，国语、常识、算术都是副工具，它们只能作为"活的书"的一种补充。所以他说："现在我们在这里主张大家去向大自然及大社会学习，就是希望大家能把过去'本万能'的错误观念抛弃，去向'活的'直接的知识宝库，探讨研究"。

所谓"活教材"是指源于大自然、大社会这一直接的书，即通过儿童与自然及社会的直接接触，从亲身观察中获取直接的知识和经验，那就意味着课程内容的选择要源于儿童真实的生活环境，并以大自然、大社会为中心。他的"活教育"课程内容具体分为五类，亦即所谓的"五指活动"课程。

（1）儿童健康活动（包括体育、卫生、营养等学科）；

（2）儿童社会活动（包括史地、公民、常识等学科）；

（3）儿童自然活动（包括动、植、矿、理化、算术等学科）；

（4）儿童艺术活动（包括音乐、图画、工艺等学科）；

（5）儿童文学活动（包括读、作、写、说等学科）。

（三）"活教育"的方法

陈鹤琴说："活教育的教学方法也有一个基本的原则。什么原则呢？就是：做中教，做中学，做中求进步。"[1]"活教育"的教学不重视班级授课制，而重视室外活动，着重于生活的体验，以实物为研究对象，以书籍为辅佐的参考。即注重儿童直接经验的获得，而非间接知识的传授。"活教育"把直接经验作为人们进步的最大动力，把"做"作为教学最基本的原则。所以"活教育"的教学过程分为四个步骤：第一步是实验观察，第二步是阅读参考，第三步是发表创作，第四步是批评研讨。要求每个学生准备一个工作簿，在工作簿上编写自己的教材。教师的责任是：引发、供给、指导、欣赏。

"活教育"根据儿童生活的需要及儿童的学习兴趣，组织儿童活动场所。"在第一阶段是小动物园，小花园，小游艺场，小工场，小图书馆；在第二阶段是小动物园，小农场，小社会，小美术馆，小游戏场；在第三阶段是儿童工场，儿童家场，儿童科学馆，儿童世界，儿童艺术馆，儿童运动场，儿童服务团。"是在校内组织"活教育"的方式，校外大自然及大社会则是更为重要的活动场所。

陈鹤琴还详细阐释了"活教育"的原则，他提出："凡是儿童自己能够做的，应当让他自己做，凡是儿童自己能够想的，应当让他自己想"，"你要儿童怎样做，就应当教儿童怎样学"，"鼓励儿童去发现他自己的世界"，"积极的鼓励胜于消极的制裁"，"积极的暗示胜于消极的命令"等。这是我国现代儿童教育中有价值的思想。

"活教育"的三大纲领是针对旧中国旧教育传统的弊病提出的。他认为旧中国的

---

[1] 陈鹤琴. 陈鹤琴教育论著选 [M]. 北京：人民教育出版社，1994：348.

教育制度是抄袭外国的，空谈理论，教学脱节，读死书，书本至上，不求进步，学生缺乏创造性，没有"动手"的能力。因此他提出了"活教育"的思想体系，对批判传统的旧教育和课程改革均具有积极意义。

（四）活教育的教学原则

陈鹤琴根据儿童心理学的研究成果和他自己的教学经验，对活教育的教学原则作了系统的阐述。这些原则曾分别发表在《活教育》月刊的各卷，1948年汇编成书由华华书店出版。活教育的教育原则主要有以下内容。

（1）凡是儿童自己能够做的，应当让他自己做；

（2）凡是儿童自己能够想的，应当让他自己想；

（3）你要儿童怎样做，就应当教儿童怎样学；

（4）鼓励儿童去发现他自己的世界；

（5）积极的鼓励胜于消极的制裁；

（6）大自然、大社会是我们的活教材；

（7）比较教学法；

（8）用比赛的方法来增进学习的效率；

（9）积极的暗示胜于消极的命令；

（10）替代教学法；

（11）注意环境，利用环境；

（12）分组学习，共同研究；

（13）教学游戏化；

（14）教学故事化；

（15）教师教教师；

（16）儿童教儿童；

（17）精密观察。

活教育的17条教学原则，是现代中国教育思想史上体系比较完整、影响比较深远的儿童教育理论。这17条原则都贯彻着"做"的精神，在一定程度上符合理论联系实际的原则。

（五）活教育的训育原则

活教育的理论认为，训育工作在整个教育工作上可以说是最繁重最重要的。拟定训育工作的基本原则，"就像旅行有了向导，航海有了指南。因为这样才有所根据，不致茫无头绪，无所适从"。陈鹤琴提出了以下13条活教育的训育原则：①从小到大；②从人治到法治；③从法治到心理；④从对立到一体；⑤从不觉到自觉；⑥从被动到自动；⑦从自我到互助；⑧从知到行；⑨从形式到精神；⑩从分家到合一；⑪ 隔阂到联络；⑫ 从消极到积极；⑬ 从"空口说到"到"以身作则"。

以上 13 条训育原则，揭示了道德的认知、情感和行为表现的内外统一和相互促进，充满了辩证法思想，符合道德教育的基本规律。

三、"五指活动"课程

"五指活动"课程是由陈鹤琴创立的，它的理论基础来自"活教育"理论。陈鹤琴以五个连为一体的手指比喻课程的内容由五个方面组成，而课程内容的组织又是整体的、连通的，就像人的手，虽有五指之分，但却相互联系，共存于一个手掌。

(一)课程目标

陈鹤琴认为，课程是为目的服务的，而确定目的，首先要确立儿童是主体的思想。教育者应先了解儿童，才能明确应对他们的进步程度抱有何种期望。陈鹤琴以"活教育"的目的为基础，逐步建立"五指活动课程"的目标体系。他提出，"五指活动"课程的目的在于发展幼稚生的心智和身体。具体目的有以下四方面。

（1）培养受教育者有合作的精神、同情心、服务的精神（做怎样的人）。

（2）培养受教育者有健康的体格，养成讲卫生的习惯，并有相当的运动技能（有怎样的身体）。

（3）培养受教育者应有研究的态度、充分的知识、表达的能力（怎样开发儿童的智力）。

（4）培养受教育者能欣赏自然美和艺术美，养成欢天喜地的快乐精神，消除惧怕的情绪（怎样培养情绪）。

(二)课程内容

陈鹤琴一贯倡导"活教材"的观点，要求幼儿园的课程内容要与幼儿的实际生活相结合，以"五指活动"来规定课程的内容。五指活动的五指是指生长在儿童的手掌上的，意思是一切活动都在儿童的生活、智力、身体方面互相联系、连续发展。

1. 五指活动的内容

活动主要包括以下五个方面的内容。

（1）儿童健康活动，包括饮食、睡眠、早操、游戏、户外活动、散步等。

（2）儿童社会活动，包括朝夕会、周会、纪念日集会、每天的谈话以及社会常识和政治常识等。

（3）儿童科学活动，包括植物的培植、动物的饲养、自然现象的研讨以及对当地自然环境的认识等。

（4）儿童艺术活动，包括音乐（唱歌、节奏、欣赏）、图画、手工等。

（5）儿童语文活动，包括故事、儿歌、谜语、读法、戏剧、演讲等。

"五指活动"课程对五种活动的强调有所侧重。例如,陈鹤琴认为健康活动是第一重要的,因为强国需先强种,强种先要强身,强身先要重视幼小儿童的身体健康。又如,陈鹤琴还认为幼稚园课程应特别重视音乐,因为音乐可以陶冶儿童的性情,鼓励儿童进取,发展儿童欣赏美和创造美的能力。此外,语言是人际沟通的工具,也是儿童学习的工具,所以也应给予重视。

2. 幼儿园课程内容应遵照的原则

(1)凡儿童能够学的东西,就有可能作为幼稚园的教材。但有时在"能学"的标准之下,还要有点限度。例如,有些东西小孩子虽然能学,不过学习会妨碍他身心的发育,那就不必勉强他学习。关于这个标准,陈鹤琴认为要注意两个方面:一是学习的时间。如果幼儿能够在成人的帮助下学习,但是所用的时间比较长,那么就应该放弃,因为这样太浪费时间。幼儿在没有兴趣的情况下学习,就算学会了那也是痛苦换来的代价,留下的是痛苦的回忆。二是知识的性质。就算幼儿有能力也有兴趣学习成人教的东西,也要看成人所教的东西是否有利于幼儿的成长,否则最好还是不要教幼儿。

(2)教材须以儿童的经验为依据。陈鹤琴认为私塾里教的千字文、三字经与儿童的经验相差太远,因此应该废弃。幼儿园应该着眼于幼儿的实际生活经验,从幼儿的实际生活和现实需要出发选择教学内容。

(3)凡能使儿童适应社会的就可取为教材。社会是儿童将来必须要走向的地方,教育的最终目的也是要培养能够为社会服务、促进社会发展的合格人才。课程是为实现教育目的服务的,因此,陈鹤琴认为,幼稚园课程内容的选择和组织都应该考虑到为幼儿更好地适应社会生活服务的目的。所以只要是有利于幼儿社会化的资源都可以成为幼稚园课程选择的对象。[1]

陈鹤琴认为这五个方面的内容是相互联系在一起的,"之所以称为五指活动课程,是因为这五种活动正像一个人的五个手指头,各个手指相互联系结果成一个整体"。[2]

(三)课程组织

虽然"五指活动"课程包含了五个方面的内容,但这五个方面并不是相互独立、互不联系的,它们是整个的,不可分割的。同时,儿童的生活是整个的,教育的内容也必定相互连接成为一个整体,因此幼儿园的课程要从大自然、大社会中选择儿童既感兴趣又适合儿童发展的人、事、物作为中心,以单元主题来组织课程,各项活动都围绕单元进行,使健康、科学、社会、语文、艺术等学科构成内在联系,成为一个整体,这时候大自然和社会就如同人的手掌,将五指自然地连成一个整体。这种课程内容组织的方法,陈鹤琴称为"整个教学法",即把儿童应学的东西整个

---

① 孟瑜. 陈鹤琴幼稚园课程思想研究 [D]. 杭州:浙江师范大学,2010:26.
② 北京市教科所. 陈鹤琴全集:第六卷 [M]. 南京:江苏教育出版社,1991:303.

地、有系统地教给儿童，后来改为"单元教学法"。

开展"单元教学法"大概有以下几项步骤。

（1）开展教师会议上商讨下周课程活动内容。

（2）确定活动后，拟定活动内容及步骤。

（3）教师详细预备活动材料及可以用于参考的书。所谓预备是指教师自己的预备，而非完全代替儿童件件装备妥当，让儿童可以不假思索地来享受。

（4）寻找或布置一个适当的环境来引起这个设计。

（5）引起儿童的兴趣，并融合各学科开展各方面活动，课程不强求合乎预定的设计。

（6）时间完全不限制。多做就多做，少做就引起别的设计来。

（7）儿童如不能维持到做完设计全部的历程，教师急需考察一下，究竟是什么缘故，可以补救吗？

（8）儿童临时发生特种兴趣，教师要尽力去指导，强调课程的生成性，适时改变预设的课程设计。

（9）设计中分成许多小段落，让幼儿看到结果，维持兴趣。

（10）同一个设计单元里，各方面的活动很多，儿童愿意做任何一方面，应该听儿童自由去做，不过希望每个儿童每方面都做到。

（11）在同一个设计单元里，有许多活动是需几个人合作的，有许多工作活动只需单独做的。教师可以做他们的领袖，同时可以训练几个儿童来做领袖。

（12）每个设计单元里的每一个阶段或一方面的活动，得到结果，应当有极短的、简单的批评与讨论。

可见，"五指活动"课程的组织中给予了儿童充分的自由，解放了儿童的双手、脑和眼睛等，处处体现着主动性、灵活性、生成性、多样性、弹性。

（四）课程实施

根据活教育的教学原则，陈鹤琴强调，课程的实施应该注意以下几个问题。

（1）强调"计划性"和"灵活性"相结合。虽然幼儿园的课程组织需要预先拟定，但是教师要根据儿童的兴趣适时做出调整与改变，强调课程的生成性，只有这样才能体现活教育的思想，才是符合儿童需要，利于儿童发展的。

（2）提供能促进幼儿学习、引发学习动机的物质环境及材料。

（3）采用游戏式的教学法。儿童天生是爱玩的，在游戏中儿童能自由地表达自己，可以说儿童的生活就是游戏。通过游戏的方式实施课程，促使儿童在生活中学习、在游戏中学习、在活动中学习，事半功倍。

（4）采取小组教学法。由于幼儿的年龄参差不齐，智力各不相同，兴趣也不可能一致，因此多采取小团体进行教学，更容易因人施教，取得较好的效果。

（5）多提供户外活动的机会。自然环境和社会环境是幼儿学习的最佳场所，户外活动不但可以使幼儿在接触自然实物中获得直接经验，还能强健身体，增加儿童的快乐、活泼的精神。

（6）教师应当成为儿童的大朋友，使幼儿不害怕、肯接近。教师应当和幼儿同游同乐，在玩中教，在玩中学，在玩中求进步。

陈鹤琴一生在教育上的贡献是多方面的，而"活教育"理论是其最具亮点的部分。"五指活动"课程是适合中国国情和幼儿身心发展特点的，它蕴含的思想、观点与方法对我国现阶段幼儿教育课程改革及编制都具有积极的意义，然而任何一种课程都具有一定的局限性，虽然在理论层面上，努力向幼儿的真实生活靠近，但在具体的实践过程中，仍然存在着很多难题。但是我们必须看到的是，他是伟大的爱国主义教育家，对封建的旧教育进行了激烈的批判，他深受杜威等实用主义思想家的影响，"活教育"的思想正是汲取了杜威等人"做中学"和"教学五步骤"的精华。鲁迅先生说过："没有拿来的，人不能自成为新人。没有拿来的，文艺不能自成为新文艺。"[1] 陈鹤琴正是这样的积极实践者，在汲取的同时结合本国教育实际进行创新。

（五）课程评价标准

陈鹤琴认为幼儿园应该制定相应的评价标准。幼儿园应该学些什么东西，学到何种程度？例如4岁幼儿的会话能力应该到达什么水平，5岁幼儿又应当达到什么水平；3岁幼儿唱歌应该达到什么水平，4岁幼儿又该唱到何种地步，这种种问题的解决，非要有一定的标准不可。如果没有固定的标准，那么幼儿园的能力就无从说起。因此，他认为："考察品行，应当有品行的标准；甄别习惯，应当有习惯标准；检验技能，应当有技能标准；测验知识，应当有知识标准。"[2] 有了这些标准，教师就可以经常考察幼儿的发展水平，评判他们有没有获得发展。通过标准评判，可以知道哪些幼儿发展得比较好，哪些幼儿发展得不太好，也可以知道幼儿哪些方面发展得好，哪些方面发展得不好。由此可以根据考察结果，调整教育内容，有针对性地进行教育：发展好的，可以格外鼓励上进；发展不好的，可以设法补救。所以陈鹤琴说："标准是实行优良教育的根据。"[3] 对此陈鹤琴研究编订了《幼稚园清洁检查表》[4] 和《幼稚生应有的习惯和技能表》，而且还论述了关于各年龄阶段的幼儿在图画和读法、故事等方面应该达到的水平和标准。

① 鲁迅.鲁迅选集：第四卷 [M].北京：人民文学出版社，1983：30.
②③④ 北京市教科所.陈鹤琴全集（第二卷）[M].南京：江苏教育出版社，1989：124；102.

教育史话

陈鹤琴家教故事[①]

　　一鸣（陈鹤琴儿子）一岁半以前，父母天天用药水棉花替他清洗口腔。一岁半以后，就用小牙刷轻轻替他刷，等到他三岁多了，就开始叫他自己学习刷牙。开始，一鸣不喜欢刷牙，父亲就用种种方法来暗示他。例如在盥洗室贴一张彩色图画，图上画了三四个儿童在一间美丽的洗脸室里，各人拿一杯水一把牙刷，欢欢喜喜地在那里刷牙，旁边有个母亲笑嘻嘻地看着他们。还有一次邻居小朋友来玩，陈鹤琴知道她肯自己刷牙，就指着她对一鸣说："她的牙齿多好看、多清洁，你若天天刷你的牙齿，也会像她这样整齐好看。"平时大人认真刷牙，为他做出示范。一鸣自己刷完牙，陈鹤琴总不失时机地称赞他说："呀！你的牙齿是白一点，好看得多了。"一鸣听了非常高兴，渐渐地也就喜欢刷牙了。一鸣洗脸刷牙固定在盥洗室，同时有自己的毛巾和用具，陈鹤琴教他用自己的小毛巾洗脸，洗完后挂在规定的地方。洗脸时也常常用"扫地扫壁角，洗面洗眼角"之类生动的俗语和故事诱导一鸣，教会他洗干净眼角、鼻子和耳朵。

第四节　张宗麟的学前教育思想与实践

一、生平及教育活动

图 6-4　张宗麟

张宗麟（1899—1976），浙江绍兴人（图 6-4）。

1925 年毕业于国立东南大学教育系，并留校任教。后协助陈鹤琴创办我国第一所幼稚教育实验中心——鼓楼幼稚园，成为中国第一个男性幼稚教师。又奔走于宁、沪、杭各地作社会调查，兼任宁波启明女子中学校长。1927 年 2 月至 6 月，在杭州浙江女子高中任教务主任。"四·一二"反革命政变时加入中国共产党，因国民党大肆屠杀共产党员，不久即与组织失去联系。6 月，回南京，任陈鹤琴助手，兼市教育局学校教育课幼儿教育指导员。9 月，兼任晓庄试验乡村师范学校第二院（幼

---

① 陈虹.陈鹤琴家教故事之十六——培养小孩子的卫生习惯 [J].早期教育，1995（5）：14-15.

稚师范）指导员。1928 年，任晓庄学校教导主任。1930 年，与女教师王荆璞结婚，共同创办乡村幼稚园。后因遭国民党通缉，先后避祸于厦门、桂林、重庆、湖北等地，任集美乡村师范校长、桂林师专教师、重庆教育学院教务长、湖北教育学院教育系主任等职。

1936 年 2 月，回上海参加抗日救亡工作，协助陶行知办生活教育社、国难教育社，任光华大学教授、上海《周报》社社长、上海文化界救亡协会训练委员会主办，并参加救国会的核心组织。1937 年，以国难教育社代表身份积极参加宋庆龄等人发起的营救爱国"七君子"活动，为国难教育社主编抗战课本。1942 年，撤离到新四军淮南根据地，任江淮大学秘书长。1943 年到延安，任延安大学教育系副主任，被评为陕甘宁边区模范文教工作者。1946 年 5 月，经徐特立、谢觉哉介绍重新入党。1947 年后任北方大学文教学院院长、华北大学教研室主任、北平军管会教育接管部副部长。

中华人民共和国成立后，历任教育部高等教育司副司长、高等教育部计划财务司副司长、司长，重视教育质量和教育体制的建设，明确表示不同意机械照搬苏联经验。1957 年，因在高级党校学习会上提出建立校长负责制、专家治校等意见，被错划为"右派"，分配到教育部图书馆管理资料。1970 年起，下放安徽凤阳干校劳动。1972 年因病回家，1976 年 10 月 14 日卒于上海。

二、论幼稚园课程

张宗麟作为陶行知和陈鹤琴的助手，曾参与鼓楼幼稚园和晓庄乡村幼稚园课程的实验研究，撰写了一批既有理论价值又有实践意义的有关课程研究的试验报告和学术论著。他在幼稚园课程方面的主要论述有以下几方面。

（一）课程的含义

张宗麟认为幼稚园课程之分类有两种：一种是以儿童活动分类。包括开始的活动，即幼稚生初入园时必须养成之习惯，亦为人生最基本之习惯；身体的活动，亦即健身之习惯与技能；社会的活动。另一种是以学科分类，把儿童活动分为各种学科，包括音乐游戏、手工、自然等科目。但不论是以"活动"分类，还是以"科目"分类的课程，根据上述对课程的广义理解，教师都不可拘泥于某时当教何种课程，而应动静交替地安排好儿童每一日的活动。一般每日可安排一两次团体作业，除午餐、午睡外，不必有规定的时间表，但教师必须胸有成竹，在某时期宜如何作业。

在探讨幼稚园课程问题时，张宗麟还特别注意研究了世界上幼稚园课程的历史发展进程。他指出最早的福禄贝尔的幼稚园，由于福氏认清"游戏为儿童之生命"，因此就把游戏作为主要课程，并制成多组恩物，以适应其需要。除此以外，在他的课程中还有欣赏、绘画、故事、自然等。后来，蒙台梭利的儿童之家的课程，则有清洁检查感觉训练、谈话、唱歌。游戏、体操、手工、图画、动植物照料、祈祷等。由于蒙氏是研究低能儿的医生，所以他在规定课程时特别注重感觉训练和身体养护。同时张宗麟还概括了当时各国幼儿园课程的大致范围有音乐、游戏、故事、谈话、图画、手工、自然、常识、读法、识数等 10 项，为教育部 1929 年 8 月颁布的《幼稚园课程暂行标准》奠定了基础。①

与陈鹤琴、张雪门的课程本质观相比，张宗麟对课程本质的理解更为宽泛。他指出，"幼稚园课程者，由广义的说之，乃幼稚生在幼稚园一切之活动也"。它包括"一切教材，科目，幼稚生之活动"。② 关于幼稚园课程的划分，他认为有两种情况。一是按照儿童的活动划分，课程包括五个方面：①开始的活动，即幼稚生初入园时必须养成的习惯，也就是人生最基本的习惯，如放手巾、认识教师和同学，以及初步的礼节等；②身体活动，既强健身体的习惯与技能，如各种卫生习惯、跑步、跳、爬等；③家庭的活动，如反映家人之间的关系、礼仪，以及家庭事务的活动；④社会活动，即养成公民素质的教育活动，包括各种节日、同伴关系的活动等；⑤技能活动，是培养儿童适当表现自己的活动。另一种是按学科划分课程。具体划分为音乐、游戏、故事、谈话、图画、手工、自然、常识、读法、识数等十个科目。③ 其中每一个科目又包括一些小项目。如音乐包括听琴、唱歌、节奏动作、弹奏乐器，游戏包括个人游戏和团体游戏，故事包括听、讲和表演，图画包括自由画、写生画和临摹画，手工包括纸工、泥工、缝纫及竹木，读法包括认字、短句故事等。"总之，无论以儿童活动分类或以科目为课程之单位，教师决不可拘泥于某时当教何种课程，致使贴削足适合履之讥也"。

（二）社会化的幼稚园课程思想

张宗麟在 20 世纪 30 年代出版的《幼稚园的社会》一书中，提出了他的社会化的幼稚园课程思想。他认为，幼稚园课程中应增加"社会"科目，因为幼稚园的一切活动都具有社会性，幼稚园的儿童之间也进行社会性交往。而且，"幼稚园的一切活动，由广义说来，都是'社会'。其中最有独立性的只有'自然'，但是幼稚园的'自然'绝不是'纯粹的自然研究'，必定是'与人生有密切关系的自然元件'，涉及人生也就是'社会'了"。

那么，确立幼稚园社会化课程的根据是什么？张宗麟指出："无论哪级教育的课程，只有两个根据，好像人类只生了两只脚。这两个根据，一个是成人的生活——社会；一个是孩子的生活。"社会是极其复杂的，整个的社会有三个方面：一是过去的历史的关系，二是现代的各方面关系，三是影响于未来的情形。学校课程也就要

---

① 廖其发 . 中国幼儿教育史 [M]. 太原：山西教育出版社，2006：264.
② 张沪 . 张宗麟幼儿教育论集 [M]. 长沙：湖南教育出版社，1984：31.
③ 张沪 . 张宗麟幼儿教育论集 [M]. 长沙：湖南教育出版社，1984：41-43.

包括这三个方面。但是，幼稚生年龄还小，对于社会的经验还很少，幼稚园要把整个社会都做是非常不容易的。[1] 不过，儿童们对小团体的生活却是能领悟的，并且能做到单纯的"互助""合作"等。这些需要儿童的直接经验。在直接经验的基础上没儿童能够"领悟任何人生的、物质的，以及社会集团的、现代状况的一切，这种种领悟的能力，只有他自己的经验所能给予的。要想孩子明了而欣赏一件抽象的、经验里所没有的，别的地方或别种职业的团结生活，远代的史事，都是不可能的；除非他已经有了直接生活的概念"。[2] 因此，设计幼稚园课程的社会科目，需要了解幼稚生的社会。

那么，幼稚园儿童的"社会"是怎样的一种社会呢？张宗麟指出，幼稚园儿童的社会不同于成人的社会，它实际上是幼稚生的"生活状况"。幼稚生的生活状况是由直接经验组成的社会，脱离儿童的具体的生活经验和其周围的社会环境，是难以理解儿童的"生活状况"的。然而，幼稚生的生活彼此之间是差异很大的。课程设计者只能根据普遍的情况，来制定富有弹性的社会课程。

社会化课程的内容主要包括 7 类活动：①关于生活卫生、家庭邻里、商店邮局，以及其他公共设施和名胜古迹等方面；②日常礼仪的学习和演习；③节日和纪念日活动；④身体的认识活动和基本卫生活动；⑤健康和清洁活动；⑥认识党旗、国旗和总理形象的活动；⑦各种集会和社团活动。为了能充分保证社会课程对儿童的教育作用，实施社会活动时应做到：①注重培养儿童互助与合作的精神；②培养儿童对他人的爱怜情感；③培养儿童具有照顾他人的品质；④使儿童明了生活的根源；⑤使儿童了解人类生活具有纵横两个方面。[3]

三、论幼稚园的发展方向

张宗麟认为明日的幼稚教育，是明日的社会的产物；好比今日的幼稚教育是今日的社会产物。所以预测明日的社会与明日的幼稚教育虽然不会十分准确，但也不会完全错误。他认为可以推测明日的幼稚教育有以下几点[4]。

（1）明日的幼稚教育必定是普及的。愈是乡村与工厂附近普及得愈加快。

（2）明日的幼稚教育必定为某个集团（国家或其他）或某种思想训练幼稚儿童的一种重要事业。所以它一方面是帮助忙碌的母亲们免去麻烦，一方面也就在此时预先训练未来的民众。

（3）明日的幼稚教育必定是'教'与'养'并重的，幼稚园是儿童的另一个家庭，绝不是上课读书的场所。

---

[1][2] 张宗麟 . 幼稚园的社会 [M]. 北京：海豚出版社，2012：21.

[3] 石筠 . 张宗麟的学前教育课程思想 [EB/OL]. http://www.sdchild.com/kcyj/tskc/2013-12-27/34701.html，2017-02-10.

[4] 张宗麟 . 幼稚园的演变史 [M]. 北京：海豚出版社，2012：60-61.

（4）明日的幼稚教育必定是与家庭沟通的。幼稚园不但教育儿童，也是母亲受教育的地方。

（5）明日的幼稚教育必定是与小学联系的。小学与幼稚园的一切办法完全一致。

（6）明日的幼稚教育必定训练儿童有集团工作的精神，免去个人单独行动的散漫行为。

（7）明日的幼稚教育必定引用科学的养护法，使孩子在幼稚园里长成比家庭中光用慈母的爱的教养还有效。

（8）明日的幼稚教育必定有它的一贯主张，一切设施合乎这个主张，尤其如玩具等都免去神秘等意味。

（9）明日的幼稚教师除了为着维持自己的生活外，最重要的任务还是为着实现他的集团的理想。所以他是集团的工作者，不是为着个人的职业。

张宗麟对明日之幼稚教育所提出的上述 9 点设想，显然是很有积极意义的，但在当时的社会条件下无疑又是不可能实现的，只有在半个世纪后的社会主义新中国里，他的理想才变成了现实。

四、幼儿教师的培养

（一）幼儿教师的任务

张宗麟认为幼儿教师的任务实际上要重于小学教师。其主要的任务有以下几点。

1. 养护儿童

儿童在幼儿园经常可能出现安全问题，"登高台而跃下，吹肥皂泡而饮其水者，此幼稚园常有之事也"。[1] 因此，教师的主要任务是使儿童免于危险。另外，教师还应该注意儿童的卫生和疾病情况。

2. 发展身体

张宗麟认为，当时的幼儿园教师因缺少相应的引导方法，便消极地禁止儿童玩具有冒险性质的游戏，导致儿童如"仗马寒蝉"，"如是教育，实为幽囚"。[2] 他认为教师应多鼓励儿童活泼运动，满足儿童好动的倾向。此外，张宗麟还提倡幼儿园应多创造机会让儿童接触自然，多在露天生活。

3. 养成儿童相当之习惯

教师应该注重儿童自然地养成穿衣、洗脸、基本社交礼仪等生活习惯。

---

[1][2] 张沪 . 张宗麟幼儿教育论集 [M]. 长沙：湖南教育出版社，1984：51；52.

4. 养成儿童有相当之知识和技能

教师应使儿童学习人生日常所必需的知识与技能，例如语言，日用品的来源与制法，自然界最常见的事物与现象等。

5. 加强家园合作

张宗麟认为，幼儿教师应该多与幼儿家长沟通，从而达到家园教育方式的一致。此外，家庭教育与幼儿园教育本来就是相辅相成的关系，幼儿教师同时也是改良家庭教育的关键因素。

6. 研究儿童

张宗麟认为儿童的特性如何？应该使用何种教学方法才有效？这些问题"非实地施教者断不能知之"。[1] 因此，他鼓励幼儿教师每天抽出十分钟，记录一天所观察到的问题，例如儿童的行为，儿童身体的状况，学习的能力或者教学中的问题等。这些虽是小事，但却是我国幼儿教育事业发展的根本。

（二）幼儿教师的修养

张宗麟认为教育应与日俱进，如果教师不随时注意自己的修养和学习，则不能跟上时代的潮流。教师的修养方法很多，如学问上、品行上以及教师的教学技能等诸多方面。对此，张宗麟提出了一些幼儿教师修养的方法。

（1）对于品性上的修养，继续如求学时代之朴素，诚笃。避免教师沾染社会上的奢侈浮华之风气。

（2）知识上之修养须抱定多读书之主义。作为幼儿教师，必须自己制定每月读书的最低限度，如普通书报、教育报刊以及幼儿教育的专业书籍等。

（3）与本区幼稚教育联络，倘能发起俱乐部，规定时间，聚本区幼稚教师于一堂，讨论最近幼稚教育趋势，各家所有之心得，或订立共同购买之方法等，久之且为增进学问。[2]

（4）幼儿教师还要利用假期的时间，加强学习，改进自己的学问。最好能选择幼儿教育学的相关课程进修，也可以选择几门普通教育学的课程，这对于幼儿教师的发展都是十分有益的。

（5）幼儿教师当热爱幼儿教育事业，坚定自己从事幼儿教育工作的决心。"原为幼稚教师者，终身从事于此，幸勿以此为过渡桥也"。[3]

---

① 张沪．张宗麟幼儿教育论集 [M]．长沙：湖南教育出版社，1984：53.
②③ 张宗麟．张宗麟幼儿教育论集 [M]．长沙：湖南教育出版社，1984：58.

 **拓展阅读**

您不可轻视小孩子的情感！

您不可轻视小孩子的情感！他给您一块糖吃，是有汽车大王捐助一万元的慷慨。做了一个纸鸢飞不上去，是有齐白林飞船造不成功一样的踌躇。他失手打破了一个泥娃娃，是有一个寡妇死了独生子那么悲哀。他没有打着讨厌的人，便好像是罗斯福讨不着机会带兵去打德国一般的恼气。他受了你盛怒之下的鞭挞，连在梦里也觉得有法国革命模样的恐怖。他写字想得没有得到优，仿佛是候选总统落了选一样的失意。他想你抱他，一会儿您偏去抱了别的孩子，好比是一个爱人被夺去一般的伤心。孩子的感情是绝对不可以轻视的，伤害到孩子的结果只会使自己的劳动成果付诸东流。在他们犯错误的时候，我们更多的是要倾听，而不是苛责与批评。这也是我做得很欠缺的。

——陶行知

 **本章小结**

陶行知提出了一套适合中国国情的办园准则："中国化""经济化"和"平民化"。他认为要解放和培养儿童的创造力，要做到"六大解放"。学前教育的普及应需要重视学前教育，改变创办幼儿园的办法以及改变学前教师教育制度。培养学前教育师资方面，他提出三种途径：乡村学前教育师资补充以本土为主；创办幼稚师范学校以及通过"艺友制"培养学前教育师资。

张雪门对课程的定义是："课程是经验，是人类的经验，是用最经济的手段，按有组织的调剂，凭各种的方法，以引起儿童的反应和活动。"他认为课程组织一方须顾到社会意义的重要，他方也须能够满足个体发展期的需求。编制幼儿园课程时，应注意将自然界和社会联系起来，要满足儿童个体的需要，要依据儿童的直接经验。课程的内容包括手工、美术、言语和文字、文学、音乐、游戏、算术等活动。张雪门提出的师范生见习和实习方案不同于一般师范学校的见实习方案，其方案时间更长，见实习的地方更广泛，内容更深入，且具有更强的系统性和可操作性。

陈鹤琴的"活教育理论"是对封建传统教育进行改革的一次伟大的尝试。其内涵主要体现在"三大纲领"（目的论、课程论、方法论）和"两大原则"（教学原则、训育原则）中。"五指活动"课程是由陈鹤琴创立的，它的理论基础来自"活教育"理论。他提出，"五指活动"课程的目的在于发展幼稚生的心智和身体。课程内容包括健康、社会、艺术、语文和科学活动。以单元主题来组织课程将五大课程自然地连成一个整体。

张宗麟认为课程的本质是幼稚生在幼稚园一切之活动。他认为，幼稚园课程中应增加"社会"科目，因为幼稚园的一切活动都具有社会性，幼稚园的儿童之间也进行社会性交往。张宗麟对明日之幼稚教育提出 9 点设想，具有积极的意义。他认为幼儿教师的任务有养护儿童、发展身体、养成儿童之习惯、养成儿童之知识与技能、家园合作以及研究儿童。此外，张宗麟还提出了一些幼儿教师修养的方法。

 **思考练习**

    1. 分析"活教育"理论对我国学前教育的指导作用。

    2. 分析陶行知的"平民教育"思想对当前我国学前教育普及的现实意义。

    3. 分析张雪门有关师范生培养的思想对当前我国学前教育师资有何现实意义。

第七章　我国改革开放前的学前教育（1949—1976 年）

★ **学习目标导航**
1. 能够掌握新中国成立以后至改革开放前我国学前教育发展的大致历程。
2. 了解我国学前教育曲折发展的背景。

★ **内容结构导图**

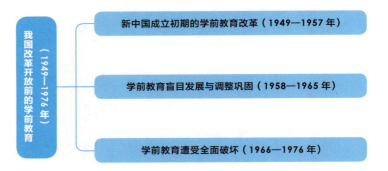

我国改革开放前的学前教育（1949—1976 年）

- 新中国成立初期的学前教育改革（1949—1957 年）
- 学前教育盲目发展与调整巩固（1958—1965 年）
- 学前教育遭受全面破坏（1966—1976 年）

★ **本章摘要**
　　1949 年 10 月 1 日，中华人民共和国宣布成立，结束了帝国主义、封建主义和官僚资本主义的统治，这是中华民族历史上的伟大变革。新中国成立初期，我国的学前教育事业在摸索中前行，取得了令人瞩目的一系列成果，但随后又经历了一个曲折发展的过程，出现了盲目发展、教育质量大幅下降的情况。

<table>
<tr><td>第一节</td><td>新中国成立初期的学前教育改革
（1949—1957 年）</td></tr>
</table>

一、确定学前教育的性质、任务和发展方针

（一）幼儿教育是社会主义教育事业的重要组成部分

1951 年 10 月 1 日，中央人民政府政务院颁布《关于改革学制的决定》，这是中华人民共和国成立以来正式公布实施的第一个学制。学制规定了当时我国的教育体系与教育结构，幼儿教育被列入学制体系之中，成为小学教育的基础。实施幼儿教育的组织为幼儿园。自此，我国将"幼稚园"改为"幼儿园"，收 3~7 岁的幼儿，使他们的身心在入小学前获得健全的发育。

（二）幼儿教育的双重任务

新中国幼儿教育一方面担负抚育幼儿身心健康发展的任务，同时要帮助劳动妇女摆脱家庭负担。1952 年教育部颁布了《幼儿园暂行规程（草案）》，规定："幼儿园的任务是依据新民主主义教育方针教养幼儿，使他们身心在入学前获得健全的发展；同时减轻母亲对幼儿的负担，以便母亲有时间参加政治生活、生产劳动、文化教育活动等"。

（三）幼儿教育的发展方针

为了调动社会各方面力量发展幼儿教育事业，1956 年 2 月，内务部、教育部、卫生部发出《关于托儿所、幼儿园几个问题的联合通知》，其中指出："随着国家经济建设和文化建设的日益发展，今后将有更多的妇女参加生产劳动和社会工作。为了帮助母亲们解决照顾和教育自己孩子的问题，托儿所和幼儿园必须有相应的增加……在城市中由厂矿、企业、机关、团体、群众举办。在农村提倡农业生产合作社举办。教育行政部门在可能条件下，应有计划地办一些幼儿园。卫生、教育部门应办好几个托儿所和幼儿园，使它们起示范作用"。

这个文件确立了公办和民办并举的发展方针，采取多种形式兴办幼儿园，从而有力地促进了我国幼儿教育事业的发展。

二、学前教育的改革与实施

（一）接管外国在我国兴办的学前教育机构

1950 年 12 月，政务院通过《关于处理接受美国津贴的文化教育救济机关及宗教团体的方针的决定》，首先处理和接收了接受美国津贴的学校。随后，政务院又发布了《接受外国津贴及外资经营之文化教育救济机关及宗教团体登记条例》，开始处理接收受外国津贴资助的学校。根据这两个文件的精神，我国各地接管了美国和其他资本主义国家在我国开办的幼儿园、孤儿院、慈幼院等机构 200 多所，收回了儿童教育、儿童福利事业的主权。

（二）制定幼儿园规程，发布幼儿园教学纲要

为切实改革幼儿教育，实现幼儿教育的双重任务，1951 年 8 月，在第一次全国初等教育与师范教育会议上，讨论并通过了《幼儿园暂行规程（草案）》（以下简称《规程》）。

《规程》中明确了幼儿园全面发展的教养目标是：①培养幼儿基本的卫生习惯，注意其营养，锻炼其体格，保证幼儿身体的正常发育和健康；②培养幼儿正确运用感官和语言的基本能力，增进其对于环境的认识，以发展幼儿的智力；③培养幼儿的爱国思想、国民公德和诚实、勇敢、团结、有爱、守纪律、有礼貌等优良品质和习惯；④培养幼儿爱美的观念和兴趣，增进其想象力和创造力。

《规程》有专门章节论述了幼儿园的教养原则、活动项目（体育、语言、认识环境、图画手工、音乐、计算等）、幼儿园的设备与领导、入园与结业、组织、经费等。《规程》的颁布，为我国幼儿教育正规化提供了依据。

为了协助各地幼儿园切实做好幼儿保育工作，使他们在德、智、体、美各方面都得到良好的发展，建立起幼儿园的保教制度。1952 年 7 月，教育部印发了《幼儿园暂行教学纲要（草案）》，主要内容包括各班幼儿的年龄特点和教育要点、幼儿园体育教学纲要、幼儿园语言教学纲要、幼儿园认识环境纲要、幼儿园图画手工教学纲要、幼儿园音乐教学纲要、幼儿园计算教学纲要。

（三）全面学习苏联

早在中华人民共和国成立前夕，毛泽东同志就指出："我们必须学会自己不懂的东西，苏联共产党就是我们的最好的先生，我们必须向他们学习。"新中国成立以后，学前教育全面学习苏联，主要集中在 1949 年至 1957 年这段时间。

1. 引进苏联的学前教育理论著作和教材

当时引进的书籍主要有：1950 年初翻译出版的《幼儿园教养工作指南》和《我的儿童教育经验》。1953 年又陆续出版了苏罗金娜的《学前教育学》、查包洛赛兹的

《幼儿心理学》、萨古琳娜的《幼儿园绘画教学法》等。与学前教育相关的书籍还有凯洛夫的《教育学》以及马卡连柯的教育论文选集《父母必读》等。[①]

2. 邀请苏联专家担任教育部及大学顾问

自 1950 年 9 月开始，苏联专家戈琳娜和马努依连柯先后受聘为教育部学前教育顾问。他们定期参与教育部对全国学前教育情况进行分析的工作，与幼儿教育处领导同赴上海、天津等地对幼儿师范学校和幼儿园工作进行考察指导，并在北京师范大学开设讲座，讲授幼儿心理学、幼儿教育学及幼儿园各科教学法等，听课者包括大学教师、地方教育行政部门幼教干部、幼儿师范学校教师和幼儿园工作人员等在内的各层面的学前教育工作者。苏联学前教育理论和经验在我国得到了系统而广泛的传播。其中，戈琳娜还参与了拟定《幼儿园暂行规程（草案）》和《幼儿园暂行教学纲要（草案）》的工作。

3. 举办学习苏联的实验性幼儿园

在实践上，推进学习苏联学前教育实践的做法，首先是开展实验，总结经验。1950 年秋，教育部指定北京六一、北海、分司厅三所幼儿园为实验幼儿园，要求引入苏联的学前教育理论进行实验研究，以便总结后推广到全国。次年，又增加中央军委托儿所和北京师大二附小幼儿园、大方家胡同幼儿园等为实验点，同时要求全国各大城市也确定重点实验幼儿园，组织幼儿教学法研究会，为专门推广苏联学前教育经验做好准备。经过一段时间的实验后，教育部幼儿教育处于 1954 年 10 月召开新中国成立以来第一次幼儿教育经验交流会——北京、天津两市幼儿园教养员工作经验交流会。会后，教育部发出《关于组织幼儿教育工作者收集和总结经验的通知》。自此，各地幼儿教育工作者普遍开展了总结学习苏联的经验。[②]

新中国成立之初，学习苏联的教育理论和经验，对有目的、有计划、有组织地实施全面发展的学前教育，做出了可贵的贡献。但是，苏联专家、学者及其教育思想对我国的教育包含学前教育的影响并不完全都是积极的，他们对西方当代教育制度和教育理论的观点片面，过分强调集中统一、正规化、教师的主导作用、课堂教学的作用等思想也都影响着我们的教育工作，如加强计划性，忽视灵活性，注意集体、忽视个体，机械划一、重教轻学等。

三、学前教育的师资建设

良好的师资队伍是办好幼儿园、发展幼儿教育的关键。为此，新中国成立以后，各级教育行政部门十分重视幼教干部与师资的培养与培训工作。

①② 田景正，刘璐，周芳芳 . 论新中国初期苏联学前教育中国化的探索 [J]. 生活教育，2015（19）.

（一）幼儿师范学校的发展

1952 年 7 月颁布的《师范学校暂行规程》规定：师范学校得附设幼儿师范科、师范速成班、短期师资训练班。同时还规定，"为了便利学生观察实习，应设附属小学或幼儿园，或由所在地教育行政机关指定附近小学、幼儿园为实习场所。" 20 世纪 50 年代，一批独立设置的幼儿师范学校先后成立并迅速发展，为新中国的学前教育事业培养了一大批骨干教师和管理干部。

（二）高等师范院校的学前教育专业

1952 年 7 月教育部颁布的《关于高等师范学校的规定》中指出：高等学校设置的教育系分设学前教育组，培养中等幼儿师范学校的专业课教师。依据教育部关于高等学校院系调整的精神，将分散于一些高校的有关专业，适当合并，调整为学前教育专业或幼儿教育系，以便集中力量，切实形成幼儿师范学校师资培养基地。此后，南京师范学院教育系、北京师范大学教育系、西南师范学院教育系、西北师范学院教育系、东北师范学院教育系等 5 所院校的学前教育专业承担了为全国培养幼儿师范学校专业课教师和幼教干部的责任。

第二节　学前教育盲目发展与调整巩固（1958—1965 年）

1958—1965 年，我国的学前教育事业经历了一个曲折的发展过程，出现了盲目发展、教育质量大幅度下降的情况，也阻碍了学前教育的理论研究的顺利开展。

一、学前教育的盲目发展阶段

（一）农村幼儿教育机构发展"大跃进"

1958 年 9 月 19 日，中共中央、国务院在《关于教育工作的指示》中对幼儿教育的发展提出全国应在三年到五年的时间内基本完成"使学龄前儿童大多数都能入托儿所和幼儿园的任务"。1958 年 12 月，中共八届六中全会通过的《关于人民公社若干问题的决议》还提出公社"要办好托儿所和幼儿园，使每一个孩子比在家里生活得好，教育得好……父母可以决定孩子是否需要寄宿……公社必须大量培养托儿所和幼儿园的合格的保育员和教养员"。[1]

当时强调数量与规模发展的形势下，"三天托儿化""一夜托儿化""实行寄宿

---

[1] 史慧中.中华人民共和国幼儿教育 50 年大事记（三）[J].幼儿教育，1999（12）：13-15.

制，消灭三大差别"等口号和行动在农村纷纷出现，只顾将全村幼儿集中同吃、同住，不顾中央指示中"要办好托儿所和幼儿园"的质量要求。1957 年，全国幼教机构 16400 处，1958 年猛增至 695300 处，其中教育部门主办的幼儿园数从 1957 年的 4400 处增至 1958 年的 4500 处，而农村幼儿园则从 1957 年的 8600 处猛增至 1958 年的 686000 处。1960 年，全国幼儿园又增至 785000 处，入园幼儿增至 29331000 人（1959 年为 2172200 人）。[①] 这段时期幼儿园数量的增长完全不受教育主管机关的控制，但普遍质量不高、问题很多，充分表现出"大跃进"的时代特点。作为主管机关，教育部所能做的便是规范管理，所以这时期发布的五部文件中，有关教育业务的三部、行政管理的两部就不足为奇了。

（二）幼儿教育学术进展受阻

1958 年 8 月，教育部主办的《学前教育》杂志和《教师报》《人民教育》同时停刊。同月，北京师范大学邀请京、津两地有关学校和科研机关研究人员举行座谈会批判心理学教学中的"资产阶级方向"，指责心理学以心理分析代替阶级分析。《光明日报》则发表《拔掉资产阶级教育科学中的一面白旗》的社论，对心理学教学予以批判。12 月，教育部发布《关于〈幼儿园教育工作指南（初稿）〉不要按正式文件使用的通知》，声明"指南（初稿）系教育部委托北京师范大学学前教研室起草的，尚未经起草委员会及教育部审查"。北京师范大学教育系学前教育专业学生给《指南（初稿）》罗列了"篡改党的教育方针""丑化劳动人民""反动的儿童中心主义"等罪名，横加批判。1961—1962 年，虽然对《指南（初稿）》重新做了评价，认为应该重新认识根据儿童年龄特点进行教育的必要性，但批判时所出现的大量口号化、形式化、成人化的错误，对幼儿教育学术研究的影响则是长远的。

二、学前教育的调整巩固阶段

1961 年 1 月，中共八届九中全会决定对国民经济实行"调整、巩固、充实、提高"的方针。在此方针指引下，幼儿教育机构根据经济、师资等实际条件采取了保留、撤销、充实等手段，朝着巩固和提高的目标逐步恢复正常发展秩序。

（一）幼儿园的调整与发展

教育部提出：幼儿园的发展，宁可慢些、少些，但要好些。在城市中的幼儿园以提高质量为主，条件不成熟时民办园要调整、收缩。经过切实的调整工作，到 1961 年幼儿园数比 1960 年下降了 92.3%，其中教育部门主办的幼儿园减少并不显著，大量减少的是其他部门及民办集体类型幼儿园。1965 年的幼儿园数和入园幼儿人数，比 1962 年分别增加了 9% 和 18%，略高于 1957 年的数字。调整后，幼儿园

[①] 史慧中 . 中华人民共和国幼儿教育 50 年大事记（三）[J]. 幼儿教育，1999（12）：13-15.

重新开始了逐年稳步地回升发展。在中央八字方针指引下，幼儿园的发展逐步走向了正常和稳定。

（二）幼儿师范学校重新受到重视

1961 年 10 月 25 日—11 月 2 日，教育部召开全国师范工作会议。1962 年 1 月《教育部党组关于全国师范教育会议的报告》（以下简称《报告》）明确指出要重视幼儿园师资培养。《报告》提到"三年制的幼儿师范，主要是培养大、中城市重点幼儿园的教养员，目前不能多办"，"应该多办初级幼儿师范，招收相当于高小毕业程度的青年，培养成为城镇和农村幼儿园的教养员，学习时间的长短，可以因地制宜"。《报告》还明确提出"幼儿师范的教材，教育部准备组织力量分工编写，积极解决"，"幼儿师范，以政治、语文、数学、幼儿教育学为主要学科，同时各年级都要安排教育见习和实习"。幼儿师范学校由 1952 年的 2 所增加到 1957 年的 20 所，在校学生数由 2100 人增加到 15287 人。"大跃进"年代的 1960 年，幼儿师范学校增加到 89 所，在校学生增加到 69278 人。经过调整整顿，1963—1965 年，中级幼儿师范学校稳定在 19 所，每年在校生也稳定在 5000 人左右。从此，培养幼儿园教师由初级幼儿师范转为以中级幼儿师范为主（1958 年初级幼师生占在校生总数 62.2%，1959 年下降为占 45%，1962 年下降至只占 3%），幼儿园教师的水平逐步得到提高。[1]

第三节 **学前教育遭受全面破坏（1966—1976 年）**

从 1966 年"文化大革命"开始，至 1976 年结束，在这"十年动乱"期间，幼儿教育被认为是培养"修正主义"的苗子。学前教育遭受了彻底的否定和批判，给我国学前教育的发展造成了严重的损失。

一、全面否定学前教育的理论与实践

在 1966 年至 1976 年的"十年动乱"中，极"左"路线猖獗，对 1949 年以来17 年的教育进行了彻底的否定和批判。有关幼儿教育的大、小字报，将主要矛头对准了新中国成立以来的幼教路线，甚至将它批判为"一条极力反对毛主席的无产阶级革命教育路线的妄图复辟资本主义的资产阶级反动路线"，如解放妇女劳动力和教育幼儿的双重任务被批判为"脱离阶级斗争，单纯以生产为中心"；新中国成立初期学习苏联幼教理论被批判为"大肆吹捧、贩卖修正主义货色"；成立于老解放区的六一幼儿园被批判为"培养特殊阶层的、阴谋复辟资本主义的黑样板"；整顿、巩

---

① 史慧中. 中华人民共和国幼儿教育 50 年大事记（三）[J]. 幼儿教育，1999（12）：13-15.

固、提高公社幼儿园被批判为"强调物资设备，鼓吹业务精神，吹捧资产阶级知识分子的作用"，等等。①

首先歪曲体育，把原先科学、合理的各种体育设施和措施都当作资产阶级生活方式予以批判。致使幼儿园取消了合理的生活制度、科学的生活管理，体格检查不做了，体育锻炼被停止了，不计算营养量，不制定食谱，卫生保健制度也被取消，幼儿生活也无常规可循。幼儿的体育活动和基本动作训练被"集体放羊"而取代，而供成人观赏的大型团体操表演和大型运动会却风行一时。

智育方面，把传授知识、发展智力都作为智育第一进行批判。幼儿园中不进行智育教育，不引导幼儿认识周围环境与生活，更不启发幼儿的智力活动，如幼儿园不进行自然常识教育，不玩智力游戏，批判直观教具为脱离实际，不予适用。造成幼儿生活贫乏，智力发展受到阻碍。

德育方面，以政治教育取代德育的全部内容，从而又以大大超出幼儿理解水平的极左政治口号，取代培养幼儿基本行为品质和性格的德育内容，如让幼儿大量强记硬背毛泽东语录和诗词，让幼儿和成人一样参加"革命大批判"，对幼儿讲路线斗争等。同时把文明礼貌等斥之为"小节"，而不注意培养幼儿的基本行为品德。

美育方面，视追求美为资产阶级思想和情调的表现，因而将美育去掉。幼儿教育中凡是涉及美的教育统统禁止，音乐、美术、文学都只能作为政治教育的工具。致使造反歌舞、样板戏充斥着幼儿园。

二、彻底破坏学前教育的管理体制

近20年积累起来的行之有效的管理体制，被批判为管、卡、压。幼儿园中人员的合理岗位分工斥之为资产阶级法权。以园长、教师与保育员的工作大轮换取而代之，岗位责任废止，各种制度取消，幼儿园脱离了科学管理的轨道，处于混乱状态，严重危害了幼儿的身心健康。

三、全面取消学前教育的师资培训

在"文化大革命"中，全国19所幼儿师范学校统统被取消，有的改为普通中学，房舍被占，图书、钢琴等教学设备被毁坏，教师被迫改行，正规的幼儿师资培养工作中断了10多年。在"文化大革命"期间，幼儿教育的师资培养几乎处于停滞和消亡的状态，直到20世纪70年代才由部分幼儿师范学校以举办短期培训班的形式，恢复幼教师资的培养工作。高等师范学校的学前教育专业，也只有南京师范学院保留了全部人员，并于70年代初开始为工厂、农村培养幼儿教育的师资。

---

① 史慧中.中华人民共和国幼儿教育50年大事记（三）[J].幼儿教育，1999（12）：13-15.

四、幼儿教育生机缓慢回升

十年浩劫使我国幼儿教育事业遭到空前灾难。不过，值得欣慰的是，有的地区在重重困难之中，仍然本着对幼教事业的忠诚，坚持着正确的办园道路。随着计划生育政策的执行，优生优育同幼儿教育事业联系了起来，促进了幼儿教育事业的回升。1975 年，卫生部妇幼局在江苏省如东县召开了妇幼保健、优生优育、幼儿教育座谈会。此后，江苏省乃至全国推广了如东县三项工作一齐抓的工作经验。江苏省委宣传部通知南京师范学院幼教系教师赴如东县辅导和培训幼教师资。有的地方逐渐恢复或重建幼儿师范学校，北京市幼儿师范学校在 1975 年恢复。1975 年，全国有幼儿园 17.17 万所，比 1974 年增加 3.2 倍，1976 年为 44.26 万所，又比 1975 年增加近 1.6 倍。[①]

拓展阅读

卢乐山：新中国幼教拓荒者

卢乐山，1917 年生于天津，祖籍湖北沔阳。出身教育世家，北京师范大学学前教育系教授，新中国学前教育学科的重要奠基人。早年就读于南开女中。1934 年考入燕京大学学习幼教专业，1945 年在成都获得燕大硕士学位。本科毕业后陆续执教于天津木斋学校、北京协和幼稚园等，1948 年赴加拿大多伦多大学儿童研究所进修。1950 年回国，从 1952 年起担任北京师范大学学前教育专业首任教研组主任，为新中国学前教育的学科创建和人才培养做了大量开拓性的工作。1982 年成为我国第一批学前教育专业硕士研究生导师。著有《蒙台梭利的幼儿教育》一书，这是我国第一部系统介绍蒙台梭利教育的专著。主编有《学前教育原理》《家庭优生、优育、优教知识》《中国女性百科全书》《中国学前教育百科全书》等。此外还有译著多种，晚年出版有《卢乐山文集》和《卢乐山口述历史：我与幼儿教育》。

本章小结

新中国成立后，我国确定了学前教育的性质、任务和发展方针。学前教育的改革与实施主要包括接管外国在我国兴办的学前教育机构，制定幼儿园规程，发布幼儿园教学纲要，全面学习苏联。师资建设方面主要是大力发展幼儿师范学校和高等师范院校的学前教育专业。

1958—1965 年，学前教育进入盲目发展阶段，主要表现为农村幼儿教育机构发展"大跃进"，幼儿教育学术进展受阻。1961 后，学前教育慢慢进行调整巩固，幼儿师范学校重新受到

---

① 唐淑，钟昭华 . 中国学前教育史 [M]. 北京：人民教育出版社，1993：323.

重视。

　　"十年动乱"期间，学前教育的理论与实践遭到全面否定，学前教育的管理体制遭到彻底破坏，学前教育的师资培训被全面取消。

 思考练习

　　1. 试述新中国成立以后，我们在学前教育方面取得了哪些成就。

　　2. 简述从我国学前教育发展的曲折道路中，应吸取什么经验教训。

　　3. 如何评价我国在学前教育方面"全面学习苏联"的做法？

第八章　当代中国学前教育发展

★学习目标导航　　　1. 能够掌握改革开放以后我国学前教育发展的大致历程。

　　　　　　　　　　　2. 了解 2010 年后我国学前教育大发展的背景。

★内容结构导图

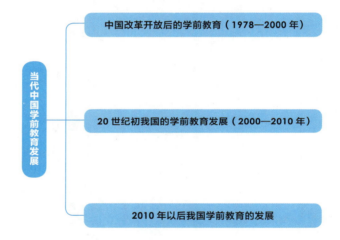

中国改革开放后的学前教育（1978—2000 年）

当代中国学前教育发展

20 世纪初我国的学前教育发展（2000—2010 年）

2010 年以后我国学前教育的发展

★本章摘要　　　　　1976 年秋，我国结束了十年混乱动荡的局面。1978 年 12 月，党的十一届三中全会召开，标志着新中国成立以来具有深远意义的伟大历史转折，国家进入了社会主义建设发展的新时期，教育工作逐步走上了正轨，学前教育也进入了振兴和发展的新阶段。

第一节 中国改革开放后的学前教育（1978—2000 年）

一、政府加强对学前教育工作的领导和管理

1978 年，教育部在普通教育司设立幼教特教处。失去国家机关专职领导已达 16 年之久的幼教事业又有了行政领导机构。

1979 年 3 月 29 日，中国人民保卫儿童全国委员会恢复。1979 年 6 月 18 日，五届人大二次会议《政府工作报告》中指出"要十分重视发展托儿所、幼儿园，加强幼儿教育"。不久，经康克清协调，教育部、卫生部、计委、建委、农委、财政部、商业部、民政部、劳动总局、城建总局、全国总工会、全国妇联、中国人民保卫儿童全国委员会等 13 个单位于 1979 年 7 月 21 日至 8 月 7 日联合召开全国托幼工作会议。会议作出了由国务院设立"托幼工作领导小组"的决定，以加强对托幼工作的领导。托幼工作领导小组成员由上述 13 个政府部门和群众团体的负责同志组成，国务院副总理陈慕华任组长，办事机构设在全国妇联。会议同时要求各省（市）成立地方托幼工作领导小组，以保证全国托幼工作领导小组的有关指示精神在基层得到贯彻落实。全国托幼工作领导小组于 1981 年 5 月在中南海召开了京、津两地托儿所、幼儿园代表座谈会，万里副总理在讲话中指出"幼儿教育工作是一门科学……要发展幼儿师范，大学也应该设立幼儿教育专业"，对托幼工作质量提出进一步要求。

1982 年 12 月，国务院在《关于第六个五年计划的报告》中提出"要注重发展学龄前教育"，明确提出"六五"期间幼教事业的发展指标为：从"1980 年 1151 万名入园的幼儿数增加至 1985 年的 1800 万名"。但是，1979 年成立的全国托幼工作领导小组及其设在全国妇联的办事机构因国家机构改革被撤销，而该机构的工作任务又未明确由哪个部门承担，这在一定程度上影响了幼儿教育事业的进一步发展。于是，国家教委等 8 个部门向国务院办公厅作了《关于明确幼儿教育事业领导管理职责分工的请示》（下称《分工请示》），国务院办公厅于 1987 年 10 月 15 日正式转发了这份请示。

《分工请示》明确托幼事业"必须在政府统一领导下"，"依靠部门、单位和集体、个人等方面力量"发展，"实行地方负责，分级管理和有关部门分工负责的原则"，并规定"有关幼儿教育工作中的重大政策问题，由国家教委牵头，有关部门参加，共同研究"，"属于各部门分工的工作，又需同其他部门共同研究的重要问题，由主管部门牵头，有关部门参加"，既突出了幼教事业的教育属性，又显示了计划经济体制下依靠行政加强领导，多渠道发展幼儿教育事业的特点。20 世纪 90 年代后，国务院和各省、自治区、直辖市及大部分地、县均成立了儿童工作协调机构，加强了对托幼工作的领导。

二、逐步完善学前教育法规

为使我国学前教育沿着规范化、科学化的发展道路健康发展，十一届三中全会以来，党和政府及时、有力地采取了各种措施，制定了一系列的法规。

1979 年 11 月 8 日，教育部颁布了《城市幼儿园工作条例（试行草案）》，1980 年卫生部、教育部联合发布了《托儿所、幼儿园卫生保健制度（试行草案）》，1981 年 10 月 31 日，教育部发出《关于试行幼儿园教育纲要的通知（试行草案）》。此通知将 1952 年办法的"教学纲要"改为"教育纲要"，实际上体现的是突出教育工作，而不仅仅是强调教学工作。教育内容也扩展为生活卫生习惯、思想道德、基本动作发展、常识、语言、计算、美工、音乐八个方面；强调教育任务、内容、要求应通过游戏、体育活动、上课、观察、劳动、娱乐和日常生活活动等教育手段来完成。此纲要起到了拨乱反正、提高学前教育质量的作用。

1983 年，教育部下发了《关于农村幼儿教育的几点意见》，强调农村幼儿教育的发展。1987 年 3 月，劳动人事部、国家教育委员会颁布《全日制、寄宿制和幼儿园编制标准（试行）》，规定班级的规模，小班 20~25 人，中班 26~30 人，大班 31~35 人。教职工与幼儿的比例，全日制幼儿园为 1:6~1:7，寄宿制幼儿园为 1:4~1:5。

1989 年 6 月国家教委颁布《幼儿园工作规程（试行）》（以下简称《规程》）。此《规程》是幼儿园内部的工作法规，是对全国各类幼儿园的指导性文件。《规程》确定幼儿园是对 3 周岁以上学龄前幼儿实施保育和教育的机构，属学校教育的预备阶段。幼儿园的任务是：实行保育与教育相结合的原则，对幼儿实施体、智、德、美全面发展的教育，促进其身心和谐发展。

1996 年 3 月国家教委在 1989 年《幼儿园工作规程（试行）》的基础上，颁布了《幼儿园工作规程》。规程确定幼儿园是对三周岁以上学龄前幼儿实施保育和教育的机构，是基础教育的有机组成部分，是学校教育制度的基础阶段。

为了更好地贯彻落实 1996 年《全国教育事业"九五"计划和 2010 年发展规划》关于幼儿教育事业发展目标，促使幼儿教育事业的发展与当地经济和社会发展以及普及九年义务教育工作相协调，国家教委于 1997 年拟定了《全国幼儿教育事业"九五"发展目标实施意见》。实施意见提出，2000 年全国学前教育三年幼儿园入园率达到 45%，大中城市基本解决适龄幼儿的入园问题，农村学前一年幼儿入园率达到 60%，并按"普九"情况和经济发展水平提出分区实施要求。

三、重视幼儿教育师资的培养和提高

1993 年 10 月 31 日，第八届全国人民代表大会常务委员会第九次会议通过的《中华人民共和国教师法》规定："取得幼儿园教师资格应该具备幼儿师范学校毕业及其以上学历。"1995 年 1 月 27 日，国家教委发布《三年制中等幼儿师范学校教学方案（试行）》，提出了幼儿师范学校的培养目标与规格。

1997 年 10 月 29 日，国家教委发布《关于组织实施〈高等师范教育面向 21 世纪教学内容和课程体系改革计划〉的通知》，指出世纪之交的高等师范改革计划"起点高、立意新、针对性强"，"具有鲜明的时代特征。"高等师范院校加强学前教育的科研队伍，促使学前教育研究成果日益增加，对推进幼儿教育基层实践和高等师范院校学前教育专业水平的提高起了明显的作用。

1996 年 1 月 25 日，国家教委发布《关于开展幼儿园园长岗位培训工作的意见》，同年 1 月 26 日，又发布了《全国幼儿园园长任职资格、职责和岗位要求（试行）的通知》。《关于开展幼儿园园长岗位培训工作的意见》要求，"采取多种形式开展培训工作，争取用五年左右的时间将全国幼儿园园长轮训一遍"。

第二节　20 世纪初我国的学前教育发展（2000—2010 年）

一、"十五"期间学前教育改革的目标与政策

（一）幼儿教育改革的总目标

2003 年 1 月 27 日教育部等部门颁布了《关于幼儿教育改革与发展的指导意见》（以下简称《意见》）。《意见》提出了新世纪我国学前教育改革的总目标。今后 5 年（2003—2007 年）幼儿教育改革的总目标是：形成以公办幼儿园为骨干和示范，以社会力量兴办幼儿园为主体，公办与民办、正规与非正规教育相结合的发展格局。根据城乡的不同特点，逐步建立以社区为基础，以示范性幼儿园为中心，灵活多样的幼儿教育形式相结合的幼儿教育服务网络，为 0~6 岁儿童和家长提供早期保育和教育服务。

今后 5 年，全国幼儿教育事业发展的总目标是：学前三年儿童受教育率达到55%，学前一年儿童受教育率达到 80%；大中城市普及学前三年教育；全面提高0~6 岁儿童家长及看护人员的科学育儿能力。

城市和经济发达地区，学前三年儿童受教育率应达到 90%；0~6 岁儿童家长及

看护人员普遍受到科学育儿的指导。

已经普及九年义务教育的县（市、区），学前三年儿童受教育率达到50%，学前一年儿童受教育率达到80%。90%的（0~6岁）儿童家长及看护人员受到科学育儿的指导。

尚未实现普及九年义务教育的县（市、区），学前三年儿童受教育率达到35%，学前一年儿童受教育率达到60%。大多数0~6岁儿童的家长及看护人员受到科学育儿的指导。

（二）进一步完善幼儿教育管理体制和机制，切实履行政府职责

坚持实行地方负责，分级管理和有关部门分工负责的幼儿教育管理体制。国家制定有关幼儿教育的法规、方针、政策及发展规划；省级和地（市）级人民政府负责本行政区域幼儿教育工作，统筹制定幼儿教育的发展规划，因地制宜地制定相关政策并组织实施，积极扶持农村及老少边穷地区的幼儿教育工作；促进幼儿教育事业均衡发展；县级人民政府负责本行政区域幼儿教育的规划、布局调整、公办幼儿园的建设和各类幼儿园的管理，负责管理幼儿园园长、教师，指导教育教学工作；城市街道办事处配合有关部门制订本辖区幼儿教育的发展计划，负责宣传科学育儿知识、指导家庭幼儿教育、提供活动场所和设备、设施，筹措经费，组织志愿者开展义务服务；乡（镇）人民政府承担发展农村幼儿教育的责任，负责举办乡（镇）中心幼儿园，筹措经费，改善办园条件；要发挥村民自治组织在发展幼儿教育中的作用，开展多种形式的早期教育和对家庭幼儿教育的指导。各级人民政府都有维护幼儿园的治安、安全和合法权益，动员和组织家长参与早期教育活动，指导家庭幼儿教育的责任。

（三）加强管理，保证幼儿教育事业健康发展

地方各级人民政府要加强公办幼儿园建设，保证幼儿教育经费投入，全面提高保育、教育质量。不得借转制之名停止或减少对公办幼儿园的投入，不得出售或变相出售公办幼儿园和乡（镇）中心幼儿园，已出售的要限期收回。公办幼儿园转制必须经省级教育部门审核批准。城乡中小学布局调整后，空余校舍要优先用于举办幼儿园。

积极鼓励和提倡社会各方面力量采取多种形式举办幼儿园。社会力量举办的幼儿园，在审批注册、分类定级、教师培训、职称评定、表彰奖励等方面与公办幼儿园具有同等地位。

加强对企事业单位幼儿园的管理。企事业单位转制后，可以继续举办幼儿园，也可将企事业单位办园资产整体无偿划拨，移交当地教育部门统筹管理；要通过实施联办、承办、国有民办等办园体制改革，提高办园效益和活力。

县级以上教育部门负责审批各类幼儿园的举办资格、颁发办园许可证，并定期复核审验。价格主管部门和财政部门负责向已取得办国许可证并办理登记手续的幼儿园颁发收费许可证、提供行政事业性收费专用票据。

二、颁布重要的学前教育法律法规

为进一步贯彻第三次全国教育工作会议和全国基础教育工作会议精神，落实《国务院关于基础教育改革与发展的决定》，推进幼儿园实施素质教育，全面提高幼儿园教育质量，教育部于 2001 年 9 月颁布了《幼儿园教育指导纲要（试行）》（以下简称《纲要》）。这是推进幼儿园实施素质教育而颁布的全国学前教育纲领的指导性文件。

《纲要》包括总则、教育内容与要求、组织与实施、教育评价等方面，将教育内容划分为健康、语言、社会、科学、艺术五大领域，强调各领域间要有机结合、相互渗透。《纲要》明确了幼儿园教育是基础教育的重要组成部分，是我国学校教育和终身教育的奠基阶段。

《纲要》是在总结了近年来我国幼儿教育改革的经验，并充分吸纳了世界范围内早期教育优秀思想与研究成果的基础上制定的。《纲要》立足于我国学前教育改革的现实，坚持贯彻党的教育方针，坚持全面推进素质教育的思想；倡导先进的教育观念；努力实现教育的目的性与幼儿发展的可能性相适宜的思想，促进教师与幼儿的相互作用、共同成长的思想等。《纲要》遵循了《幼儿园工作规程》的精神，从整个幼儿园教育的基本理念、基本原理、基本规律出发，具体地规定了我国幼儿园教育的基本内容范畴、目标以及基本的实践规范和要求。

2001 年 5 月 22 日国务院发布了《中国儿童发展纲要（2001—2010 年）》（以下简称《纲要》）。此《纲要》以促进儿童发展为主题，以提高儿童身心素质为重点，以培养和造就 21 世纪社会主义现代化为目标，从儿童与健康、儿童与教育、儿童与法律保护、儿童与环境 4 个领域，提出了 2001—2010 年的目标和策略措施。

《纲要》的总目标是：坚持"儿童优先"原则，保障儿童生存、发展、受保护和参与的权利，提高儿童整体素质，促进儿童身心健康发展。儿童健康的主要指标达到发展中国家的先进水平；儿童教育在基本普及九年义务教育的基础上，大中城市和经济发达地区有步骤地普及高中阶段教育；逐步完善保护儿童的法律法规体系，依法保障儿童权益；优化儿童成长环境，使困境儿童受到特殊保护。

2007 年国务院颁布了《国家教育事业发展"十一五"规划纲要》，纲要中指出，学前三年的毛入学率要由 2005 年的 41.4% 增长到 2010 年的 55%，提高 13.6 个百分点。

第三节　2010 年以后我国学前教育的发展

进入 2010 年以后，随着《国家中长期教育改革和发展规划纲要（2010—2020年）》（以下简称《纲要》）的颁布，国家明确了 2020 年以前基本普及学前教育，明确政府在学前教育发展中的责任，大力发展农村学前教育。为了实现《纲要》所提出的任务，无论是中央政府还是地方政府都进一步加大了对学前教育的投入，我国的学前教育迎来了高速发展的新阶段。

一、进一步完善学前教育的法律法规

2010 年以后，为了进一步发展学前教育事业，我国陆续发布了诸多学前教育方面的法律法规。

（一）《国家中长期教育改革和发展规划纲要（2010—2020 年）》

2010 年 7 月 29 日，党中央、国务院颁布《国家中长期教育改革和发展规划纲要（2010—2020 年）》，这是中国进入 21 世纪之后的第一个教育规划，是今后一个时期指导全国教育改革和发展的纲领性文件。在《纲要》中，特别提出了学前教育发展的十年规划纲要。

第一，基本普及学前教育。学前教育对幼儿身心健康、习惯养成、智力发展具有重要意义。遵循幼儿身心发展规律，坚持科学保教方法，保障幼儿快乐健康成长。积极发展学前教育，到 2020 年，普及学前一年教育，基本普及学前两年教育，有条件的地区普及学前三年教育。重视 0~3 岁婴幼儿教育。

第二，明确政府职责。把发展学前教育纳入城镇、社会主义新农村建设规划。建立政府主导、社会参与、公办民办并举的办园体制。大力发展公办幼儿园，积极扶持民办幼儿园。加大政府投入，完善成本合理分担机制，对家庭经济困难幼儿入园给予补助。加强学前教育管理，规范办园行为。制定学前教育办园标准，建立幼儿园准入制度。完善幼儿园收费管理办法。严格执行幼儿教师资格标准，切实加强幼儿教师培养培训，提高幼儿教师队伍整体素质，依法落实幼儿教师地位和待遇。教育行政部门加强对学前教育的宏观指导和管理，相关部门履行各自职责，充分调动各方面力量发展学前教育。

第三，重点发展农村学前教育。努力提高农村学前教育普及程度。着力保证留守儿童入园。采取多种形式扩大农村学前教育资源，改扩建、新建幼儿园，充分利用中小学布局调整富余的校舍和教师举办幼儿园（班）。发挥乡镇中心幼儿园对村幼儿园的示范指导作用。支持贫困地区发展学前教育。

有关 2010—2020 年我国学前教育事业发展的主要目标，详见表 8-1。

表 8-1 学前教育事业发展主要目标

指标	单位	2009 年	2015 年	2020 年
幼儿在园人数	万人	2658	3400	4000
学前一年毛入园率	%	74.0	85.0	95.0
学前两年毛入园率	%	65.0	70.0	80.0
学前三年毛入园率	%	50.9	60.0	70.0

(二)《国务院关于当前发展学前教育的若干意见》

为贯彻落实党的十七届五中全会、全国教育工作会议精神和《国家中长期教育改革和发展规划纲要（2010—2020 年）》，积极发展学前教育，着力解决当前存在的"入园难"问题，满足适龄儿童入园需求，促进学前教育事业科学发展，国务院于2010 年 11 月 21 日发布了《国务院关于当前发展学前教育的若干意见》（以下简称《意见》）。《意见》的主要内容包括：把发展学前教育摆在更加重要的位置；多种形式扩大学前教育资源；多种途径加强幼儿教师队伍建设；多种渠道加大学前教育投入；加强幼儿园准入管理；强化幼儿园安全监管；规范幼儿园收费管理；坚持科学保教，促进幼儿身心健康发展；完善工作机制，加强组织领导；统筹规划，实施学前教育三年行动计划。

(三)《3~6 岁儿童学习与发展指南》

为深入贯彻《国家中长期教育改革和发展规划纲要（2010—2020 年）》和《国务院关于当前发展学前教育的若干意见》，指导幼儿园和家庭实施科学的保育和教育，促进幼儿身心全面和谐发展，2012 年 10 月 9 日由教育部正式颁布《3~6 岁儿童学习与发展指南》（以下简称《指南》），对防止和克服学前教育"小学化"现象提供了具体方法和建议。

《指南》从健康、语言、社会、科学、艺术等五个领域描述幼儿学习与发展，分别对 3~4 岁、4~5 岁、5~6 岁三个年龄段末期幼儿应该知道什么、能做什么，大致可以达到什么发展水平提出了合理期望。同时，针对当前学前教育普遍存在的困惑和误区，为广大家长和幼儿园教师提供了具体、可操作的指导、建议。

(四)《幼儿园教师专业标准（试行）》

为贯彻党的十七届六中全会精神，落实教育规划纲要，构建教师专业标准体系，建设高素质专业化教师队伍，教育部于 2012 年 9 月发布了《幼儿园教师专业标准（试行）》（以下简称《专业标准》）。幼儿园教师是履行幼儿园教育工作职责的专业人员，需要经过严格的培养与培训，具有良好的职业道德，掌握系统的专业知识和专业技能。《专业标准》是国家对合格幼儿园教师专业素质的基本要求，是幼儿园教师开展保教活动的基本规范，是引领幼儿园教师专业发展的基本准则，是幼儿园教师培养、准入、培训、考核等工作的重要依据。

1.《专业标准》的理念

（1）师德为先。热爱学前教育事业，具有职业理想，践行社会主义核心价值体系，履行教师职业道德规范，依法执教。关爱幼儿，尊重幼儿人格，富有爱心、责任心、耐心和细心；为人师表，教书育人，自尊自律，做幼儿健康成长的启蒙者和引路人。

（2）幼儿为本。尊重幼儿权益，以幼儿为主体，充分调动和发挥幼儿的主动性；遵循幼儿身心发展特点和保教活动规律，提供适合的教育，保障幼儿快乐全面健康地成长。

（3）能力为重。把学前教育理论与保教实践相结合，突出保教实践能力；研究幼儿，遵循幼儿成长规律，提升保教工作专业化水平；坚持实践、反思、再实践、再反思，不断提高专业能力。

（4）终身学习。学习先进学前教育理论，了解国内外学前教育改革与发展的经验和做法；优化知识结构，提高文化素养；具有终身学习与持续发展的意识和能力，做终身学习的典范。

2.《专业标准》的内容

本《专业标准》的基本内容构架包含了专业理念与师德、专业知识和专业能力3个维度，14个领域。尤其在专业能力方面，充分体现了幼儿园教育的突出特点和保教工作的基本任务，特别强调了幼儿园教师所必须具备的良好环境的创设与利用、幼儿一日生活的合理组织与保育、游戏活动的支持与引导、教育活动的恰当计划与实施能力等。在基本要求层面，更是充分反映了幼儿园教师必须具备的专业态度、知识与能力。例如，特别强调了幼儿园教师要将幼儿的生命安全和身心健康放在首位，并具有相应的专业知识和能力；要掌握和尊重幼儿身心发展的年龄特点和个体特点，重视生活对幼儿健康成长的重要价值，重视环境和游戏对幼儿发展的独特作用，掌握幼儿园环境创设、一日生活安排、游戏与教育活动、班级管理的知识与方法等。

（五）《幼儿园工作规程》

为了适应新形势下我国学前教育的发展，加强幼儿园的科学管理，规范办园行为，提高保育和教育质量，促进幼儿身心健康，依据《中华人民共和国教育法》等法律法规，教育部于2016年3月发布了新的《幼儿园工作规程》（以下简称《规程》）。《规程》中明确了："幼儿园是对3周岁以上学龄前幼儿实施保育和教育的机构。幼儿园教育是基础教育的重要组成部分，是学校教育制度的基础阶段。"

幼儿园的主要任务是："贯彻国家的教育方针，按照保育与教育相结合的原则，遵循幼儿身心发展特点和规律，实施德、智、体、美等方面全面发展的教育，促进幼儿身心和谐发展。"

幼儿园保育和教育的主要目标是：

（1）促进幼儿身体正常发育和机能的协调发展，增强体质，促进心理健康，培养良好的生活习惯、卫生习惯和参加体育活动的兴趣。

（2）发展幼儿智力，培养正确运用感官和运用语言交往的基本能力，增进对环境的认识，培养有益的兴趣和求知欲望，培养初步的动手探究能力。

（3）萌发幼儿爱祖国、爱家乡、爱集体、爱劳动、爱科学的情感，培养诚实、自信、友爱、勇敢、勤学、好问、爱护公物、克服困难、讲礼貌、守纪律等良好的品德行为和习惯，以及活泼开朗的性格。

（4）培养幼儿初步感受美和表现美的情趣和能力。

幼儿园教育应当贯彻以下原则和要求：

（1）德、智、体、美等方面的教育应当互相渗透，有机结合。

（2）遵循幼儿身心发展规律，符合幼儿年龄特点，注重个体差异，因人施教，引导幼儿个性健康发展。

（3）面向全体幼儿，热爱幼儿，坚持积极鼓励、启发引导的正面教育。

（4）综合组织健康、语言、社会、科学、艺术各领域的教育内容，渗透于幼儿一日生活的各项活动中，充分发挥各种教育手段的交互作用。

（5）以游戏为基本活动，寓教育于各项活动之中。

（6）创设与教育相适应的良好环境，为幼儿提供活动和表现能力的机会与条件。

（六）《中共中央 国务院关于学前教育深化改革规范发展的若干意见）》

党的十八大以来，我国学前教育事业快速发展，资源迅速扩大，普及水平大幅提高，管理制度不断完善，"入园难"问题得到有效缓解。但是由于底子薄、欠账多，学前教育仍是整个教育体系的短板，发展不平衡不充分问题十分突出，"入园难""入园贵"依然是困扰老百姓的烦心事之一。其主要表现为：学前教育资源尤其是普惠性资源不足，政策保障体系不完善，教师队伍建设滞后，监管体制机制不健全，保教质量有待提高，存在"小学化"倾向，部分民办园过度逐利，幼儿安全问题时有发生。为进一步完善学前教育公共服务体系，切实办好新时代学前教育，更好地实现幼有所育，中共中央、国务院于 2018 年 11 月发布了《中共中央 国务院关于学前教育深化改革规范发展的若干意见》（以下简称《意见》）。

《意见》提出：到 2020 年，全国学前三年毛入园率达到 85%，普惠性幼儿园覆盖率（公办园和普惠性民办园在园幼儿占比）达到 80%。广覆盖、保基本、有质量的学前教育公共服务体系基本建成，学前教育管理体制、办园体制和政策保障体系基本完善。投入水平显著提高，成本分担机制普遍建立。幼儿园办园行为普遍规范，保教质量明显提升。不同区域、不同类型城市分类解决学前教育发展问题，大型、特大型城市率先实现发展目标。

到 2020 年，基本形成以本专科为主体的幼儿园教师培养体系，本专科学前教育专业毕业生规模达到 20 万人以上；建立幼儿园教师专业成长机制，健全培训课程标准，分层分类培训 150 万名左右幼儿园园长、教师；建立普通高等学校学前教育专业质量认证和保障体系，幼儿园教师队伍综合素质和科学保教能力得到整体提升，幼儿园教师社会地位、待遇保障进一步提高，职业吸引力明显增强。

到 2035 年，全面普及学前三年教育，建成覆盖城乡、布局合理的学前教育公共服务体系，形成完善的学前教育管理体制、办园体制和政策保障体系，为幼儿提供更加充裕、更加普惠、更加优质的学前教育。

（七）全面启动学前教育立法工作

2020 年 9 月 8 日，教育部公布《中华人民共和国学前教育法草案（征求意见稿）》，并面向社会公开征求意见。征求意见稿明确，幼儿园不得教授小学阶段的教育内容，不得开展违背学前儿童身心发展规律的活动。

在适用范围和性质制度上，征求意见稿明确，该法所称学前教育是指由幼儿园等学前教育机构对 3 周岁到入小学前的学前儿童实施的保育和教育。学前教育是学校教育制度的起始阶段，是国民教育体系的重要组成部分，是重要的社会公益事业。

征求意见稿提出，学前儿童入幼儿园等学前教育机构接受学前教育，除必要的身体健康检查外，不得组织任何形式的考试或者测试。任何组织或者个人不得组织学前儿童参与商业性活动、竞赛类活动和其他违背学前儿童年龄特点、身心发展规律的活动。

对幼儿园的规划与举办，征求意见稿明确任何组织或者个人不得利用财政经费、国有资产、集体资产举办或者支持举办营利性幼儿园。公办幼儿园不得转制为民办幼儿园，不得举办或者参与举办营利性民办幼儿园和其他教育机构。

同时，征求意见稿提出，幼儿园不得直接或者间接作为企业资产上市，上市公司及其控股股东不得通过资本市场融资投资营利性幼儿园，不得通过发行股份或者支付现金等方式购买营利性幼儿园资产。

在保育与教育方面，征求意见稿提出 3 类禁止行为。幼儿园不得教授小学阶段的教育内容，不得开展违背学前儿童身心发展规律的活动。幼儿园不得违反国家规定收取费用，不得向学前儿童及其家长组织征订教科书和教辅材料，推销或者变相推销商品、服务等。

幼儿园教师资质是近年来社会关注度较高的话题。征求意见稿明确，国家实行幼儿园教师资格制度。幼儿园教师应当取得幼儿园教师资格；已取得其他教师资格的，经省、自治区、直辖市人民政府教育行政部门组织的专业培训并取得合格证书后，方可在幼儿园任教。幼儿园教师在职称评定、岗位聘任（用）等方面享有与中小学教师同等的待遇。

此外，在从业禁止方面，征求意见稿专门明确，幼儿园聘用教师、保育员、卫生保健人员或者其他工作人员前，应当进行背景查询，并提出了 6 类不得聘用的情形。①

二、学前教育事业快速发展

为了贯彻落实《纲要》和《意见》的精神，为加快发展学前教育、缓解"入园难"问题，《国务院关于当前发展学前教育的若干意见》明确要求各省（区、市）以县为单位编制实施学前教育三年行动计划。学前教育三年行动计划从 2011 年开始制定，截至 2021 年，已经实施了三期。在这 10 年内，我国的学前教育事业快速发展，所取得的成绩如下。

一是学前教育规模快速扩大。2010 年《国务院关于当前发展学前教育的若干意见》颁布实施以来，各地加大了促进学前教育发展的工作力度。截至 2020 年底，全国共有幼儿园 29.17 万所，在园幼儿 4818.26 万人，教职工 519.82 万人，与 2010 年相比，幼儿园数量增加了 94%，在园规模增加了 61.8%，教职工数量增加了 353%。

二是普及水平稳步提升。截至 2020 年，全国学前三年毛入园率为 85.2%，比 2010 年提高 28.6 个百分点，年均增长超过接近 3 个百分点，有效缓解了"入园难"问题。西藏、甘肃、青海、云南、内蒙古等 5 个省份学前三年毛入园率比 2010 年提高了 40 多个百分点；安徽、新疆、海南、河南、宁夏、湖北、贵州、广西、吉林、湖南等 10 个省份提高了 30 多个百分点。

三是普惠程度不断提高。2020 年，全国普惠性幼儿园 23.41 万所，占全国幼儿园的比例 80.24%。比 2016 年增长了 12.94 个百分点（从 2016 年才开始统计普惠性幼儿园覆盖率）。

普惠性幼儿园在园幼儿 4082.83 万人，占全国在园幼儿的比例 84.74%。完成了《中共中央 国务院关于学前教育深化改革规范发展的若干意见》提出的目标。

四是区域差距逐步缩小。从区域看，西部地区学前教育发展最快，从 2010 年到 2018 年，西部地区幼儿园总数增加了 127.5%，在园规模增加了 76.3%，中部地区分别是 100.6% 和 65.1%，东部地区分别是 27.6% 和 35.7%。从 2010 年到 2018 年，学前三年毛入园率增长幅度最大的 15 个省份都在中、西部，东、中、西部学前教育发展差距明显缩小。从城乡看，幼儿园数量农村增幅最大，在园规模城市增幅最大，从 2010 年到 2018 年，农村地区幼儿园总数增加了 61.6%，在园规模增加了 26.6%，城市地区分别增加了 56.4% 和 54.6%。在新增资源总量中，农村幼儿园占 69.8%、

① 俞曼悦 . 教育部就学前教育法草案公开征求意见 [N]. 中国教育报，2020-09-08.

在园幼儿占 49.2%，农村学前教育资源得到较快增长。

三、进一步加强幼儿教师师资培训

（一）幼儿园教师国家级培训计划

为贯彻落实《纲要》《意见》以及《关于加大财政投入支持学前教育发展的通知》等文件精神，加强农村幼儿园教师队伍建设，提高农村幼儿园教师素质，从 2011 年起，教育部和财政部开始实施"幼儿园教师国家级培训计划"，该计划包含农村幼儿园教师短期集中培训、农村幼儿园转岗教师培训和农村幼儿园骨干教师置换脱产研修三个培训项目。该计划的实施不仅惠及我国上百万农村幼儿园教师和近 3000 万名农村幼儿，还直接关系到我国整个教育质量的提升以及全国教育均衡发展目标的落实。[①] 到 2018 年底，共投入 35.6 亿元，累计培训近 200 万名幼儿园骨干教师，各地幼儿园园长教师普遍接受了一轮培训。2021 年 4 月 30 日，教育部、财政部印发了《关于实施中小学幼儿园教师国家级培训计划（2021—2025 年）的通知》，进一步加强幼儿教师的培训工作，实施示范项目，重点加强方向方法引领、优质资源建设，培育教育家型教师和园长、专家型培训者和团队。

（二）卓越幼儿园教师培养计划

2014 年 9 月 9 日，习近平总书记在同北京师范大学师生代表座谈时指出，"教师重要，就在于教师的工作是塑造灵魂、塑造生命、塑造人的工作。一个人遇到好老师是人生的幸运，一个学校拥有好老师是学校的光荣，一个民族源源不断涌现出一批又一批好老师则是民族的希望"。"要加强教师教育体系建设，加大对师范院校的支持力度，找准教师教育中存在的主要问题，寻求深化教师教育改革的突破口和着力点，不断提高教师培养培训的质量"。总书记的重要讲话从战略高度阐明了教师工作的极端重要性，是当前和今后一个时期教师队伍建设特别是教师教育工作的纲领和指南。

针对教师培养的薄弱环节和深层次问题，教育部印发了《关于实施卓越教师培养计划的意见》，旨在通过实施卓越教师培养计划，推动举办教师教育院校深化教师培养机制、课程、教学、师资、质量评价等方面的综合改革，努力培养一大批有理想信念、有道德情操、有扎实学识、有仁爱之心的好教师。此计划就包括卓越幼儿园教师培养计划。卓越幼儿园教师培养的目标是：适应学前教育改革发展要求，构建厚基础、强能力、重融合的培养体系，培养一批热爱学前教育事业、综合素质全面、保教能力突出的卓越幼儿园教师。

卓越幼儿园教师培养计划明确了建立高校与地方政府、幼儿园"三位一体"协

---

① 张琴秀. 论农村幼师国培计划的意图、理念与模式 [J]. 教师教育研究，2013，25（4）：32-36.

同培养新机制，强化招生就业环节，推动教育教学改革创新，整合优化教师教育师资队伍等四个方面的主要任务。在建立高校与地方政府、幼儿园"三位一体"协同培养新机制方面，明确了高校与地方政府、幼儿园全方位协同的具体内容，提出要建立"权责明晰、优势互补、合作共赢"的长效机制。在强化招生就业环节方面，提出通过自主招生、入校后二次选拔、设立面试环节等多样化的方式，遴选乐教适教的优秀学生攻读师范专业；要求开展生动有效的就业教育，鼓励引导师范生到基层特别是农村幼儿园任教。在推动教育教学改革创新方面，提出建立模块化的教师教育课程体系，将社会主义核心价值观纳入体系之中；突出实践导向的教师教育课程内容改革，在教师教育课程中充分融入优秀幼儿园教育教学案例；推动以师范生为中心的教学方法变革，充分利用信息技术变革教师教学方式和师范生学习方式；开展规范化的实践教学，提出将实践教学贯穿培养全过程，分段设定目标，确保实践成效；探索建立社会评价机制，提出试行卓越教师培养质量年度报告制度。在整合优化教师教育师资队伍方面，提出高校建立教师教育师资队伍共同体，聘请幼儿园、教研机构、企事业单位和教育行政部门的优秀教育工作者、高技能人才担任兼职教师，形成教师教育师资队伍共同体持续发展的有效机制。

（三）启动学前教育师范专业认证

自 2010 年《国家中长期教育改革和发展规划纲要（2010—2020 年）》《国务院关于当前发展学前教育的若干意见》的颁布以及学前教育三年行动计划的实施，我国学前教育资源迅速扩大，学前教育事业快速发展，"入园难""入园贵"问题得到有效缓解。但幼儿园师资供给仍是整个学前教育体系的短板，面临着"教师数量整体不足、师资质量参差不齐、教师专业水平不高"等挑战，高等师范院校是培养幼儿园教师队伍的主要场所，是幼儿园教师队伍专业化的起点，担负着幼儿园教师队伍培养的重要使命。不断推进高等师范院校学前教育专业建设成为提升幼儿园教师队伍质量的保障。2017 年教育部颁布《普通高等学校师范类专业认证实施办法（暂行）》，开展普通高等学校师范类学前教育专业认证工作，其目的在于推动学前教育专业内涵式建设，改革培养体制机制，建立基于产出的持续改进质量保障机制和质量文化，不断提高专业人才培养能力和培养质量。[①]

四、新冠大流行背景下我国政府对学前教育发展的政策支持

突如其来的新冠肺炎疫情，给民办教育行业带来了巨大冲击，特别是属于小微企业的民办幼儿园正面临严重的生存危机。疫情初期，由于孩子们无法入园，民办幼儿园、早教中心断了收入，再加上房租压力、员工工资、复园后返园率低下和疫

---

① 杨雄，杨晓萍. 转向与变革：专业认证视域下学前教育专业质量建设路径探析 [J]. 河北师范大学学报：教育科学版，2020（2）：64-72.

情防护用品采购开支等困难，大部分民办幼儿园、早教中心已经举步维艰、难以维持，民办早教幼教投资人给职工只发最低生活费和停发工资都成了常态。

为深入贯彻落实党中央、国务院关于统筹推进新冠肺炎疫情防控和经济社会发展工作决策部署，促进学前教育普及普惠发展，2020年4月15日，教育部办公厅就各地做好疫情防控期间民办幼儿园扶持工作发出通知。通知要求，各地要把为民办幼儿园纾困解难作为当前一项紧迫任务，聚焦民办幼儿园在疫情防控期间面临的突出问题，区别不同类型民办幼儿园，采取有效措施支持化解民办幼儿园面临的实际困难。通知强调，疫情发生以来，一些地方已经出台了包括财政补助、租金减免、税费减免、金融支持等一系列政策措施，积极扶持民办幼儿园发展。各地教育行政部门要充分借鉴好经验好做法，结合本地实际，主动协调发展改革、财政、人力资源社会保障、金融、税务等部门，统筹落实好国家出台的各项优惠政策，研究制定民办幼儿园阶段性扶持政策。各地要统筹各类资金，加大对民办幼儿园特别是普惠性民办园的支持力度。在做好阶段性扶持工作的同时，要注重完善普惠性民办园支持长效机制。各地在开园复课时要统筹考虑民办幼儿园在防疫物资供应、学生资助等方面的需求，加大对普惠性民办园的政策支持。

 **拓展阅读**

"十四五"学前教育发展提升行动计划（节选）

党的十八大以来，国家连续实施三期学前教育行动计划，推动学前教育取得快速发展，有效缓解了"入园难、入园贵"问题。为深入贯彻落实党的十九届五中全会"完善普惠性学前教育保障机制""建设高质量教育体系"的部署要求，积极服务国家人口发展战略，进一步推进学前教育普及普惠安全优质发展，现决定实施"十四五"学前教育发展提升行动计划。

一、总体要求

（一）指导思想

以习近平新时代中国特色社会主义思想为指导，立足新发展阶段，贯彻新发展理念，把实现学前教育普及普惠安全优质发展作为提高普惠性公共服务水平、扎实推进共同富裕的重大任务，全面贯彻党的教育方针，落实立德树人根本任务，遵循学前教育规律，强化政府主体责任，健全保障机制，努力满足人民群众幼有所育的美好期盼，为培养德智体美劳全面发展的社会主义建设者和接班人奠定坚实基础。

（二）基本原则

1.强化公益普惠。践行以人民为中心发展思想，坚持学前教育公益普惠基本方向，健全普惠性学前教育资源配置、师资队伍建设、经费投入与成本分担等方面保障机制，提升学前教育公共服务水平。

2.坚持巩固提高。优化城乡幼儿园布局，持续增加普惠性学前教育资源供给，进一步提高学前教育普及水平，巩固普惠成果，有效满足适龄儿童就近接受学前教育需求。

3.推进科学保教。坚持以幼儿为本，遵循幼儿学习特点和身心发展规律。坚持以游戏为基本活动，保教结合、因材施教，促进每名幼儿富有个性的发展。推动幼儿园和小学科学衔接，为幼儿后继学习和终身发展奠定基础。

4.提升治理能力。加快学前教育立法进程，推进依法治教、依规办园。健全治理体系，加强规范监管，强化安全保障，提升学前教育治理能力现代化水平。

（三）主要目标

进一步提高学前教育普及普惠水平，到2025年，全国学前三年毛入园率达到90%以上，普惠性幼儿园覆盖率达到85%以上，公办园在园幼儿占比达到50%以上。

覆盖城乡、布局合理、公益普惠的学前教育公共服务体系进一步健全，普惠性学前教育保障机制进一步完善，幼儿园保教质量全面提高，幼儿园与小学科学衔接机制基本形成。

二、重点任务

（一）补齐普惠资源短板。多渠道持续增加普惠性资源供给，大力发展公办幼儿园，积极扶持普惠性民办园，支持和规范社会力量办园。加强村级幼儿园建设，城市新增人口、流动人口集中地区新建改扩建一批幼儿园，完善城乡学前教育布局和公共服务网络，切实保障适龄幼儿入园。

（二）完善普惠保障机制。切实落实各级政府发展学前教育责任，优化完善学前教育管理体制、办园体制，落实政府投入为主、家庭合理分担、其他多渠道筹措经费的机制，健全幼儿园教师配备补充、工资待遇保障制度，提升教师专业能力，促进普惠性学前教育可持续发展。

（三）全面提升保教质量。深化幼儿园教育改革，坚持以游戏为基本活动，全面推进科学保教，加快实现幼儿园与小学科学有效衔接。推进学前教育教研改革，强化教研为教师专业成长和幼儿园保育教育实践服务。健全幼儿园保教质量评估体系，充分发挥质量评估对保教实践的科学导向作用，提高教师专业素质和实践能力。

教育部　国家发展改革委　公安部

财政部　人力资源社会保障部　自然资源部

住房和城乡建设部 税务总局　医疗保障局

2021年12月9日

 **本章小结**

新中国成立初期，确定了学前教育的性质、任务和发展方针。学前教育改革和实施方面，主要有接管外国在我国兴办的学前教育机构，制定幼儿园规程，发布幼儿园教学纲要以及全面学习苏联。新中国成立以后，各级教育行政部门十分重视幼教干部与师资的培养与培训工作。

1958—1965 年，我国的学前教育事业经历了一个曲折的发展过程，农村幼儿教育机构发展"大跃进"，幼儿教育学术进展受阻。1961 年 1 月以后，幼儿园的发展逐步走向了正常和稳定，幼儿师范学校也重新受到重视。

在 1966 年至 1976 年，学前教育的理论与实践遭到全面否定，学前教育的管理体制全面被破坏，学前教育的师资培训全面取消。

1978 年以后，政府加强了对学前教育工作的领导和管理，逐步完善了学前教育法规，重视幼儿教育师资的培养和提高。2000 年以后，教育部等部门颁布了《关于幼儿教育改革与发展的指导意见》，提出了幼儿教育改革的总目标。此外，进一步完善幼儿教育管理体制和机制，切实履行政府职责。加强管理，保证幼儿教育事业健康发展。2001 年 9 月教育部颁布了《幼儿园教育指导纲要（试行）》（以下简称《纲要》）。这是推进幼儿园实施素质教育而颁布的全国学前教育纲领的指导性文件。

2010 年以后，我国的学前教育迎来了高速发展的新阶段。我国陆续发布了诸多重要的学前教育方面的法律法规。学前教育事业无论从规模、普及率、普惠程度等方面都取得了非凡的成就。此外，政府进一步加强幼儿教师师资培训，主要措施有开展幼儿园教师国家级培训计划、卓越幼儿园教师培养计划，启动学前教育师范专业认证。

 **思考练习**

1. 试述改革开放以后，我们学前教育如何沿着规范化、科学化的方向发展？

2. 对比分析 1996 年颁布的《幼儿园工作规程》和 2016 年颁布的《幼儿园工作规程》的不同。

3. 简述《幼儿园教师专业标准（试行）》的基本理念。

下 篇

外国学前教育史

第九章　古代其他东方国家的学前教育

★ **学习目标导航**

1. 了解古代其他东方国家学前教育发展的概况。
2. 能够分析与比较古代各东方国家学前教育发展的异同。

★ **内容结构导图**

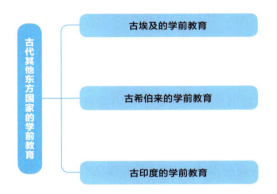

★ **本章摘要**

　　古代埃及是世界文明的发源地之一，在公元前 3200 年左右就已经建立起一个政权统一、国力强大、手工业和商业发达、城市繁荣的古王国。地处西亚底格里斯河和幼发拉底河两河流域的巴比伦，在公元前 3000 年左右也形成了奴隶制的城邦国家。印度和波斯也同属古代东方文明国家，它们建成奴隶制国家分别是公元前 1200 年和公元前 2000 年。在奴隶制度下，人类的教育发生了新的变化，教育内容丰富了，教育方法增多了，教育制度也趋于完整。

第一节　古埃及的学前教育

古埃及是四大文明古国之一，位于非洲东北部尼罗河中下游地区。古埃及文明形成于 6000 年前（公元前 4000 年）左右，古埃及前王朝开始于 5100 年前（公元前 3100 年）左右时美尼斯统一上下埃及建立第一王朝，终止于公元前 30 年罗马征服埃及托勒密王朝。

一、学前教育的形式

家庭教育和宫廷教育是古代埃及学前教育的主要形式。古代埃及学前教育的形成和演变与传统等级观念密不可分。在古王国时期教育事业尚处萌芽阶段，儿童早期的教育完全出自他们的父母。家庭就是学校，父母就是教师，这就是古代埃及学前教育形式之一。

儿童在 14 岁以前由母亲抚育，子女们用玩具做游戏。这些玩具包括长着利齿的鳄鱼、手臂能动的木偶等。不少玩具构思奇巧，有较高的制作水准。[1] 除了做游戏、锻炼身体和听故事，男孩还要学习宗教歌曲、初步的社交礼仪以及舞蹈和写作，只有较好地完成这些内容的官吏子弟，才能顺利进入政府机关开办的职官学校学习。

除了家庭教育外，古埃及还有专门的宫廷学校。据古代埃及文献记载，在公元前 2500 年左右，埃及古王国时期就建立有宫廷学校，用来教育皇子皇孙和皇亲国戚的子弟。宫廷学校是融学前教育和初等教育为一体的一种教育形式，由国王（法老）在宫廷里专门开设。邀请富有经验的僧侣、官吏、文人和学者任教，有时法老也会亲自传授。

二、学前教育的内容和方法

儿童在初级阶段以文字书写为主课，严格要求 5~10 岁的儿童整日刻苦练习。开始时由教师示范，继而由儿童临摹，以后还须抄录格言或故事。此外，儿童从小就被灌输敬畏日神、忠于国君的说教，还要模仿成人试行宫廷的习俗和礼仪，以便养成未来统治者所应具备的言行举止。在学校里，惯用灌输与惩戒，教师施行体罚被视为正当合理的行为。

三、古埃及儿童的地位

古埃及人强调儿童应该受到关注，他们是家庭生活的积极参与者。古代埃及文学有这样的记载，中古埃及（公元前 2000—公元前 1800 年）时期一个名叫席奴西

---

[1] 周采，杨汉麟.外国学前教育史 [M].2 版.北京：北京师范大学出版社，2012：9.

（Sinuhe）的朝臣离开王国很长一段时间，回来时，迎接他的不仅有法老、王后，还有国王的孩子。在迎接活动中，孩子们发出喜悦的尖叫，并向席奴西展示自己的项链和玩具。这种描写家庭活动中孩子参与的情况也反映在一般的民众生活中。据记载，当一个埃及的船员要离家出海时，送行的人对他说："早点回来，早点回家，你会见到你的孩子。"这说明，古埃及人比较重视对儿童的养育及信息的保存。如当时的埃及王朝保留了所有儿童出生的记录。[①]

第二节　古希伯来的学前教育

古代希伯来位于现在的西亚巴勒斯坦地区，为现代犹太人祖先的居住之地。约在公元前 1400 年，曾因躲避洪水和寻找谷物而向外迁徙，最初进入波斯地区，后又移居埃及，沦为埃及法老的奴隶。约公元前 1220 年逃离埃及返回西亚，后定居巴勒斯坦地区。公元前 1010 年，由奴隶主大卫建立统一的希伯来王国。由于民族矛盾，国家不久分裂，北部形成以色列，南部为犹太国。公元 70 年，罗马帝国消灭了这个神权国家。

古代希伯来的学前教育发展历程，一般可以分为两个历史时期：第一个历史时期为公元前 1300 年至公元前 586 年，犹太王国被巴比伦所灭；第二个历史时期为公元前 586 年至公元 70 年，罗马帝国吞并希伯来，前者为家庭教育时期，后者为会堂教育时期。

一、家庭教育时期

公元前 1200 年的希伯来人尚处于原始社会向奴隶社会的过渡时期，虽然百年后建立了统一的国家，但不久又分裂，长期处于战乱之中直至亡国。在这一时期，家庭在人们心中占据非常重要的地位，按照希伯来的习俗，婴儿出生后要用盐水擦洗。希伯来人认为这样可以使孩子健壮结实。希伯来人还习惯将婴儿置于襁褓之中。男婴出生后的第 8 天必须行割礼（即用刀子割去包皮）。孩子一般由母亲哺乳，3 岁时才断奶。

在古希伯来的家庭，父亲既是一家之主，又是家庭的祭司，也就理所当然地负责教育孩子的任务。对其子女来说，父亲就是教师，父训就是法律，一切言行举止必须听命于他。希伯来人信奉犹太教，奉耶和华（上帝）为最高主宰，《圣经》是每个犹太人必须诵记的宗教经典。父亲在日常生活中言传身教，不断深入人心，以养成对耶和华的无比信仰和敬畏之心。正是通过这种充满宗教意识的家庭教育，使每

---

① 郭法奇 . 外国学前教育史 [M]. 北京：北京大学出版社，2015：14.

个希伯来人家庭都变成一个牢固的信仰基地。

男孩长大以后，父亲便开始向他传授有关民族传说、宗教信仰和祖先训诫方面的知识和某种职业技能。父亲常常把自己的一技之长传授给儿子，以保证他将来能够成家立业。当时的教育方法不正规，家庭教育主要以生活训练为主，通过实践达到教育目的。[①] 虽然古代希伯来家长一般都懂得一些文字和书法，但教育孩子的方式却基本是口授，父亲为了严格要求孩子，有时甚至会采用体罚和暴力的手段。

二、会堂教育时期

在公元前 586 年至公元前 538 年近半个世纪的巴比伦流亡时期，希伯来人开始接触一种更为先进的古代巴比伦文化，并逐步由一个主要从事农业的民族演变为城镇的居民，这在一定程度上有利于希伯来文明的进步。面临着被外族文化吞并与兼并的危险，希伯来人的首领意识到一个民族生死存亡的问题迫在眉睫，这样犹太会堂应运而生。

> **教育史话**
>
> ### 犹太会堂
>
> 犹太会堂是犹太人聚会的地方。起源于公元前 6 世纪犹太人被掳期间，无论是新约时期抑或今天，会堂都是犹太人聚会、敬拜和文化交流的官方场所。会堂有四种主要功用：学校（教导孩童有关律法和犹太传统）、敬拜（宣告信仰教义、诵读圣经、讲道、解经和祷告的地方）、社交（举行丧礼、特别聚会，甚至讨论政治话题）、法庭（通过自己的行政管理机构所设置的长老执行纪律和惩罚成员，或裁决成员之间的一些纠纷）。
>
> 不论大人儿童，必须经常在会堂聚会或者做礼拜，倾听教师宣读圣经，聆听上帝的教诲，以提醒所有的希伯来人铭记自己的故乡和祖先。起初，会堂只是进行祈祷的场所，后来慢慢成为讲述法律知识以及在安息日和周末举行礼拜祷神的地方。后来，他们来会堂就学，会堂便兼为教学机构了。儿童在这里读书、写字和理解一些简单的法律知识。在这种融幼儿教育与小学教育为一体的初级学校里，教师以口授方式摘读《摩西五经》的若干语句，指导儿童朗读和背诵。有时为帮助记忆，教师还给幼儿以印刻字句的圣饼，让他们边吃、边读、边记，并组织他们互相竞赛，还提倡互帮互助。同时，教师鼓励儿童提问，并认为凡是善于提问题的孩子，才是善于学习的孩

---

① 陈文华 . 中外学前教育史 [M]. 北京：科学出版社，2011：135.

子。当然，此时通常采用的教育方法主要还是家长制加体罚。在古希伯来人看来，教育就意味着严酷的纪律，只有这种纪律才能保证家庭和宗教教育的成功。虽然父母之爱是天性使然，但是为了教育好子女，就要严格地管制他们。由此，古希伯来人认为对儿童的打骂和体罚完全不是出于愤怒，而是出于信念，是为了培养儿童敬畏神明、谦逊节制、诚实勤劳的美德。[1]

古代希伯来人非常重视早期教育，它是为民族的救亡和传统的继承服务的，为整个民族教育起着一种先导的作用。儿童从小就在家庭或会堂中接受严格的教育，在一定程度上讲，这种宗教意识的培养和教育堪称民族史上或教育史上的一个奇迹。

第三节 古印度的学前教育

印度是世界文明的古老发祥地之一。它位于南亚次大陆印度河恒河流域，气候湿润，土壤肥沃。早在公元前 3 世纪中叶，已显示出与尼罗河流域和幼发拉底—底格里斯两河流域同等的文明。古代印度的土著居民是达罗毗荼人。他们创造的哈帕拉文化，达到了很高的水平，已经有了文字符号。

公元前 2 世纪中叶，雅利安人部落侵入印度，与非雅利安部落的达萨发生冲突，并击败了达萨。他们散布各地，定居下来，建立了强大的王国。酋长都成为王。王之外，有执行仪式、善唱赞歌的职业等级，即祭司，叫做婆罗门。结果产生了婆罗门阶级，以祭司为世袭职业，居社会的最上层。次之，武士贵胄也成为一个阶级，叫刹帝利。再次，从事农工商等实业的阶级叫吠舍。被征服的达萨成为首陀罗，即奴隶。这样，古代印度社会出现四个等级森严而又是世袭的瓦尔纳（这词原义为"颜色"或"肤色"，转义为"等级"或"集团"），形成瓦尔纳制度。"瓦尔纳"一词后来被西方学者译成种姓。这就是我们说的印度种姓制度的由来。印度进入了有阶级的奴隶制社会。在古印度，教育以维持种姓制度和培养宗教意识为核心任务，这是教育（包括学前教育）的主导思想。

一、婆罗门的学前教育

公元前 6 世纪以前的印度教育通常称为婆罗门教育。古代印度盛行家长制，父亲是全家之主，一切家庭生活的安排，都听命于父亲的意志。父亲握有子女生死、买卖大权，也有教诲、培养儿童的义务。儿童 3 岁或 5 岁，经过剃度礼，开始家庭

---

[1] 陈文华.中外学前教育史 [M].北京：科学出版社，2011：136.

教育，养成规则的日常生活习惯，如早起的习惯，清洁特别是眼睛和牙齿清洁的习惯。此外，儿童还从母亲那里受到早期训练。有时，父亲就是自己的儿子和邻人的儿子的教师。印度古籍《吠陀》被当作统治阶级信奉的经典，为教育提供了主导思想。因此，儿童还要学习《梨俱吠陀》中的赞歌，完全靠背诵，老师背一句诗或赞歌，学生跟着他念一句，一遍又一遍，直到功课完满为止。在古代印度，书写不像在古代埃及和两河流域那样流行。因为吠陀被看作是神说的话，如果擅自抄写，则有渎神之嫌。这种神学色彩极浓的家庭教育，一般要经过 10 年的时间，才能学完 4 部吠陀经书中的一部，这对于婆罗门家族的儿童来说，花费大量的时间和精力，去背诵这些浩繁难解的宗教术语，实在是一项繁重的苦役。

二、佛教的学前教育

佛教的幼儿教育一般在家庭中进行，普通家庭的孩子从懂事起就在信佛父母的言传身教和日常生活中接受早期的教育。他们主要在信仰方面、公德意识的养成方面和良好行为习惯的培养方面，通过耳濡目染，初步了解有关知识和内容。这些在家僧称作"优婆赛"，在家尼称作"优婆夷"。如若终生想当僧、尼者，儿童到 8 岁时，则分别进入寺院和尼姑庵去专心进行"出家"修行。也有儿童在 5~6 岁的时候提前申请入院学习的。

入寺、庵修行的儿童要参加一次专门的入学仪式：剪去头发、沐浴净身、着黄色宽袍，向寺、庵主持僧人行礼，口中念念有词。寺、庵里的佛教教育更加重视道德品质和言行举止的训练，佛教经典、教义注释等则要天天背诵牢记，还要经常外出化缘，求得信徒们的施舍，以维持平日生计。

总之，古代印度的学前教育是与种姓制度和宗教神学密切相关的，不论是婆罗门的教育还是佛教教育，它们的教育目的都主张培养幼儿的宗教意识。其中婆罗门教育是以维系种族压迫为核心目的；佛教教育则以主张吃苦修行、消极厌世、追求来生为基本特征。

拓展阅读

印度的贱民

贱民是排除在四种姓之外的所谓不洁净的存在。在宗教意义上说，他们甚至不能算人。

贱民也就是"DALIT"，又被称为"不可接触者"，但甘地称他们为"神之子"，意指他们也是神的子民。而多数人不这么认为。由于这种贱民制度的严苛，使不少被划为贱民的人过着痛苦不堪的生活。身为贱民，亦阻止了其他人与他们接触的机会。在印度，有过报告称一位女子只是因为给了一位达立特人一杯水，而被家公家婆带到河里脱光衣服，并被送到庙里接受酷刑和让她悔过。因此，圣雄甘地当年争取印度独立的其中一个条件，就是要废除种姓制度。

然而，这在印度次大陆上已有数千年的传统，并非一朝一夕可以废除。至今在印度仍有不少人对贱民存有偏见，而迫使这些人前往外国谋生。在印度独立之前，贱民完全没有机会接受任何教育。贱民在街上也不可以穿着鞋子，在任何地方都必须站立，即使周围有很多空的座位。曾有例子报道，有人因为航班上有贱民而拒绝登机，导致飞机延迟起飞。

 **本章小结**

家庭教育和宫廷教育是古代埃及学前教育的主要形式。儿童在初级阶段以文字书写为主课，在学校里，惯用灌输与惩戒的教育方式，教师施行体罚被视为正当合理的行为。古埃及人强调儿童应该受到关注，他们是家庭生活的积极参与者。

古代希伯来的学前教育发展历程，一般可以分为两个历史时期：家庭教育时期和会堂教育时期。家庭教育时期父亲负责教育儿童的任务。对其子女来说，父亲就是教师，父训就是法律，一切言行举止必须听命于他。会堂教育时期，儿童在这里读书、写字和理解一些简单的法律知识。

公元前 6 世纪以前的印度教育通常称为婆罗门教育。古代印度盛行家长制，父亲是全家之主，一切家庭生活的安排，都听命于父亲的意志。对于婆罗门家族的儿童来说，要花费大量的时间和精力，去背诵这些浩繁难解的宗教术语。佛教的幼儿教育一般均在家庭中进行，主要在信仰方面、公德意识的养成方面和良好行为习惯的培养方面，通过耳濡目染，初步了解有关知识和内容。

 **思考练习**

1. 分析古代埃及的学前教育有哪些特点。
2. 简述古代希伯来会堂教育的特点。
3. 试比较古代东方各国幼儿教育的异同。

第十章 古代西方国家的学前教育

★ **学习目标导航**

1. 了解古希腊学前教育的主要形式。
2. 了解古罗马时期学前教育的主要概况。
3. 了解柏拉图、亚里士多德的学前教育思想。

★ **内容结构导图**

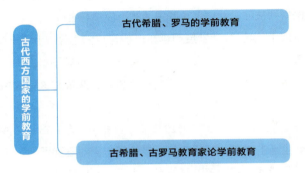

古代西方国家的学前教育
- 古代希腊、罗马的学前教育
- 古希腊、古罗马教育家论学前教育

★ **本章摘要**

　　古代希腊号称西方文明之源，公元前 8 世纪前后进入奴隶社会，政治、经济、文化的高度发展，促使古代希腊的教育成为西方古代教育的典型代表。古代罗马是欧洲第二个典型的奴隶制国家，在吸收和继承古代希腊的文化和教育的过程中，根据自己的实际情况进行了重要的修正和补充，形成了自己的特点，并由此流传到后世的欧洲，因此，在西方教育史上，古代罗马的教育作为希腊教育的延续和发展，同样具有重要的历史地位。

第一节　古代希腊、罗马的学前教育

一、古希腊的学前教育概况

古希腊文明是西方文明的主要源头之一，古希腊文明持续了约650年（公元前800—公元前146年），是西方文明最重要和直接的渊源。西方有记载的文学、科技、艺术都是从古代希腊开始的。古希腊不是一个国家的概念，而是一个地区的称谓，其位于欧洲东南部，地中海的东北部，包括希腊半岛、爱琴海和爱奥尼亚海上的群岛和岛屿、土耳其西南沿岸、意大利东部和西西里岛东部沿岸地区。

公元前5—6世纪，特别是希波战争以后，经济生活高度繁荣，科技高度发达，产生了光辉灿烂的希腊文化，对后世有深远的影响。古希腊人在哲学思想、诗歌、建筑、科学、文学、戏剧、神话等诸多方面有很深的造诣。这一文明遗产在古希腊灭亡后，被古罗马人延续下去，从而成为整个西方文明的精神源泉。在奴隶制形成的过程中，古希腊出现数以百计的城邦国家，其中最强大且最有代表性的当数斯巴达和雅典。这两个国家虽属于同一时代的西方奴隶制国家，但由于具体的政治、经济和地理条件不同，其文化教育的发展烙上了不同的特征，幼儿教育亦是如此。

（一）斯巴达的幼儿教育

斯巴达是公元前8世纪左右建立的古希腊奴隶制最大城邦国之一，位于伯罗奔尼撒半岛的拉哥尼亚平原，肥沃的土地适宜农业种植而成为古代希腊最大的农业城邦。由于地处内陆地区，斯巴达与外界交往极为便利。作为一个奴隶制国家，斯巴达不仅实行专制的奴隶主贵族统治，而且经常与其他城邦发生战斗。在伯罗奔尼撒战争中，斯巴达及其同盟者战胜雅典军队并占领整个希腊。正是在这样的背景下，斯巴达形成了以体育和军事训练为特征的教育制度。其目的是培养体格强壮、富有勇武精神和爱国精神、善于战斗并有持久斗志的武士。但斯巴达在称霸希腊不久便被新兴的底比斯打败，在北方的马其顿崛起后，斯巴达失去了在希腊的影响力。

在斯巴达人中，儿童属于国家所有，教育年轻一代亦属国家的职责。斯巴达人在婴儿时就要接受生命的考验，父母用烈酒为他擦洗，然后还要让长老检查他们的体质是否健康。凡是经受不住考验或被长老认为是虚弱的就被抛弃在弃婴场。7岁的男孩进入国家的教练所，从此他们就要经受心魄和筋骨的磨炼，以形成坚韧、勇猛、凶顽、残暴、机警和服从的品质。训练的主要形式是格斗。天刚发白，身着破烂长衬衣、骨瘦如柴的孩子们便开始在围着圆柱的竞技场上搏斗。即使一方被打倒在地，伤口流着血，另一方也不可手软。被打倒的如果能够不顾一切，顽强抵抗，坚持到底，也被认为是强者。而哀叫和讨饶则被认为是莫大耻辱。在一旁指导的队长和老人千方百计地挑动孩子把训练变成你死我活的厮杀。还有一种方法，是专门考验儿童忍耐力的。任何一个儿童每年都必须经受一次严厉的鞭笞，只有那些咬紧牙关、面无惧色的人才成为合格者。

斯巴达对女子也采取同样的军事和体育训练方式，如竞走、掷铁饼、投标枪、格斗等。对女子来说，这样的训练还有另外一个重要意义，因为身体强壮的女子结婚后才能生育出健壮的孩子。因此，斯巴达的妇女也具有坚毅的性格。有位斯巴达的母亲在儿子即将出征的时候，送给他一个盾牌，叮嘱道："带着它回来，否则就躺在上面！"鼓励儿子英勇作战，决不要贪生怕死。

据史料记载，从小经历过严酷训练和教育的斯巴达青年，个个举止庄重、态度严峻，静如处子，动如脱兔。雅典作家色诺芬在描写他们时说："在斯巴达，从男孩那里比从石像处还难得听到声音，可以说男孩比女孩还要娴静寡言。"斯巴达的教育属于外铄论及国家本位的典型范例。①

斯巴达教育在造就全心全意为了国家的无敌战士的主要目标方面无疑是成功的。他们训练了年轻一代坚强、不怕苦和服从纪律的品性。但另一方面，文化教育或科学教育被认为是无意义的事情。国家没有把阅读作为教育的组成部分，文学和艺术在斯巴达的教育体系中没有地位，这也是斯巴达教育的缺陷之处。

（二）雅典的幼儿教育

雅典是欧洲甚至整个世界最古老的城市之一，其历史可以追溯到3000多年前。公元前1000年，雅典成为古希腊的核心城市。从公元前9世纪晚期到8世纪初，雅典已有贵族的豪华墓葬，铁器和青铜生产也发展迅速，达到建立城邦——早期的奴隶制国家的程度。雅典地处阿提卡半岛，三面临海，交通便利，航海和商业贸易发展较快，经济较为发达，而且其地理位置有利于接受古代东方文化。随着雅典民主政治的实施，促进了各家各派学说的争鸣与发展，而这种状况又奠定了雅典哲学、科学、文化、艺术和教育繁荣昌盛的基础。雅典教育的主要目的是培养具有较高的文化素养、道德高尚、能言善辩的公民和商人，即"身心既善且美"的人。

雅典教育的总目的是培养维护奴隶制度的统治者，把年轻一代培养成为服从和效忠国家的公民。但是，由于雅典商品经济的发展和实施民主政治的需要，教育目的已不仅限于培养、训练身强力壮的军人武士，还要把青年培养成为具备一定文化知识修养的政治家和善于交际的商人。作为政治家要能言善辩、擅长演说；作为商人要具备知识、头脑灵活。因此，雅典教育除了军事教育、道德教育，还增加了智育和美育的教育。雅典教育对人的要求是身心既善且美，身体的教育不仅着眼于军事准备，而且注意身体的健美匀称和动作的灵活。心的教育，包括音乐、文字、文学的文化教育。而宗教和道德的教育贯穿于整个身心教育的过程。雅典就是通过这

---

① 周采，杨汉麟. 外国学前教育史 [M]. 2 版. 北京：北京师范大学出版社，2012：15.

样的教育来兼顾人的个性和公民性的双重发展，培养身心和谐发展、能履行公民职责的新一代。这种注重身心和谐发展，强调德、智、体、美多方面发展的教育思想，体现在雅典的教育制度和教育的全部过程中。

雅典儿童在 7 岁以前，由家庭负责教养。与斯巴达的儿童完全属于国家所有不同，雅典的儿童属于家庭及父母所有。孩子的诞生对雅典人的家庭来说，通常是一件喜庆之事。然而婴儿能否养育，决定权属于父亲。婴儿出生后，须放置到父亲脚下，若父亲抱起，则表示认可其为家庭一员，将承担养育之责，否则将被抛弃。婴儿出生后第 5 天要举行向神灵表示敬意的仪式。仪式通常由祖母主持。在婴儿出生后的第 7 天，为婴儿取名，并再次设宴；第 40 天，婴儿的名字就被注册登记在家族的花名册上。雅典有重男轻女的倾向，故男孩的出生较之女孩的出生，更被看成是一件值得庆贺之事。

幼儿在襁褓期间，通常由母亲或奶妈抚育，富裕人家喜欢雇佣斯巴达妇女做保姆，因为她们善于调教婴儿，而且身体健康，奶水充足。婴儿断奶后，则由家庭女教师照料，她们通常是上了年纪、经验丰富的女奴。雅典家庭教育的内容主要包括以下几个方面：第一，音乐。包括听摇篮曲、唱歌等，以陶冶情操。第二，故事。在幼儿教育中，讲故事是必不可少的教育手段，《伊索寓言》成为当时主要的幼儿教材，另外包括简单的神话以及荷马史诗中古老的英雄故事等。第三，游戏。在雅典和其他希腊城市流行的游戏达 50 多种，包括掷骰子、玩双球、与小动物嬉戏等。第四，玩具。雅典的幼儿教育中十分重视玩具对儿童的作用，全世界儿童共享的拨浪鼓就是著名数学家毕达哥拉斯的第二代弟子阿契塔发明的。另外还有彩陶娃娃、铁环、陀螺等。此外，雅典的幼儿教育还重视幼儿礼貌和行为习惯的培养。

7 岁以后，女孩仍继续由母亲照顾、教育，学习纺织、缝纫、刺绣等方面的技能，不进学校学习文化。男孩则从 7 岁开始，同时上文法学校和音乐学校，获得德、智、体、美和谐发展的教育，但是学校属于私立性质，需要收费。

二、古罗马的学前教育

古罗马指从公元前 9 世纪初在意大利半岛（即亚平宁半岛）中部兴起的文明，经历罗马王政时代、罗马共和国、罗马帝国三个阶段。公元前 510 年罗马建立了共和国，逐步征服了意大利半岛。公元前 3 世纪至公元前 2 世纪，罗马为争夺地中海霸权，掠夺资源与奴隶，同地中海西部强国迦太基进行了三次战争，史称布匿战争。公元前 2 世纪，罗马成为地中海霸主。到公元 1 世纪前后扩张成为横跨欧亚非、称霸地中海的庞大罗马帝国。到 395 年，罗马帝国分裂为东、西两部分。西罗马帝国亡于 476 年；而东罗马帝国（即拜占庭帝国）则在 1453 年被奥斯曼帝国所灭，它与秦汉时期的中国一样，是古代世界强大的帝国之一。

古罗马的历史一般可分为三个时期。公元前 8—公元前 6 世纪是王政时期；公元前 6—公元前 1 世纪是贵族共和政体时期；公元前 1—公元 5 世纪是帝国时期。前两个时期称为前期罗马，后一时期称为后期罗马。

(一) 前期罗马的幼儿教育

在前期罗马，以农业作为城邦的基础，儿童被抚养和教育的主要场所是家庭。古代人将家庭描绘成一个父亲几乎拥有无限权力的君主国，父亲的权力从未被剥夺，但随着时间发展越来越受到制度限制，变得更加柔和。在古罗马，只要儿子和女儿都还是儿童，父亲都对其产生约束，因为即便成年后，儿子依旧要服从父亲的权威。一直到罗马帝国灭亡，抛弃儿童这种做法都被证实是存在的，而且发生在女孩身上的概率更高。这项权力可以让父亲根据自己的意愿组构家庭，规定自己财产的未来分配。与雅典相似，如果婴儿降生时，父亲选择将放在地上的孩子抱起，通过这一举动让自然出生的孩子成为家庭成员，那么他就要承诺将其抚养成人。在洗身日这一天，父亲通过洗身和接纳，尤其是给孩子取名等仪式，向公众宣告他的意愿。[①] 在罗马的家庭中，母亲也须顺从父亲的意志，并承担抚育子女的义务。当男孩满 7 岁时，由母亲承担主角的女性教育便告结束。从此时起，父亲被看成是孩子的真正教师。男孩在跟随父亲外出工作或参加社会活动的过程中接受父亲的影响和教育，也有些孩子进入学校学习文化知识。女孩则继续留在家里跟随母亲学习纺织羊毛及做家务活。

在前期罗马，学前教育的主要内容是有关礼貌及宗教色彩的知识，常以父亲的格言和歌谣的形式进行。共和政体后期，由于受到古希腊教育的影响，古罗马的学前教育还加入了希腊语的初步知识、简单的字母书写等内容。家庭中教育子女的不仅有父母，还有希腊保姆和希腊的教仆（被俘虏的有文化知识的奴隶），共同为儿童的进一步学习做准备。

(二) 后期罗马的学前教育

1. 学前教育概况

公元前 30 年，罗马人通过武力扩张，建立了横跨欧、亚、非三大洲，地域广袤的罗马帝国。罗马帝国建立后，奴隶制加速发展，为了有效统治这个幅员辽阔的庞大帝国，罗马统治者改变了教育目标，核心是培养效忠帝国的官吏和顺民。在这种情况下，帝国时期的学前教育也变成了一种忠实执行皇帝意志的工具。他们对不同阶级的儿童灌输不同的教育思想：奴隶主的贵族子弟从小就被培养成自命不凡、好逸恶劳、贪图享乐、道德堕落的未来统治者；劳动人民的后代则被训练成麻木不仁、唯命是从的帝国顺民。

---

① 艾格勒·贝奇，多米尼克·朱利亚.西方儿童史：上卷 [M].申华明，译.北京：商务印书馆，2016：78.

2. 基督教的兴起对罗马学前教育的影响

基督教于公元 1 世纪产生于巴勒斯坦，后逐渐流传于罗马帝国全境。基督教声称上帝创造并主宰世界，认为人类从始祖起就犯了罪，并在罪中受苦，只有信仰上帝及其儿子耶稣基督才能获救。从积极的方面看，早期基督教哲学家依据基督教义及经典，宣称新生婴儿为具有灵魂的人，谴责杀婴无异于谋杀或异教徒的邪恶作为。基督教还在全球兴办收养弃子和孤儿的机构，这些机构的出现在历史上具有一定的进步意义。[①] 从消极方面看，基督教的某些教义对幼儿教育不利。比如原罪说、赎罪说等，声称在上帝面前，没有人是纯净无瑕的，即便是刚刚出世的婴儿也不例外。这些观点论证了体罚是儿童教育中不可缺少的手段，这无疑是对儿童的一种摧残。

第二节　古希腊、古罗马教育家论学前教育

在古希腊和古罗马的学前儿童教育中，学者们的最大贡献是对儿童发展和教育有比较细致和丰富的认识，一些学者还对儿童的发展阶段进行了划分。这里重点介绍柏拉图、亚里士多德和昆体良的学前儿童教育思想。

一、柏拉图的学前教育思想

柏拉图（公元前 427—公元前 347），古希腊伟大的哲学家，也是西方哲学乃至整个西方文化最伟大的哲学家和思想家之一。他和老师苏格拉底、学生亚里士多德并称为希腊三贤。另有其创造或发展的概念包括柏拉图思想、柏拉图主义、柏拉图式爱情等。

柏拉图非常重视学前儿童的发展与教育问题，其主要的学前教育思想集中在《理想国》和《法律篇》中。

（一）论学前教育的重要性

柏拉图认为教育是实现理想国的首要途径，教育是贯穿人一生的大事。为此，他很重视学前教育，认为教育应该从幼年开始。柏拉图说："凡事开头最重要，特别是生物。在幼小柔嫩的阶段，最容易接受陶冶，你要把她塑成什么型式，就能塑成什么型式。"[②] 他还强调指出："一个人从小所受的教育把他往哪里引导，就能决定他后来往哪里走。"[③] 柏拉图非常重视幼儿道德行为的熏陶，他认为这是学前教育的主要任务。要在幼儿的心灵上播下对善与恶的认识的最初种子，引导幼儿恨他所应恨

---

① 周采，杨汉麟. 外国学前教育史 [M]. 2 版. 北京：北京师范大学出版社，2012：27-28.
②③ 柏拉图. 理想国 [M]. 郭斌和，张竹明，译. 北京：商务印书馆，1986：71；140.

的，爱他所应爱的。在道德熏陶的方法上，柏拉图强调，要利用幼儿善于模仿的天性，让幼儿模仿那些勇敢、节制、虔诚、自由的一类人物，通过这种对正确事物的模仿，逐步培养幼儿良好的道德习惯。

（二）论优生优育及儿童公育

柏拉图是西方历史上最早提出优生优育及公共学前教育思想的教育家。柏拉图认为，理想国中统治者的美德是智慧，那么治理国家的任务非哲学家莫属，因为哲学家是最智慧和学问最远见卓识、胸襟最广阔和最热爱真理的人。最符合正义的国家，也只能是集政治权利和哲学思考于一身的"哲学王"来统治的国家。为了培养哲学王，柏拉图在《理想国》中拟定了一个从胎儿时期开始到 50 岁为止的长期而庞大的教育计划，其中 7 岁前是学前教育，是人生的奠基时期。柏拉图主张优生，他认为治理者要巧妙地安排壮年人抽签以决定自己的配偶，同时，要试行计划结婚和计划生育。待产的妇女必须接受为了有利于未出生的孩子所需要的那种训练。优秀者的孩子留下来抚育，至于一般或其他人生下来有先天缺陷的孩子，则秘密地加以处理。

对于学前教育，柏拉图又细化分为两个阶段。出生至 3 岁为第一阶段。柏拉图主张实行儿童公育的制度。儿童出生后就送往国家特设的托儿所，由母亲喂奶。夜间的麻烦事交给奶妈和保姆。要给孩子以有益的运动和空气，尤其不许他由于走路过早而伤害自己。3~6 岁为第二个阶段。柏拉图认为："所有的孩子，从 3 岁到 6 岁，都得集合在村庄的神庙里——每个村庄的孩子都聚集在同一个地方。由保姆看管，保持良好的秩序，不得干坏事。保姆同她们的孩子作为一个完整的整体，都受为实施监督而选出来的 12 个妇女的监督。"[1]

（三）论学前教育的内容

柏拉图认为，这一阶段的孩子本性需要游戏。此外，他还为幼儿安排了广泛的教育内容，包括讲故事、寓言、诗歌、音乐、美术和体育锻炼等。柏拉图认为游戏符合儿童的天性，在儿童生活中有着重要的地位及其教育作用。游戏场以游戏为主，但游戏的内容、方法必须慎重选择，不应轻易变化，以免形成儿童"喜新厌旧"的心理。游戏的内容和方法必须符合法律精神，这里的法律精神是指游戏应有的教育性和规则性，应树立正面、积极的榜样以便儿童模仿。柏拉图提出国家要注意到诸如摇篮曲等对儿童的教育影响，要慎重选择对儿童讲述的故事，要严格审查创作故事的人及作品。凡描写钩心斗角、相互倾轧、妒忌、说谎等的故事，一律删去，而那些描述智慧、勇敢、友善的故事，则应列在目录上，劝导母亲和保姆们讲给孩子们听，以陶冶他们的心灵，培养良好的道德品质。

---

[1] 柏拉图.法律篇·七卷 [M].张智仁，等，译.上海：上海人民出版社，2001：211.

教育史话

柏拉图"甩手"的故事

　　大哲学家苏格拉底有一天给他的学生上课。他说："同学们，我们今天不讲哲学，只要求大家做一个简单的动作，把手往前摆动300下，然后再往后摆动300下，看看谁能每天坚持。"过了几天，苏格拉底上课时，他请坚持下来的学生举手，结果，90%以上的人举起了手。过了一个月，他又要求坚持下来的学生举手，只有70%多的人举手。过了一年，他又同样要求，结果只有一个人举手，这个人就是后来也成了大哲学家的柏拉图。此时的柏拉图很年轻，在学识上与后来的哲学家柏拉图相比仍显稚嫩，但已表现出一个杰出人物所具有的执着追求、坚持不懈的优秀心理素质。

二、亚里士多德的学前教育思想

　　亚里士多德（公元前384—公元前322），古希腊人，伟大的哲学家、科学家和教育家之一，堪称希腊哲学的集大成者。他是柏拉图的学生，亚历山大大帝的老师。公元前335年，他在雅典办了一所叫吕克昂的学校，被称为逍遥学派。马克思曾称亚里士多德是古希腊哲学家中最博学的人物，恩格斯称他是"古代的黑格尔"。

　　作为一位百科全书式的科学家，他几乎对每个学科都做出了贡献。他的写作涉及伦理学、形而上学、心理学、经济学、神学、政治学、修辞学、自然科学、教育学、诗歌、风俗，以及雅典法律。亚里士多德的著作构建了西方哲学的第一个广泛系统，包含道德、美学、逻辑和科学、政治和玄学。

（一）教育阶段论

　　亚里士多德认为，人是由躯体和灵魂两个不可分割的部分组成，在西方教育史上第一个从理论上论证了身心和谐发展教育的问题。按照人的生长过程，先是躯体的发展，然后是灵魂的发展，而灵魂又是以非理性灵魂和理性灵魂的顺序发展。据此，他把一个人受教育的年龄按每7年为一自然阶段划分为3个时期，即从出生至7岁为第一个时期；7岁至14岁为第二个时期；14岁至21岁为第三个时期。亚里士多德按照这一年龄分期和相应的教育总设想，对第一个时期即幼儿教育作了深入而具体的论述，成为他全部教育理论的一个有机组成部分。

（二）胎教思想

　　亚里士多德认为，人的第一个时期的幼儿教育又可以分为儿童出生前的胎教、出生至5岁的婴幼儿教育和5岁至7岁的儿童教育三个阶段。他从生物学、解剖学、医学的观点出发，首先谈到胎教的问题。他说："父母具有何种体格对其子女最为有利，是我们讨论儿童教育时将充分考虑的问题。"经他长期考察研究，结果显示，介于运动家和虚弱者之间的体格为好。在《政治学》一书中，他明确提出："儿童的生育，而以介于二者之间的最为适当。"因为运动家的体格不一定比虚弱的人更适于一个公民的生活或健康。接着要注意的便是有关婚姻的问题。公民应在什么年龄结婚，何人宜于结婚等问题制定法规时，立法者应考虑到男女双方及其寿命之长度。他们的生殖力可能在同时期终止，双方的体力不相悬殊等。

随之要考虑的即是孕妇的保健问题。对此，亚里士多德也提出了比较详尽的建议。他说："孕妇应自己保重，她们应当从事运动，要有富于营养的食物。每日步行到一神庙礼拜生育之神。"另外，在心理上应能保持安定和平静。这是因为新生儿的天性多得之于其母，有如植物得之于土壤一样。

（三）儿童的体育锻炼

幼儿出生以后的抚育方法好坏对其体力发展有直接的影响，对此，亚里士多德要求人们给他们良好的营养和适当的锻炼。他强调婴儿的食物以含乳成分最多的最好，而酒精的含量则越少越好。婴幼儿的体育活动也很必要，成人可以协助他们做一些适合于婴幼儿所能掌握的动作进行运动，但应注意保护他们的脆弱肢体免于股骨弯曲，借助于器械使其身体正直。此外，他认为使儿童在幼年习惯于寒冷是一种很好的锻炼方法，有助于健康，并使他们坚强。

从出生到 5 岁这一阶段，亚里士多德反对儿童进行课业学习或劳作，而应有充足的活动，以免肢体不灵。他认为这可以用许多方法获得，游戏就是这些方法中的一种，但游戏不应是鄙俗的，易使人疲倦的或无丈夫气的。至于儿童啼哭，则不必禁止，因为啼哭时能扩张肺部，有助于躯体的发育。5 岁前儿童听故事也是件喜闻乐见的事，但故事内容应由负责教育工作的官员作出精心的选择。不管是游戏还是讲故事，最好是为将来事业做准备，其中大部分应为对他们以后要认真从事的事业的模仿。

（四）儿童的道德习惯培养

儿童 5~7 岁阶段的教育，按亚里士多德的意见，应以良好习惯的养成作为主要任务。他认为这一时期的家庭环境对儿童性格的形成至关重要，所以要特别防止造成对他们的不良影响。他指出，因为在 7 岁以前，他们必须住在家里，所以即在幼年也可能从他们所见所闻中沾染到下流习气。同样，也不要让他们看不好的图画或戏剧。凡能引致邪念和恶毒性情的各种表演都应加以慎防，勿令耳濡目染。亚里士多德认为，决定儿童道德品质的构成有三个因素：一是天性，二是习惯，三是理智。其中习惯是最重要的。良好习惯的形成就是在日常言行活动中，让他们先遇到美好的东西，经常接触好人好事，并让他们身体力行，反复练习。久而久之，良好的道德品质也就自然形成。"习惯成自然"这句谚语，在西方即源于亚里士多德。

三、昆体良的学前教育思想

昆体良（约35—约100），古罗马时期的著名律师、教育家。昆体良在罗马接受雄辩术教育，曾做过律师，后来在罗马开办了一所学校。由于在修辞学方面的造诣和办学上所取得的卓越成就，他赢得了社会的赞誉。

公元1世纪70年代初，帝国设立由国家支付薪金的修辞学讲座，昆体良是首任受聘者，被称为"雄辩术教授"。由于他在教师的职位上取得的巨大成就，以及他广泛的社会影响，皇室任命他为执政官。昆体良50岁时引退，专心于著书。将其20年的教学实践予以总结，写出了长达12卷本的《雄辩术原理》。这是西方第一本专门论述教育问题的系统著作，在教育史上占据极重要的地位。

昆体良非常重视幼儿教育。他认为，幼儿教育可以在德行和知识方面为雄辩家的培养打下初步的基础。

（一）家庭环境的影响

由于幼儿教育是在家庭中进行的，父母、保姆和家庭教师都是幼儿的教育者，所以他强调在家庭中，父母、保姆和家庭教师都要时刻注意自己的言行举止，讲话要清楚正确、讲究礼仪、道德高尚。为此，他提出，首先要为幼儿选择合适的保姆。保姆最好是受过教育的，这样可以避免因为保姆本身的习惯、语言等问题对幼儿产生不良影响。其次，幼儿的父母，尤其是母亲最好能够掌握家庭教育的基本原理。昆体良从各个方面详细阐述了家庭教育的重要性，父母双方都要注意积累知识、增强自身的文化修养，只有这样才可能获得理想的家庭教育效果。如果父母自身学识贫乏，就更应该重视幼儿教育问题。

（二）及早接受教育的原则

昆体良很重视早期教育，主张在儿童刚能说话时就应开始智育和德育教育。在当时的罗马，人们认为在儿童7岁以前进行道德的培养是应该的，但对何时进行智力培养则看法不一。昆体良认为虽然7岁前的儿童接受知识的能力有限，但学习总比闲着好，一点一滴地学习，积少成多，长期下去就很可观。而且，儿童虽然学的不多，但记得牢，所学的东西终身有用。由此，他得出结论：凡是儿童应该学习的东西都要早点学。昆体良虽然主张早期教育，但同时否定超常儿童的存在，不期望儿童成为早熟的儿童。他认为"早熟的才能鲜有结好果者"，早熟的儿童只是把刚学到手的东西受虚荣心的驱使而拿出来向别人炫耀，他们所拼凑的文章是言之无物的东西。他评价早熟的儿童说，"他们既没有真正的力量，也没有深厚的根基，他们不过像是撒在地面而过早萌芽的种子；不过是看来犹如稻子似的杂草，未到收获的季节就变黄而结出干瘪穗子；就他们的年龄来说，他们的成就令人高兴，但他们的进步已到此为止，而我们的惊奇也就随之减退"。

（三）游戏的作用

昆体良认为，儿童爱好游戏是天性活泼的标志，所以他十分重视幼儿的游戏活动。这是他所认为的幼儿的又一种学习途径。他提出，游戏和娱乐有助于发展儿童敏锐的智力，同时能够促使幼儿的道德品质毫无保留地按照原本面目展现出来。因此，家长或者教师要善于利用游戏活动，寓发展智力和道德品质于游戏之中，使幼儿在得到娱乐的同时也能习得有用的知识。

（四）论教师

昆体良高度重视教师的作用，认为要做好教育、教学工作，要培养完美的雄辩家，教师是至关重要的。正因为如此，教师应当具有全面的素质。

第一，教师应当是才德俱优、即言即行的人。昆体良认为，教师的道德面貌对学生的影响很大，教师自身所具有的高尚品德能防止学生的行为流于放荡；相反，教师的行为失检，就会对学生产生有害的影响。因此，一个优秀的教师，首先必须是道德高尚、行为端庄的人。

第二，教师应当具有广博的知识，应当是公认有学识的人。只有这样的教师，才能真正履行教师的职责，培养出完美的雄辩家。

第三，教师应当热爱学生，能够以父母般的感情对待学生。昆体良认为，教师对待学生的态度，应当是既和蔼又严峻的。但和蔼不等于放纵，严峻并不意味着冷酷。教师应耐心工作，既不对学生发脾气，也不纵容学生。

第四，教师既应熟悉所教学科的内容，又要能熟练地运用教学方法。只有深刻理解所教学科的内容，教师才可能有效地教学。也只有运用良好的教学方法，教师才能够使教学内容更好地为学生所接受。

第五，教师应当深入了解学生的心理特征、个性、才能和倾向，更有针对性地组织教学。为此，教师应当经常、深入地观察学生的言语、行为和活动。

（五）论体罚

昆体良竭力反对儿童教育中的体罚现象，提出对幼儿的体罚更要禁止。还专门对体罚列举了五大罪状：第一，体罚事实上无疑是一种凌辱，是一种残忍的行为；第二，孩子一旦对体罚习以为常，教育难以起到作用；第三，如果儿童在幼年时期遭受体罚，长大以后往往更难以驾驭；第四，体罚只能造就奴隶的性格，而不能培养雄辩之才；第五，体罚的结果必然使儿童心情沮丧压抑，经常感到抑郁，产生恐惧心理。

 **拓展阅读**

斯巴达的婴儿烈酒浴

在古代，有这样一种观点：把婴儿放在酒里泡澡，可以检验他们是否强壮，因为人们认为酒会让虚弱的婴儿抽搐。斯巴达人使用优生学的基本形式，他们不在乎新生儿的生死，只对把新生儿尽可能多地培育成国家战士（或战士之父母）感兴趣。斯巴达城不允许父母与自己的孩子形成深厚的感情纽带。因此，他们的习俗是把所有新生儿放到酒里泡澡，一旦他们完成测试，他们的母亲就会把婴儿送到元老院（Gerouisa）或者长老（City Elders）那里仔细检查。如果长老们认为这个婴儿很健康，会把婴儿送到母亲手里，允许其存活。

如果长老认为这个婴儿太脆弱，无法为城邦做贡献，那么婴儿就会被抛弃荒野。斯巴达人的奇异逻辑认为，杀死婴儿并不妥当。很多脆弱的新生儿会被丢到塔吉图斯山（Mount Taygetus）的斜坡上，在野外自生自灭——要么饥寒交迫而死，要么被野兽吃掉，或孤独地死去。其他一些幸运的新生儿，会被送给希洛人抚养，如果这些孩子在幼年能生存下来，那他们则将面对劳苦穷困的生活，甚至将来可能受自己的血亲折磨虐待。

🐘 **本章小结**

古希腊的学前教育最有代表性的是斯巴达和雅典的学前教育。斯巴达人认为儿童属于国家所有，教育年轻一代亦属国家的职责。他们训练年轻一代坚强、不怕苦和服从纪律的品性；但另一方面，他们认为文化教育或科学教育是无意义的事情。雅典教育的总目的是培养维护奴隶制度的统治者，把年轻一代培养成服从和效忠国家的公民。雅典儿童在 7 岁以前，由家庭负责教养。雅典家庭教育的内容主要包括音乐、故事、游戏和玩具。

在前期罗马，儿童被抚养和教育的主要场所是家庭。学前教育的主要内容是有关礼貌及宗教色彩的知识，常以父亲的格言和歌谣的形式进行。共和政体后期，由于受到古希腊教育的影响，古罗马的学前教育还加入了希腊语的初步知识、简单的字母书写等内容。

柏拉图很重视学前教育，认为教育应该从幼年开始。柏拉图把学前教育分为两个阶段。出生至 3 岁为第一阶段，柏拉图主张实行儿童公育制度。3 岁以前的儿童在托儿所度过，3~6 岁在设在神庙附近的游乐场度过。柏拉图认为，这一阶段的孩子本性需要游戏。此外，他还为幼儿安排了广泛的教育内容，包括讲故事、寓言、诗歌、音乐、美术和体育锻炼等。

亚里士多德把一个人受教育的年龄按每 7 年为一自然阶段划分为 3 个时期。他认为，幼儿教育又可以分为儿童出生前的胎教；出生至 5 岁的婴幼儿教育和 5~7 岁的儿童教育三个阶段。他非常重视胎教、孕妇的保健、儿童体育锻炼和道德习惯培养等问题。

昆体良非常重视幼儿教育。他认为，幼儿教育可以在德行和知识方面为雄辩家的培养打下初步基础。他强调父母、保姆和家庭教师都要时刻注意自己的言行举止。父母双方都要注意积累知识、增强自身的文化修养，只有这样才可能获得理想的家庭教育效果。此外，他还认为应对儿童及早施教，重视幼儿的游戏活动，反对儿童教育中的体罚现象。

 **思考练习**

1. 比较斯巴达和雅典幼儿教育的不同之处。
2. 分析柏拉图的学前公育思想与康有为的公育思想的异同点。
3. 简述亚里士多德的胎教思想。

第十一章　西欧中世纪至文艺复兴时期的学前教育

★学习目标导航

1. 了解西欧中世纪学前教育的主要特点。
2. 了解文艺复兴时期儿童观的转变。
3. 理解夸美纽斯的学前教育思想。

★内容结构导图

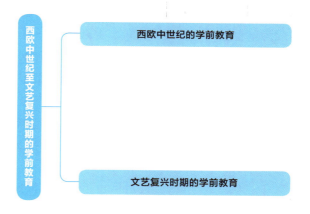

★本章摘要

　　西欧中世纪基督教会垄断了教育，基督教会提倡的"原罪说""禁欲主义"对学前教育产生了重要影响。向儿童灌输宗教思想，使孩子虔信上帝，成为服从上帝的"圣童"是中世纪学前教育的全部内容。文艺复兴时期的教育家强烈批判了性恶论的儿童观，反对"原罪说"，提出儿童身心和谐发展的教育理想，强调尊重儿童的天性，主张培养儿童的个性，重视兴趣引导。

第一节　西欧中世纪的学前教育

中世纪（约476—1640年），是欧洲历史上的一个时代（主要是西欧），一般指自西罗马帝国灭亡到英国资产阶级革命的这段时期。另有说法认为中世纪结束于文艺复兴和大航海时代。"中世纪"一词是15世纪后期的意大利人文主义者比昂多（Flavio Biondo）开始使用的。这个时期的欧洲没有一个强有力的政权来统治。封建割据带来频繁的战争，天主教对人民思想的禁锢，造成科技和生产力发展停滞，人民生活在毫无希望的痛苦中，所以中世纪或者中世纪早期在欧美普遍被称作"黑暗时代"，传统上认为这是欧洲文明史上发展比较缓慢的时期。

一、中世纪的儿童观

（一）性恶论的儿童观

基督教的"原罪"这一重要概念被著名的基督教会神学理论家奥古斯丁发展为"原罪论"，成为基督教的重要教义之一，并成为罗马教会的官方学说。这一学说大肆渲染"性恶论"，鼓吹儿童是带着"原罪"来到人世的，故儿童生来性恶，要想控制儿童的邪恶的本性并使其成为高尚的人，就必须惩罚他们的肉体，压制他们的欲望。

以性恶论及禁欲主义为依据，教会要求摧残肉体以使灵魂得救，声称"不可不管教孩童，你要用杖打他，就可以救他的灵魂免下地狱"，从幼年起就抑制儿童嬉笑欢闹、游戏娱乐的愿望，并采取严厉的措施来制止这类表现，戒尺、棍棒是中世纪学校不可缺少的工具。

（二）预成论的儿童观

中世纪前期，欧洲在基督教蒙昧主义的统治下，自然科学的发展长期停滞，教育理论徘徊不前，幼儿教育的研究更是成为被人遗忘的角落。在此状况下，一种沿袭自古代的预成论的儿童观，与上述教会所宣传的性恶论的儿童观并存，在社会中占据着统治地位。预成论认为：当妇女怀孕时，一个极小的、完全成形的人就被植于精子或卵子中，人在创造的一瞬间就形成了。儿童是作为一个已经制造好了的小型成年人降生到世界上来的，儿童与成人的区别仅是身体大小以及知识的多少的不同而已。所以在社会上，儿童被看成是小大人，一旦他们能够行走和说话，就可以加入成人社会，玩同样的游戏，穿同样的服饰，要求有与成人一样的行为举止。

由于受预成论的影响，人们在社会教育和家庭教育中，都忽视儿童的身心特点，忽视儿童的爱好及需要，对儿童的要求整齐划一，方法简单粗暴。

二、中世纪学前教育的实施

（一）学前教育的目的

中世纪的天主教会居于垄断地位。教堂是唯一珍藏知识的地方，教士就是掌握知识之人。一切真理都来自圣经，教育的目的就是使受教者虔信上帝、熟读圣经，以求做一个合格的教徒。这种教育从幼儿开始，教会的学前教育就是从小把儿童训练成为一个个笃信上帝、服从教会的"圣童"，从而为培养一个真正的教徒奠定坚实的基础。

（二）学习的内容和方法

在中世纪的西欧，如果说在日常生活和游戏、娱乐方面可以看到儿童表现出一定天性，那么在学习和教育上，由于成人的严格管教，儿童的天性往往受到较多的压抑。当时，无论是在家里还是在学校，成人对于儿童的要求都是非常严格的。在家里，儿童在父母面前要保持安静，听从父母的说教；在学校，儿童要安静地坐着，服从教师的管教，否则就要给予责备和体罚。总之，在这一时期，成人希望儿童在所有需要学习的事情上都要服从。

在中世纪儿童的学习中，语言学习（主要是口语）的任务是比较繁重的。当时，拉丁语是教会的语言，但是欧洲大部分人讲的是法语。这意味着，许多儿童在学习拉丁语的同时还要学习法语。而在英国，包括英语在内的三种语言的学习，则成为儿童学习的主要任务。

在儿童的学习中，能够满足儿童乐趣的书是比较少的，与儿童有关的书籍主要是关于教导、语法、字典和动物寓言集以及大量令儿童听起来毛骨悚然的故事书。另外，儿童还要学习宗教入门书。这种书通常只是一页纸，包括字母表和一个或两个写在上面的祈祷文。在中世纪，随父母去教堂作弥撒（Mass）也是儿童日常学习的重要内容之一。当时，不管是穷人家还是富人家，不管是在城镇还是在乡村，儿童每天都要作弥撒，接受宗教教育。[1]

第二节 文艺复兴时期的学前教育

文艺复兴是指发生在 14—16 世纪的一场反映新兴资产阶级要求的欧洲思想文化运动。"文艺复兴"的概念在 14—17 世纪时已被意大利的人文主义作家和学者所使用。当时的人们认为，文艺在希腊、罗马古典时代曾高度繁荣，但在中世纪"黑暗

① 郭法奇. 中世纪西欧儿童的日常生活和教育 [J]. 首都师范大学学报（社会科学版），2009（2）：63-67.

时代"却衰败湮没，直到 14 世纪后才获得"再生"与"复兴"，因此称为"文艺复兴"。文艺复兴最先在意大利各城市兴起，以后扩展到西欧各国，于 16 世纪达到顶峰，带来一段科学与艺术革命时期，揭开了近代欧洲历史的序幕，被认为是中古时代和近代的分界。文艺复兴是西欧近代三大思想解放运动（文艺复兴、宗教改革与启蒙运动）之一。

一、文艺复兴时期人文主义的儿童观

在文艺复兴时期，人文主义者在反对"原罪说"的基础上，提出了不同于中世纪的儿童观。在对儿童的认识上，他们主要从三个方面来认识儿童：第一，从对人的一般特性认识出发。他们认为人是一个智慧的人，一个和谐发展的人，因而要尊重儿童，给儿童以广博的知识，促进儿童的和谐发展；第二，从对自然一般特性的认识出发。他们认为人是自然的一部分，教育应当遵循自然发展的秩序，并适应儿童自然发展的特点，使儿童得到自然的发展，特别是身体的健康发展；第三，从对人与神的关系的认识出发。人文主义者认为人是上帝最好的造物，是最宝贵的，是上帝生气勃勃的形象（图 11-1）。因此，教育者要关心和热爱儿童，促进儿童的成长。[①]

图 11-1　人文主义作品中的儿童形象

人文主义者的儿童观继承和发扬了自古希腊、古罗马和中世纪以来对儿童积极评价的看法，肯定了儿童的地位和价值，是有意义的。不过，他们的观点是建立在对儿童一般的和抽象的认识基础上的，多是从成人认识的角度来看待儿童，还存在一定的不足。

二、文艺复兴时期的教育家论学前教育

（一）伊拉斯谟论学前教育

德西德里乌斯·伊拉斯谟（1466—1536），荷兰哲学家，16 世纪初欧洲人文主义运动主要代表人物。他在 1524 年写了《论自由意志》并同马丁·路德通信，批评路德。他知识渊博，忠于教育事业，讽刺经院式教育，反对死记硬背，主张学习自然科学。

其一生始终追求个人自由和人格尊严。伊拉斯谟的教育著作很多，包括《愚人颂》《一个基督教王子的教育》等。其中《一个基督教王子的教育》反映了他的学前教育思想。

---

① 郭法奇. 外国学前教育史 [M]. 北京：北京大学出版社，2015：48.

1. 论教育的作用

伊拉斯谟高度评价教育改造社会及改造人性的重要作用。他指出：教育无论是对于国家、君主还是平民百姓，都是极其重要的。一个国家要想治理好，有赖于君主贤明，而一个贤明的君主的培养，则有赖于教育。此外，国家的希望全在于年青一代品质的好坏。他呼吁国家担负起教育年轻一代的重任。他列举了影响儿童成长的三个因素：自然（儿童的禀赋）、教导和练习，并指出后两者乃是起主导作用的。伊拉斯谟说，没有一只野兽如此狂暴、粗蛮，以至于训练者不能加以驯服。对于人来说，教育的作用则更不可低估；任何人都是可教育的。他还指出：家庭条件优越的儿童则更要加强教育；土壤的质地越好，如果农人不注意，就越容易荒芜，以至于长满无用的野草和灌木，育人的道理与此相似。①

2. 论早期教育的意义

伊拉斯谟主张儿童教育要从早期开始，甚至从襁褓时期，就要趁儿童思想尚未形成之机，使他们的心灵充满有益的思想。他认为儿童的幼年时期，还只是与低级动物区别开来。一切都还处在有待成熟的过程中，稳定的习惯还很少。他们喜欢模仿，容易接受良好的范例而养成善行，也容易接受不好习惯的影响而变坏。因此，他要求人们应及早地注意给儿童以良好范例的影响。他说："道德的种子必须播种在他精神的处女地，以便随着年龄和经验日益增长，他们会逐渐生长和成熟，在整个生命的过程中植根。从来没有什么东西像在早年学习的东西那样根深蒂固。"② 所以，伊拉斯谟把关注儿童的早期教育看作最重要的事情，主张通过合理的教育来发展儿童的自然能力，训练儿童的智慧，培养儿童良好的行为习惯。

3. 论学前教育的内容与方法

伊拉斯谟认为，学前教育既包括德性的培养，也包括智慧的培养。因此，学前教育的内容有游戏、箴言、寓言和故事等。伊拉斯谟认为，箴言能够帮助儿童养成良好的道德品质，因此必须要向儿童传授箴言，这些箴言应该雕刻在戒指上，画在图画中，挂在花圈上，并且要适合儿童的年龄，用使儿童感兴趣的方法，经常摆在儿童面前。在给儿童讲完寓言故事后，教师要及时指出其中富有教育性的寓言。例如讲了《伊索寓言》中狮子和老鼠的故事，教师就要教导儿童不要看不起人，应当热诚地设法通过仁慈得到人心。

在学前教育的方法上，伊拉斯谟提出以下几种方法。

一是不要把儿童看成小大人。伊拉斯谟特别要求教师不要把儿童看成小大人，并告诫教师要记住："你的学生还是一个小孩，而你自己也曾经是一个小孩。"因此，在儿童的教育中，要注意采用适合他们的直观方式。

---

① 周采，杨汉麟. 外国学前教育史 [M]. 2 版. 北京：北京师范大学出版社，2012：41.
② 华东师范大学教育系，浙江大学教育系. 西方古代教育论著选 [M]. 北京：人民教育出版社，2001：204.

二是寓教于游戏和讲故事中。在《论儿童早期的自由教育》中，伊拉斯谟提出，对幼儿的教育采用游戏和讲故事的方式。当学生还是一个小孩时，教师可以通过有趣的故事、令人愉快的寓言和巧妙的比喻引进他的教导。在伊拉斯谟看来，应该使儿童从中领会到具有教育意义的东西并得到启迪。

三是树立榜样。伊拉斯谟认为，既要使儿童远离各种不良影响，又要给他们提供正面榜样。因为名人树立的正面榜样不仅能够生动有力地激发儿童的想象力，而且更重要的是它所渗透的那些观念能够成为儿童良好品性的源泉。此外，伊拉斯谟还主张为儿童慎选合适的伴侣，儿童只能与品德优良、谦虚谨慎的孩子交朋友，远离那些不肯悔改的酒鬼和讲下流话的人，特别是那些拍马屁的人。因为和这些人在一起，儿童听不到什么东西，学不到什么东西，吸收不到什么东西。

四是对儿童和蔼可亲。伊拉斯谟认为，对儿童的爱应该成为一种教育的手段。儿童会通过对教师的爱达到对学习的爱，教师能否深受儿童爱戴乃是至关重要的。因此，伊拉斯谟十分反对教师采用打耳光、用戒尺等方法。他讽刺地指出：当有些教师如此欺压一群年轻、幼弱的孩子的时候，就好比一只土耳其的驴子，认为自己和欺压一切下等野兽的狮子一样雄壮。[1] 伊拉斯谟认为，教师应该相当严厉，对儿童有威慑力，但又要对儿童友好，以减缓其威严。教师应表扬儿童，但表扬要合理、得当。教师对儿童的批评应秘密进行，并且态度要和蔼。这样，教师将能在儿童的心目中形成严而不厉、敬而不畏。可亲可敬的形象，能在儿童的成长过程中产生积极的影响。

（二）蒙田的学前教育思想

图11-2　蒙田画像

蒙田（1533—1592），文艺复兴时期法国思想家、作家、怀疑论者（图11-2）。他阅历广博，思路开阔，行文无拘无束，他的散文对弗兰西斯·培根、莎士比亚等人影响颇大。所著《随笔集》三卷名列世界文学经典，被人们视为"写随笔的巨匠。"

蒙田没有从事过教育实践活动，他的教育观点除了受时代潮流的影响，大多来自他对自己少年时代受教育的经历的回忆和分析，来自他的切身体验，特别是他父亲教育他的方式，使他终生难忘。其教育观集中于《论对孩子的教育》《论学究气》《论父子情》这几章中，此外，我们也可从《论人与人的差别》《论读书》《论身体力行》这几章汲取一些零碎但同样重要的教育观。

---

① 杜成宪，单中惠. 幼儿教育思想史 [M]. 北京：人民教育出版社，2008：229.

1. 论教育目的

受启蒙运动倡导理性、自由、解放天性大环境影响，蒙田主张的教育目的与之前有很大不同。他说学习不是为了图利和适应外界，而是为了丰富自己。教育的目的不是培养教会执事和书院学究，而是经验丰富的实干家。学习的益处是让自己变得更加聪明和完善，增加自己的实践能力和生活能力，而不是储存知识。一个人受的教育，进行的工作和学习都是为了形成自己的观点，而不是接受知识的灌输。蒙田的主张也是时代背景下禁欲主义和反对教条束缚的表现。

2. 教育必须顺应儿童的天性

为了培养身心和谐发展的人，蒙田重视早期教育，认为儿童的教育是人一生最重要的事情。他批评过去中世纪的神学强调超自然，离开了现实，离开了自然，离开了人类生存的生活基础；也批判经院主义教育不注意研究儿童的天性，执教时往往和儿童的天性背道而驰，只注重儿童的记忆，不给儿童发展智力的机会，不给儿童独立行动的自由，以至于把儿童变成胆怯的人。他提出作为教育工作者，应当遵循自然，顺应儿童的天性，把儿童培养成具有自然精神的绅士；应该了解儿童的天性，否则是不可能教育好儿童的。这与亚里士多德的自然教育观点是一致的，也与文艺复兴时期出现的依据自然、遵循自己的思想是一致的。

3. 论儿童的德行教育

蒙田很重视对孩子的教育，称其为世间最难也是最重要的学问。他说教孩子如何更聪明和更优秀之后才有必要教他们具体的学科知识。对于教育，蒙田主张先成人，后成才，他更重视受教育者的德行和为人处事能力的完善。柏拉图说，坚定、信念、真诚是真正的哲学，与之无关的一切只是装饰品，这也体现了古代西方哲学重视精神教育的传统。

蒙田认为，有时可以直接告诉孩子生活中重要的价值观：何为知与不知，何谓英勇、克制和正义，区分雄心和贪婪，奴役和服从，放纵和自由；教会他们正确面对死亡、耻辱和痛苦。总之，让人大脑受教育之前先修身养性，拥有优秀的判断力、生活能力和美好品质。他强调人要有敢于蔑视一切的胆量，要节制明理，要有很强的适应力，享受得了锦衣玉食，也经得住饥寒交迫。他还要人做一个唯真理者，不要为面子或虚荣而固执地坚持错误的东西，诚实和强有力的判断力才是难得的哲学家的品质。

4. 论因材施教

蒙田认为教师一开始就应该按照他所教育的孩子的能力施教。如果采取同样的讲课方法和教育方式来指导很多体质和性情都不相同的儿童，那可能其中只有两三个人可以获得良好的结果，蒙田认为要达到完善的境地就应该因材施教，教师首先要了解学生的个性特点。对此，蒙田曾用教师指导学生走路来比喻指导学生学习，他说，教师最好先让孩子在他面前走几步，以便更好地判断他的速度，从而推测他能坚持多久，然后方能适应他的能力。如果我们不把握分寸，就常会坏事。

5. 选师标准

蒙田很重视教师在教育中的作用。他对教师的"选聘"标准非常高，不像现在有高学历的"硬件"就行，还应具备各种软实力。他明确区分了知识和智商、学识和智慧，认为智慧除了知识还应包括完美的判断力、聪明的处事方式、美好的德行等更为重要的东西，教师至少要智商高于知识。教师也不应性情忧郁，喜怒无常，因为情绪会影响学习效果。教师不应是个书呆子，过于贪求知识，只会变得愚不可及。此外，学习要讲究方法和效率而不要用时间衡量，好多时候这只是为了寻求心理安慰。

拓展阅读

中世纪的儿童——生病的孩子

法国南部一个山区村庄蒙塔尤里有个农夫叫作雷蒙·皮埃尔，他与妻子西比尔所生的不到一岁的小女儿雅高特生了重病，眼看就要夭折了。根据他们所信奉的清洁派教义，绝不应该给不到一岁的孩子做临终慰藉，"她还没有善的知性"。尽管如此，教长还是主持了这场仪式。不过教长走之前，告诉雷蒙一家，根据仪式的规定，之后不能给孩子喂食奶和肉，只能吃鱼和素食。在当时的营养条件下，等于是要给病重的孩子禁食。作为母亲的西比尔看着女儿一天一天衰弱下去，实在不忍心，就乘着丈夫雷蒙出门的时候，偷偷给孩子喂奶。丈夫回家以后，特别"懊悔、苦恼和窘迫"。他冲着西比尔喊着："你是个恶毒的母亲。女人都是魔鬼。"可事实证明母亲的做法是对的，那个被放弃的小女儿雅高特又顽强坚持了一年才去世。

为什么中世纪的家长在对待亲生骨肉的态度方面会如此纠结呢？除了生活物资极度缺乏、生活压力过大以及孩子众多等现实原因，基督教对于人们精神世界的影响才是最重要的。在基督教统治的中世纪欧洲，人们被灌输以"原罪说"。人类的始祖亚当和夏娃偷吃禁果被逐出伊甸园，从此子孙后代都背负了原罪，在上帝面前，没有人是纯净无瑕的，即便是婴儿也不例外。这种观念与我国儒家中荀子认为的"人之生也固小人"有些类似。

本章小结

中世纪的儿童观主要是性恶论和预成论的儿童观。中世纪的学前教育，因天主教会居于垄断地位，教育的目的就是使受教者虔信上帝。儿童的学习中，语言学习的任务是比较繁重的，除了母语还要学习拉丁语。在文艺复兴时期，肯定了儿童的地位和价值，是具有较大意义的。

伊拉斯谟高度评价教育改造社会及改造人性的重要作用，他把关注儿童的早期教育看作是最重要的事情，主张通过合理的教育来发展儿童的自然能力，训练儿童的智慧，培养儿童良好的行为习惯。伊拉斯谟认为，学前教育既包括德性的培养，也包括智慧的培养。因此，学前教育的内容有游戏、箴言、寓言和故事等。在学前教育的方法上，他认为不要把儿童看成小大人，寓教于游戏和讲故事中，树立榜样，对儿童和蔼可亲。

蒙田认为教育的目的是培养经验丰富的实干家，他提出作为教育工作者，应当遵循自然，顺应儿童的天性。他更重视受教育者的德行和为人处事能力的完善。此外，他还重视因材施教和选师的标准。

 思考练习

1. 简述西欧中世纪学前教育的主要特点。

2. 分析文艺复兴时期儿童观转变的时代背景。

3. 比较分析中世纪和文艺复兴时期的儿童观。

第十二章　近现代发达国家学前教育的实践

★学习目标导航

1. 了解近代资本主义国家幼儿公共教育的产生与发展的历程。
2. 了解福禄贝尔的理论与幼儿园实践对各国的影响。
3. 了解近现代日本学前教育的主要政策。

★内容结构导图

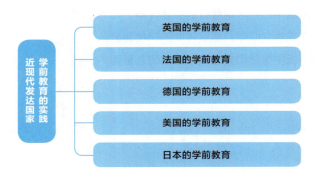

★本章摘要

　　1640~1688 年英国的资产阶级革命，标志着世界近代史的开始。之后，英、法、德、美、日等国通过不同的途径，先后确立了资本主义制度。近代资本主义及生产力的迅猛发展必然要求建立与之相适应的教育制度，在这个背景下，近代幼儿公共教育产生了。最早诞生的近代学前教育机构是英国的空想社会主义代表人物——罗伯特·欧文创立的幼儿学校。到 19 世纪中期，德国的福禄贝尔所创办的幼儿园，又成为世界许多国家效仿的榜样，福禄贝尔的学前教育思想和实践经验很快流传到世界各国。到 19 世纪末，学前教育在西方各国教育制度中已初具规模，确立了其教育的基础地位。19 世纪末到 20 世纪，学前教育的发展大致可以分为三个阶段，即新教育和进步教育阶段、智育中心主义占据主导地位的阶段和强调儿童整体发展的阶段。由于国情不同，各国学前教育的发展都有自己的特点，同时也具有一般的发展趋势。

第一节 英国的学前教育

18世纪后期，英国开始了人类历史上第一次工业革命。社会发生巨大变化，人口急剧增加，大工业城市相继出现，工厂制度兴起，资本主义经济迅速发展，英国一跃而成为高度工业化的国家。随着工厂制的普遍建立和广泛采用大机器生产，英国社会出现了近代工业无产阶级和工业资产阶级。这些变化，对英国近代教育制度的形成起了决定性作用。因为劳动妇女大量增加，她们无暇照顾自己的孩子；生活贫困使劳动人民的幼童得不到必需的营养和生长环境。因此，幼儿教育问题日趋严重，成为当时亟待解决的社会问题。出于对社会问题的关心和对贫困儿童的同情，从19世纪初开始，一些慈善家、开明工厂主和教会人士着手建立幼儿学校，近代英国学前教育正是以罗伯特·欧文的幼儿学校为起点，形成一场规模浩大的幼儿学校运动，一度波及欧美各国。19世纪40年代后，政府开始重视幼儿教育，对幼儿学校加强补助和控制。① 进入20世纪，英国的学前教育继续发展，其主要内容是保育学校的建立和发展，以及幼儿学校教育方法的改革。

一、近代英国学前教育的发展

（一）18世纪下半叶至19世纪上半叶英国的学前教育

1. 欧文的幼儿学校

罗伯特·欧文是英国空想社会主义者，是马克思主义教育学说的奠基人，更是一名教育改革家。年少时的良好教育和身处社会变革环境，让他形成了一系列著名的教育论断，例如，教育与生产劳动相结合的理论、全面培养人的学说以及环境决定性格的观点。其中，性格形成学说是欧文进行教育活动的依据。

1816年1月1日，欧文将为1~6岁儿童创办公共学前教育机构的幼儿学校合并在"性格形成学院"中，成为英国乃至世界上第一所幼儿学校。② 此后，热心人士纷纷效仿，形成了英国幼儿学校运动。

幼儿学校包括幼儿所、幼儿园和游戏场，招收2~5岁的儿童。欧文在幼儿学校创设中遵循"要尽力使小朋友快乐"的原则，幼儿学校的儿童在教室的时间约为3个小时，其余的时间他们就在室外的大草坪上玩耍，或由年轻女工负责照顾。"这所学校拥有一间长40英尺（1英尺≈0.3米），宽40英尺，高22英尺的教室，教室中布置着以动物为主的图画和地图，还有从花园、田野和树林中采集来的自然界的实

---

① 周玉衡，范喜庆. 学前教育史 [M]. 上海：复旦大学出版社，2009：132.
② 江玲. 英国近代幼儿学校运动研究 [D]. 武汉：华中师范大学，2011：12.

物。"天气不好的时候，学校还提供一间长 16 英尺，宽 20 英尺，高 16 英尺的幼儿娱乐室供幼儿娱乐。

幼儿学校的学生，主要在学校学习唱歌、跳舞和体操，并参加一些户外活动。教师教育的主要方法是游戏以及通过和幼儿的亲切交谈，引起他们学习的好奇心。户外活动由年轻女工负责，她们指导幼儿友好相处，并养成健康耐劳的习惯。

幼儿学校的学生要学习自然史。为了使教学更加生动，教师尽量用实物、着色的地图和动植物图片教授学生学习日常知识和自然知识。另外，幼儿学校是不收费的，工厂每年为每个儿童的教育花费 2 英镑。

欧文的幼儿学校取得很大的成功。恩格斯曾指出："孩子们从 2 岁起就进幼儿园，他们在那里生活得非常愉快，父母简直很难把他们领回去。"欧文创立的幼儿学校的设置和办学宗旨、教学内容等无不体现了其全面教育的思想。

2. 维尔德斯平的幼儿学校

维尔德斯平是英国 19 世纪幼儿学校的积极创办者，他一生致力于发展学前教育事业。1820 年，维尔德斯平在伦敦开设了一所幼儿学校，在办学过程中形成了具有特色的教育内容和教育方法，对促进幼儿学校的发展做出了重要贡献。

在维尔德斯平的幼儿学校里，他继承了欧文"游戏场"的理论和思想，同欧文一样重视游戏教学，但他认为游戏不是一门主要课程，而是一种学习后的放松活动和进行其他学习活动的前奏。在游戏场这一主要教育设施里，维尔德斯平还种植了许多果树和灌木，并有花坛和菜园相互映衬，并且强调每个班级都应该拥有自己的"游戏场"，包括班级特定的树、花园等。为了进行丰富多彩的活动，他还自行设计了许多供幼儿玩耍的设施。

智力教育方面，维尔德斯平认为智育的主要目标是致力于贫困儿童的"知识改善"。智力教育的内容主要包括国语、算术、自然、社会、音乐和宗教等，这些内容与初等学校教育的内容没什么两样。在智力教育的方法上，维尔德斯平重视实物教学，主张让学生思考、讨论，以获得独立求知的能力。他还独创了一种新的教学法——开发教育方法，包括五个方面：激发好奇心，通过感觉学习，从已知到未知，让幼儿独立思考，把教学和娱乐结合起来。维尔德斯平设计的教育内容和方法影响非常广泛，被许多国家的学前教育机构所仿效。

在道德教育上，维尔德斯平根据当时的教育对象，从消除他们粗暴、残忍、贪婪等不良的品质行为入手，防止这些贫困幼儿的道德败坏和堕落，[1] 从而培养他们尊敬父母、具有怜爱之心等一系列良好的道德品质。他认为，幼儿学校最基本的原则是爱，对儿童与其惩罚还不如奖励，才能实现幼儿学校的最高目标——改善儿童训育体系。

---

① 杨汉麟，周采 . 外国幼儿教育史 [M]. 南宁：广西教育出版社，1998：208.

健康方面，维尔德斯平十分关注幼儿的身体健康和心理健康。由于受当时经济条件的限制，瘟疫、传染病的发病率比较高，维尔德斯平坚持给幼儿打疫苗以防止传染病等疾病的发生。对于生病的幼儿他坚持及时处理。心理健康方面，他坚决不主张家长对幼儿进行惩罚，也不主张对幼儿进行"填鸭式"的教学，以这样的方式保护幼儿的兴趣和心灵不受伤害。①

（二）19 世纪下半叶英国的学前教育

19 世纪下半叶英国幼儿教育的发展主要受福禄贝尔幼儿园的影响。19 世纪 50 年代，福禄贝尔幼儿园由德国的伦克夫妇引入英国并获得了初步发展。60 年代后，其发展因受政府政策的影响一度受阻，1870 年英国颁布了《初等教育法》，德国福禄贝尔幼儿园运动再次迅猛发展起来，1873 年曼彻斯特福禄贝尔协会成立，1874 年伦敦福禄贝尔协会成立，福禄贝尔著作的英译本及"恩物"也在英国广为流行。

到 19 世纪末，英国社会出现了少量慈善性质的"免费幼儿园"，主要招收贫民和工人的幼儿。第一所免费幼儿园由马瑟爵士于 1873 年在曼彻斯特开办。这些幼儿园按福禄贝尔幼儿园的教育方针，鼓励户外活动和自由游戏，采用恩物和作业，保证幼儿的身体健康和发展。

福禄贝尔幼儿园运动对英国学前教育的影响主要在两个方面。一是英国引进福禄贝尔幼儿园后，学前教育机构开始存在两种制度的并立：一种是原来接收工人阶级和贫民子女的幼儿学校，另一种是以中上层子女为对象的幼儿园；二是英国幼儿学校也受到福禄贝尔幼儿园运动的影响。福禄贝尔精神渗透到幼儿学校之中，增加了游戏时间，减少了读写算的训练，突出了学前教育的特色。

二、现代英国学前教育的发展

（一）第一次世界大战前的学前教育

这个时期，英国学前教育的主要内容是保育学校的建立和发展，以及幼儿学校教育方法的改革。1918 年的《费舍教育法》和 1933 年的《哈多报告》是这一时期政府颁布的与学前教育相关的两个重要文件。

1.《费舍教育法》

自 1870 年《初等教育法》颁布以后，英国的初等教育得到了比较快的发展，但是也存在初等教育与中等教育不相衔接，初等教育还没有免费等问题。针对此问题，英国国会于 1918 年通过了教育大臣费舍提出的关于初等教育的法案。这一法案正式将保育学校纳入国民教育制度中，并把保育学校的设立和资助委托给地方教育行政部门。法案还规定保育学校实行免费入学，并对 13 所保育学校实行国库补助，免费

---

① 江玲.英国近代幼儿学校运动研究 [D].武汉：华中师范大学，2011：20.

幼儿园也改称为保育学校。[1]

《费舍教育法》在英国历史上，首次明确宣布教育立法的实施"要考虑到建立面向全体有能力受益的人的全国公共教育制度"，在建立完整的国家教育制度方面迈进了一步。

2.《哈多报告》

1924 年首届工党政府任命了一个教育咨询委员会，负责调查全日制初等后教育的适当形式问题，该委员会的主席是哈多（Hadow）爵士。1926 年咨询委员会发表了题为《关于幼儿学校及保育学校的报告》，在英国教育史上一般称为《哈多报告》。[2] 该报告认为：①良好的家庭是 5 岁以下儿童的最佳环境，但同时认为保育学校对城市儿童智力的发展具有重要作用，建议将保育学校作为"国民教育制度中理想的附属机构"，提倡大量增设保育学校、幼儿学校和幼儿部附设的保育班；② 5 岁不应是区分儿童发展阶段的界限，而向 7 岁以上的少年学校过渡才是其重要的发展阶段，主张对 7 岁以上幼儿实行一贯教育，成立以 7 岁以下幼儿为对象的独立的幼儿学校；③幼儿学校的教师也应遵循保育学校的原理，对 6 岁以下的幼儿主要通过开展户外体育、游戏等自然性活动和进行对话、唱歌、舞蹈、手工、图画等活动来让幼儿获得知识。对 6 岁以上的幼儿才加入读、写、算等的正式教育，其中大量的时间应花在阅读上。[3]

《哈多报告》立足于儿童中心主义，集欧文、裴斯泰洛齐、蒙台梭利、福禄贝尔等幼儿教育思想之大成，被认为是英国学前教育史上具有划时代意义的文献。

（二）第二次世界大战后的学前教育

1. 学前教育改革——《巴特勒法案》

第二次世界大战后，英国当局及其各政治党派的头面人物不断提出教育改革的设想，1944 年 8 月通过了《1944 年教育法》（即《巴特勒法案》）。它是一部奠定英国现代教育基础的重要法案，它全面对英国初等与中等教育中的各方面问题作出了详细规定。它的内容主要包括以下几个方面：①加强国家对教育的控制和领导。废除 1899 年设立的只具有督导责任的教育委员会，设立教育部，统一领导全国的教育。同时，设立中央教育咨询委员会，负责向教育部长提供咨询和建议。②加强地方教育行政管理权限，设立由初等教育、中等教育和继续教育组成的公共教育系统。地方教育当局负责为本地区提供初等、中等教育和继续教育。初等教育分为三个阶段：幼儿园、幼儿学校和初等学校。小学生毕业后根据 11 岁考试结果，按成绩、能

① 杨汉麟，周采. 外国幼儿教育史 [M]. 南宁：广西教育出版社，1998：527.
② 易红郡. 从《哈多报告》到《弗莱明报告》——二战前英国"人人受中等教育"目标的实现 [J]. 内蒙古师范大学学报（教育科学版），2004（3）：8-11.
③ 杨汉麟，周采. 外国幼儿教育史 [M]. 2 版. 南宁：广西教育出版社，2012：147.

力和性别进入三类中等学校：文法中学、技术中学和现代中学。初等学校和中等学校实行董事会制。③实施 5~15 岁的义务教育。父母有保证子女接受义务教育和保证在册生正常上学的职责。地方教育当局应向义务教育超龄者提供全日制教育和业余教育。

学前教育方面，法案中明确指出："以教育 5 岁以下儿童为主要目的的初等学校就是保育学校"，其主要作用是"培养全面发展的正常儿童，主要进行教育，其次是进行补偿"。法案还规定："2~5 岁的儿童都应该进保育学校，地方教育当局应该提供保育学校和保育班的经费。"《巴特勒法案》把保育学校或保育班的设置规定为地方教育行政当局不可推卸的责任，但未能将保育学校和幼儿学校连贯起来的思想形成制度。幼儿学校教育仍作为义务教育的最初阶段而包括在初等教育之中，幼儿教育以 5 岁为界被割裂开来。《巴特勒法案》颁布实施后，从 20 世纪 50 年代开始到 60 年代初期，英国教育事业有了长足发展，普及 10 年义务教育的目标基本实现。

2.《普洛登报告》和《教育白皮书》

20 世纪 60 年代后期英国初、中等教育压力减轻，英国政府日益认识到幼儿教育的价值，开始有条件地注意幼儿教育的发展，特别是处境不利儿童的发展。在此背景下，1967 年，普洛登在对初等教育的各个方面考察了 4 年的基础上，发布了关于"儿童与初等学校"的报告书《普洛登报告》。该报告在最后一部分对免费义务教育以前的学前教育状况进行了论述，并提出建议：①大力发展幼儿教育，大量增加保育设施的数量。②尤其要在教育不发达地区尽快设立"教育优先地区"，实行"积极差别待遇"。优先划拨教育经费给这些地区，同时为鼓励优良教师到教育优先地区服务，特别提供优惠教育津贴。[①] ③应在学前教育增加更多的教育成分，由教育部门把目前尚由卫生部门负责管理的日托机构接管起来。④幼儿教育应以 20 人为一组划成"保育集体"；最理想的是将保育集体在内的一切幼儿保护服务机构都统一在各个收容儿童的设施及小学校的领导之下，同时，在制定新的地区和对老区重新规划时，也应充分考虑到幼儿教育。

1972 年 12 月，教育科学大臣撒切尔发表《教育白皮书》，提出将"扩大幼儿教育"定位内阁将要实行的四项教育政策之一。白皮书制定了实施计划，预计在 10 年内实现幼儿教育的全部免费，并扩大 5 岁以下的儿童教育。为此，提出了以下要求：第一，要调动各方面的积极性；第二，确保有相当数量的教师队伍；第三，政府为实现上述计划提供必要的经费援助。《教育白皮书》发表后，英国的幼儿教育虽有一定的发展，但直到 1978 年，儿童入托率尚未达到白皮书规定的指标。

---

① 王廷廷.《普洛登报告》对我国西部学前教育发展的启示 [J]. 教育与教学研究，2013（3）：115-118.

3. "确保开端"计划

英国"确保开端"项目始于 1998 年。当时英国为 5 岁以下儿童提供的教育服务长期落后于其他发达国家，政府也未给予足够的重视。英国不同地区为学前儿童及其家庭提供的早期保教服务质量存在很大差异，而且各地区所提供的保教服务内容差别很大。正是基于以上现状，英国政府决定对 5 岁以下儿童教育的发展策略进行重大改革，以便为初等教育的可持续发展提供动力，并为政府承诺的"到 2010 年前将贫困儿童人数减少一半"的目标而努力。

"确保开端"项目是英国政府为改善处境不利地区儿童的生活环境、消除贫困和预防社会排斥而采取的行动。该项目是一项综合策略，它为条件不利的家庭提供包括医疗保健、儿童保育、早期教育以及家庭支持等多项服务内容。"确保开端"项目的目标有四个：①促进儿童的社会性和情感发展：通过增进亲子依恋来加强家庭成员间的紧密联系，同时对儿童的情感和行为发展困难加以鉴定，并提供相应的支持。②促进儿童的身体健康发展：通过提倡父母对孩子的抚育教育，促进儿童的健康发展。③促进儿童的学习能力发展：通过提供高质量的教育环境和儿童教养服务来促进儿童早期学习能力的发展，并为有特殊需要的儿童提供早期鉴定和支持服务。④加强家庭和社区建设：鼓励儿童家长参与社区建设，以保证项目计划的延续，同时也为贫困家庭提供摆脱贫困的机会。①

4. 早期学习基础阶段

早期学习基础阶段（Early Years Foundation Stage，以下简称 EYFS）是由英国教育与技能部（英国最高教育行政部门）制定并在英格兰地区实施至今的早期教育方案。该方案于 2007 年 3 月制定完成，并于 2008 年 9 月在英格兰正式实施，力图在英国建立一个统一、连续而灵活的早期教育系统，以支持从出生至 5 岁以下所有学龄前婴幼儿获得照顾、发展与学习。EYFS 方案实施的目的包括以下几点：设立符合幼儿学习发展与照顾需求的教保质量标准，强调幼儿丰富经验的积累；提供每位幼儿同等公平机会，并保证每位孩子都被照顾到，不因种族、文化、家族语言、家庭背景、性别、能力、学习困难或残障等受到不利对待；架构家长与学校合作的教育伙伴关系；促进质量与安全防范保障：确保所有幼教机构的世界级质量水平，在此架构下终结保育与教育的分歧；奠基未来学习良好基础，依据每位幼儿不同需求与兴趣，搭配周全的学习与发展目标，同时配合持续的观察与评估。

EYFS 目标涉及六个领域，共列举了 69 个子目标，包括六个领域：性格、社会和情感发展（共 14 项），如社会技能、情绪与态度、与他人的关系等；沟通、语言和读写能力（共 19 项），如将声音和文字相联系、图画与书写、阅读等；问题解

---

① 朱梅花，傅淳.英国"确保开端"项目对我国学前教育的启示 [J].幼儿教育（教育科学版），2008（01）：42-44+50.

决、推理和数学能力（共 12 项），如用语言描述两个数值之间的大小、计算、空间等；认识和理解世界（共 11 项），如问事情发生的原因及怎样发展的；体能发展（共 8 项），如能控制并通过合作来移动、健康和身体意识、使用设备和资源；创造力发展（共 5 项），如自己想象创作音乐和舞蹈、发展具有自己想象力的表演。并且依据时间划分为六个阶段，分别为 0~11 个月，8~20 个月，16~26 个月，22~36 个月，30~50 个月，40~60 个月以上。①

第二节 法国的学前教育

法国近代学前教育的发展大致可以分为两个阶段，18 世纪 70 年代至 19 世纪 30 年代中期为第一个阶段，奥柏林开办了编织学校，拉开了法国近代学前社会教育的序幕。此后，出现了一些慈善性质的贫民育儿院和幼教机构托儿所。19 世纪 30 年代中期开始至 19 世纪末为第二个阶段。1835 年后，法国政府逐步将学前教育纳入中央集权教育行政管理体制，并将各种教育机构统一为"母育学校"，将其视为公共教育体系的组成部分。至 19 世纪 80 年代，《教育方针法》颁布，法国已基本确立近代学前教育制度。进入 20 世纪以后，新教育思潮和教育民主化思潮对法国政府的学前教育政策和学前教育的改革产生了积极的影响。第二次世界大战后，为使学前教育更加适合社会发展的需要，法国政府不断对学前教育进行改革，特别是 20 世纪 70 年代中期以来，法国公立学前教育取得了重大发展，这使法国的学前教育在世界上始终保持较高水平。

一、近代法国学前教育的发展

（一）18 世纪下半叶至 19 世纪上半叶的学前教育

1. 奥柏林的编织学校

在法国教育史上最早有记录的幼儿教育机构是奥柏林的"编织学校"，一般的幼儿教育史都把它视为法国近代幼儿教育开端的象征。

1770 年，奥柏林创设编织学校。该学校招收的对象包括 3~6 岁的幼儿。学校有两位指导教师，分别负责文化和游戏的指导和手工技术方面的指导。此外，还挑选了一些年龄较大的女孩协助教师的工作。编织学校每周只开放两次，主要是教育而非保育。教学内容包括标准法语、宗教赞美歌、格言和讲童话故事、采集和观察植物、游戏、绘画、地理等。对 5~6 岁的儿童还教以历史、农村经济的常识以及缝

---

① 冯慧，李盛. 英国学前教育方案（EYFS）述评 [J]. 上海教育科研，2012（7）：34-37.

纫、编织的方法。学校重视良好习惯的培养和方言的矫正，在教学方法方面，则重视直观教学和实物教学。[①]

2. 托儿所运动

19 世纪上半叶，法国的主要幼教机构是托儿所和婴儿托儿所。1801 年，法国著名妇女社会活动家及慈善家帕斯特莱在巴黎为贫民创办了一所具有慈善性质的育儿所，收容 12 名婴儿。此后，帕斯特莱受到英国幼儿学校的影响，组建具有慈善精神的上流社会妇女组织"妇女会"，并自任会长。1826 年，帕斯特莱领导妇女会创办了法国最早的托儿所，收容儿童 80 名。

柯夏是巴黎第 12 区的区长，他在借鉴英国幼儿学校经验的基础上，开办了专门招收贫穷家庭儿童的"模范托儿所"。柯夏在其所著的《托儿所纲要》中提出了系统的托儿所教育理论。他指出，在公共贫民救济设施中，托儿所是最有效、最现实、最有力和最有成果的。在教育内容方面，他强调要把宗教教育和道德教育放在首位，对儿童进行百科全书式的教育。主要的教育内容包括宗教、读、写、算、几何、地理、历史、博物和图画等。在教育方法方面，他提倡人道主义态度，反对任何形式的体罚。

马尔波是巴黎政府官员，非常关心学前儿童的保教问题。他于 1844 年 11 月创办了法国第一所婴儿日间看护中心，以年龄较小的婴儿为招收对象，以满足社会需要。他还撰写了《关于婴儿托儿所》的小册子。在马尔波创办婴儿托儿所之后，各地陆续出现了类似机构。他的有关主张不仅在当时的法国受到欢迎，还对欧美各国产生了一定影响。

（二）19 世纪下半叶法国的学前教育

1. 福禄贝尔幼儿园运动对法国学前教育的影响

最早将福禄贝尔幼儿园介绍到法国的是别劳夫人，她曾在法国逗留 3 年（1855—1858 年）。别劳夫人积极宣传福禄贝尔教育思想和幼儿园事业，并设法得到法国政府的支持。福禄贝尔幼儿园对法国学前教育的影响表现在两个方面。一是出现与英国类似的学前教育机构双轨制：一种是为上层社会设立的幼儿园，这种机构设施、条件优越，质量较高；一种是为普通民众设立的托儿所，条件简陋但数量较多。二是将福禄贝尔幼儿园教育内容和方式引入托儿所，提倡儿童游戏和户外运动，采用福禄贝尔的恩物作为教具，改善托儿所的教育状况。[②]

---

① 周采，杨汉麟. 外国学前教育史 [M]. 2 版. 北京：北京师范大学出版社，2012：70.
② 周玉衡，范喜庆. 学前教育史 [M]. 上海：复旦大学出版社，2009：136.

2. 近代学前教育制度的建立

1855 年 3 月，法兰西第二帝国皇帝拿破仑三世颁布了托儿所敕令，指出："托儿所不论是公立或私立，都应当成为 2~7 岁的两性儿童在道德和身体的成长中得到必要照顾的教育设施。"教育的内容包括宗教教育、德育、读写算、常识、手工、体育等。

1879~1898 年，法国资产阶级自由派的代表和共和派执政，在政治上倾向于自由主义和 18 世纪的启蒙思想，反对教会特权，主张改革和发展教育。温和共和派执政期间，费里三次担任教育部长，1881 年和 1882 年议会先后通过所谓"第一费里法案"和"第二费里法案"，最终确立了法国初等教育"免费""义务"和"世俗化"三位一体的原则。这些原则的确立为普及学前教育创造了条件，促进了学前教育的世俗化。

3. 母育学校

1881 年 8 月 2 日，法国政府发布政令，将各种学前教育机构的名称统一为"母育学校"，并沿用至今。该政令指出：母育学校以实施"母性养护及早期教育"为宗旨，对全体儿童进行德、智、体全面发展的教育，母育学校招收 2~6 岁的儿童，并依据年龄发展阶段编班。保育内容包括道德教育初步原理、日常生活知识、语言训练、绘画、读写算初步知识、博物、唱歌和体操。教学方法强调直观和利用实物。1881 年的政令在法国近代学前教育史上具有重要意义，它统一了各种幼教机构的名称，将母育学校纳入公共教育系统，使其由目的在于看护的慈善性质的机构，转变为目的是看管和教育的国民教育事业。此外，1881 年的政令以年龄编班取代了以往带有封建色彩的按性别编班，并以道德代替了以往的宗教教育。该政令的颁布意味着法国近代学前教育制度的基本确立。

二、现代法国学前教育的发展

（一）20 世纪上半叶的学前教育

1905 年，教育部长对母育学校过于强调传授知识的倾向提出批评。1908 年，教育部长再次发布指令指出：母育学校的目的是对学前儿童加以照料，满足他们对德、智、体三方面发展的要求；母育学校不是一般意义上的普通学校，对于流落街头和处于不良家庭的幼儿来说，母育学校乃是他们的避难所；强调要鼓励无人照料的儿童到母育学校来，并给予平等的热情的接待、照顾。

这一时期学前教育机构的管理方面也已形成制度，公立的母育学校由国家和地方自治团体开办并支付经费，实行免费制度。私立幼儿园的监督由教育部的母育学校女视官负责。多数私立幼儿班则由小学的督学官监督。母育学校的教师与小学教师一样都由初级师范学校培养。[①]

（二）20 世纪下半叶的学前教育

第二次世界大战后，法国非常重视教育的发展，出台了一系列的教育改革法令，进行教育改革，如 1947 年的《郎之万－瓦隆教育改革方案》、1959 年的《教育改革法令》等。其中对学前教育影响较大的是《郎之万－瓦隆教育改革方案》。它首次提出了"教育民主化"的思想，强调根据不同儿童的个体差异，根据儿童的年龄、能力和心理来设计学校，因而被称为一个真正的"以儿童为中心"的教育改革计划。虽然该方案因受当时法国的经济和政治状况的限制而被搁置，但却影响着战后几十年法国教育改革的方向和进程。[②]

1975 年 7 月 11 日，法国议会通过了当时的教育部长哈比提出的一项教育改革方案，即哈比《初等和中等教育改革法案》。它在普通教育体制、课程设置、教学大纲和教学方法等方面提出了一系列改革措施，以使法国的中小学教育更趋于民主化、现代化和弹性化。法案规定学前教育的目标是：启发儿童的个性；消除儿童由于出身和家庭条件差异而造成的成功机会的不均等；帮助儿童顺利完成学前教育向小学教育的过渡。

由于法国政府特别重视从立法、资金、政策等方面保障儿童早期的教育与发展权，因此法国的学前教育在欧洲乃至全球都保持着领先的位置。据统计，早在 1980 年，法国 4 岁儿童入园率已达到 100%；1989 年，3 岁儿童的入园率达到了 97%，2 岁儿童的入园率也达到了 33.7%。[③]

20 世纪 80 年代末，法国基本普及了 3~6 岁幼儿的学前教育。1989 年，法国颁布《教育指导法》（又称《若斯潘法》），规定"每个 3 岁的幼儿，只要他的家庭希望，都可以进母育学校或离家最近的幼儿班；处境不利的 2 岁幼儿无论是在城市、农村还是在山区，都可优先入校"。该法明确提出把学前教育提前到 2 岁的目标，具体措施就是让社会经济地位等各方面处于劣势的 2 岁幼儿优先入学。[④] 1990 年，法国进一步颁布《教育法案实施条例》，把学前教育和小学教育合为一体，2~11 岁的儿童教育被分为三个阶段，每个阶段又由三个学年组成：①初等学习阶段（2~5 岁），包括母育学校的小班和中班；②基础学习阶段（5~8 岁），包括母育学校的大班和小学前两年；③深入学习阶段（8~11 岁），包括小学后三年。母育学校的大班既是启蒙教育的最后阶段，也是进入基础学习阶段的第一年，大班的学生开始做一些具有基础学习特色的活动，和小学前两个年级的学生一样主要学习法语和数学，并初步养成独立学习的习惯。这样小学教育和幼儿教育就实现了一体化。

---

①② 陈文华 . 中外学前教育史 [M]. 北京：科学出版社，2011：227，228.

③ 李生兰 . 比较学前教育 [M]. 上海：华东师范大学出版社，2000：103-104.

④ 周琴，苟顺明 . 法国学前教育均衡发展的保障措施及启示 [J]. 比较教育研究，2012，34（05）：17-21.

第三节　德国的学前教育

德国是近代第一所幼儿园的诞生地，但近代学前教育起步却晚于英法等国。19世纪中期以前，德国社会长期不统一，经济、文化发展受到影响，直到1871年建立德意志帝国。受英国幼儿学校运动的影响，德国学前教育有了快速的发展，尤其是1837年福禄贝尔幼儿园的创办，更是极大地推动了学前教育的发展，从而使近代德国学前教育走在世界的前列，成为其他各国仿效的榜样。

一、近代德国学前教育的发展

（一）19世纪上半叶的学前教育

1. 受法国幼儿教育影响的巴乌利美保育所

18世纪，德国的幼儿教育已经有了一定的发展，但幼儿教育社会化的较快发展主要是在工业革命以后。其中比较著名的就是被称为"巴乌利美"的保育所。1802年，在受到法国巴黎"育儿院"的启发下，巴乌利美侯爵夫人设立了一个保育机构。它是一个救济贫民，帮助参与劳动的母亲保育孩子的场所。巴乌利美保育所是农忙时期的季节性托儿所，办学时间从初夏开始到晚秋结束。招收的对象是那些母亲需要白天从事农业生产活动且断奶后的1~5岁的幼儿。每天的保育时间从上午6点到下午8点。保育所主要由12名贵妇人自发、无偿轮班监督工作，她们手下有一些从孤儿院和职业介绍学校来的12~16岁的女孩子做保姆，直接照看幼儿。幼儿进入这个设施后，每天接受一定的保育，有人给洗澡、梳头，发干净的衬衣和羊毛外衣。[①]

巴乌利美保育所主要是让孩子们在游戏和活动中度过；教授孩子正确的德语，教他们正确地称呼身边的事物，进行守规矩、守秩序、协调、亲切、勤劳等有关社会道德方面的训练和生活规律的教养。巴乌利美保育所创办引起了德国社会对贫困阶层幼儿发展和教育问题的关注，在一定程度上促进了19世纪德国保育机构的发展。

2. 弗利托娜的幼儿学校运动

弗利托娜从1822年开始担任阿尔萨斯州的维尔特尔城的新教派牧师，曾两次前往英国参观幼儿学校。1835年5月，她在自己的教区建立了奥柏林式的"编织学校"，一年后更名为"幼儿学校"，招收了特别贫穷的工人的幼儿40名，幼儿年龄为2岁至义务教育年龄阶段，幼儿学校的校舍十分宽敞，房屋周围有极好的游乐场。

---

① 郭法奇. 外国学前教育史 [M]. 北京：北京大学出版社，2015：80.

幼儿学校十分注重游戏的教育作用，教学内容有宗教、道德、读、写、算、图画、军事活动、直观练习和手工劳动等，多以游戏的方式教给幼儿。幼儿学校的最终目的，在于对贫民及工人的孩子的宗教和道德教化，力图使幼儿养成礼貌、节制、服从命令、勤劳和卫生等习惯，与当时政府所要求的完全适应。[①]

3. 福禄贝尔幼儿园的产生

1837年，福禄贝尔在勃兰根堡开办了一所教育机构，专门招收3~7岁儿童，1840年，他把这所学校命名为"幼儿园"。从此，他全身心地投入到学前教育工作中。他重视游戏，创制出一套称作"恩物"的教学用品，注重幼儿语言发展，为儿童安排多种作业活动，形成了一整套学前教育理论体系，对后来世界各国的幼儿教育产生了深远的影响。

（二）19世纪下半叶的学前教育

1848年革命失败后，普鲁士政府趋于保守和反动，开始镇压自由民主运动，把福禄贝尔为发展幼儿教育而从事的宣传活动，以及他呼吁政府支持幼儿园的言论，看成是反政府的行为，并于1851年下令禁止福禄贝尔幼儿园的开办。这项禁令一直到1860年才被废除。幼儿园禁令被废除以后，德国各地相继出现了许多幼儿园协会。在这些协会的领导下，德国的福禄贝尔幼儿园迅速推向了全国各地。其中影响最大的是两个团体：一个是1860年成立的以玛伦霍尔兹·别劳夫人为名誉会长的"柏林福禄贝尔主义幼儿园促进妇女会"，另外一个也是由别劳夫人于1863年春天设立的"家庭教育和民众教育协会"。1874年，这两个协会合并为"柏林福禄贝尔协会"，而别劳夫人在德国福禄贝尔幼儿园运动中是一个很有影响的人物，她作为运动的领袖，积极地创办"福禄贝尔协会"，尽量多地设立幼儿园，为福禄贝尔幼儿园在德国的普及作出了重要贡献。她还把福禄贝尔幼儿园介绍到国外，在19世纪50—70年代，她的足迹遍及英、法、比利时、荷兰和意大利等国。福禄贝尔幼儿园教育思想与实践传播到世界各地，在全世界范围流行起来，别劳夫人的历史贡献不可埋没。

二、现代德国学前教育的发展

（一）20世纪初至第二次世界大战前的德国学前教育

1924年，德国政府制定了《青少年福利法》，规定了儿童受教育的权利以及家庭教育在学前教育中的优先地位。该法案基本上确定了现代德国学前教育的基调，即把学前教育视为青少年福利事业并规划青少年福利部门管辖。该法案提出，要建立"白天的幼儿之家"，训练修女担任看护工作并要求加强幼儿教师的培训。

---

① 周采，杨汉麟. 外国学前教育史 [M]. 2版. 北京：北京师范大学出版社，2012：77.

1933 年，德国进入纳粹统治时期，法西斯政府建立了中央集权的学校管理体制，在幼儿教育中进行种族教育，宣扬对法西斯的崇拜和对纳粹的盲从，强调锻炼健壮的体魄和对领袖的"感情"，体育比赛成为幼儿园的中心工作。

（二）第二次世界大战后德国学前教育的发展与改革

1. 学前教育机构的主要类型

联邦德国的学前教育主要在幼儿园及学校附设幼儿园。此外，还有多种形式的其他辅助幼教机构。

幼儿园：大多由地方政府、教会、企业、社会团体或私人开办，未纳入国家教育计划。幼儿园招收 3~5 岁幼儿，分全日制和半日制两类。

托儿所：接受 0~3 岁儿童，主要是双职工的年幼子女，实行保育。

"白天的母亲"是指由联邦政府于 1974 年核准设立的幼儿保教计划。其主要做法是：由政府提供少量经费，让一些年轻妇女在照管自己小孩之余，再帮助邻近的职业妇女在白天照管 1~2 个幼儿，以解决其实际困难。这些"白天的母亲"须参加短期培训，以获得科学育儿的知识。

2. 学前教育政策

受苏联影响，民主德国的学前教育属于基础教育的一个阶段，全日制公办幼儿园较为普遍；联邦德国则秉承了魏玛共和国时期的传统，以半日制私立幼儿园为主。第二次世界大战后，为了尽快恢复与重建教育事业，联邦德国制定了一系列教育政策。如 1946 年颁布的《关于德国学校民主化的法律》，将幼儿园看作是非义务教育的教育机构，纳入国民教育体系。1947 年的《德国教育民主化的基本原则》，保证一切儿童享有同等的教育机会，在一切教育机构里实行免费教育，并为生活困难的学生提供生活补助。1970 年颁布的《教育结构计划》，将学前教育列入学校教育系统，3~6 岁的幼儿教育被纳入基础教育，属于初等教育范围，其中 5~6 岁的幼儿教育被纳入义务教育。这个计划的发布可以实现两个目的：一是把学前教育纳入教育的整个体系之中，实现了德国学前教育的制度化；二是把学前教育与初等教育联系在一起，打破了以往的学前教育单独的体系，使学前教育的一部分成为初等教育的一部分，反映了现代西方发达国家学前教育发展的一般趋势。此后，不仅 5 岁以上幼儿普遍入学。2021 年经济合作与发展组织（OECD）发布的最新年度报告《2021年教育概览》的数据显示，德国 3 岁以下幼儿在早教中心受教的比例为 39%，3~5岁幼儿接受学前教育的比例为 94%。德国幼儿教育参与率高于经济合作与发展组织的平均水平。[1]

---

[1] 周采，杨汉麟. 外国学前教育史 [M]. 2 版. 北京：北京师范大学出版社，2012：77.

第四节　美国的学前教育

美国是资本主义国家的后起之秀。1775 年北美独立战争爆发，1776 年成立了独立的美利坚合众国。其后，经过 1861~1865 年的南北战争，废除了南部的奴隶制度，成为近现代政治、经济发达的国家。美国的学前教育起步较晚，主要是学习欧洲的学前教育，到了 19 世纪中期才有了真正意义上的学前教育机构。但是，美国学前教育一经产生便迅速发展起来。进入 20 世纪，美国学前教育得到了长足的发展。从 20 世纪上半期的进步主义幼儿园运动的兴起、蒙台梭利热，到 20 世纪中期的重视智力开发及学前教育机会均等运动，然后到 20 世纪 80 年代后幼儿园的整体改革及社会和政府的进一步介入，使得美国的学前教育步入了健康发展的轨道。

一、近代美国学前教育的发展

（一）幼儿学校运动对美国幼儿教育的影响

早期的美国幼儿教育曾受到欧文幼儿学校的一定影响。1818 年，幼儿学校传入美国，1824 年欧文访问美国，在印第安纳州建立了体现共产主义精神的"新和谐村"，并开办了幼儿学校。其后许多州纷纷效仿创办幼儿学校，一度掀起了"欧文幼儿学校运动"的热潮。1830 年，这些幼儿学校改称为初级部，与初等学校相互衔接。但在发展过程中，由于对普及初等教育的强调，成人的要求过多，加上缺乏对幼儿特征的研究，这一时期美国的幼儿学校也出现了一种类似"小学化"的倾向。由于地方教育当局不愿承担办校经费，幼儿学校仅靠收费或募款难以维持生存，因此，经历了 1837 年的经济危机后，幼儿学校逐渐衰微。

（二）福禄贝尔幼儿园的建立

19 世纪 30 年代后期，幼儿学校衰落，美国幼儿教育受到重创。当时社会上的部分家长希望幼儿教育机构的教学方式能够以儿童为中心，放弃文化知识的传授，因为他们认为文化知识的传授不利于儿童的身心发展；而另外一部分家长希望幼儿教育机构能够教授儿童简单的读写知识，为进入小学做准备。而贫困家长则希望新的幼儿教育机构能够不分贫富贵贱，一视同仁地招收学生进行教育。美国内战后，社会急剧转型，政治、经济、文化和教会都对幼儿教育提出了新的要求。这时期移民蜂拥而至，出生率居高不下，大量移民和穷人带来了不利于社会稳定和影响民族团结的因素，而且移民带来的多元文化冲撞了美国的核心文化。与此同时，19 世纪中期开始，美国经济高速发展，出版、印刷、新闻、交通等行业的发展势不可挡。

正是在这种大背景下幼儿园应运而生。一方面，幼儿园不仅改善了美国幼儿教育机构不足的情况，调和了不同家长的需求，而且作为一种面向社会各阶层儿童的教育机构，不再是阶级和贫富的象征，加上其恰当的定位受到社会中、下层家庭的欢迎，赢得了广泛的群众基础。另一方面，美国政府选取幼儿园作为教化穷人和移民的工具，以此来提高国民素质，防止民族分裂；幼儿园还成为吸收不同文化和宣传美国核心文化的主要场所，因此受到政治当局的扶持。而此时期的部分教会不仅改变了幼儿教育观念，还积极兴建幼儿园，目的是挽救儿童脱离贫困和被忽视的不利生长环境。加上制造业、出版业、印刷业等的快速发展，美国幼儿园运动兴起。[1]

1. 德语幼儿园的建立

美国最早的福禄贝尔幼儿园是由德国移民玛格丽特·舒尔茨于 1855 年在威斯康星州的维特顿创办的一所专门为德国移民的子女开办的德语幼儿园。舒尔茨夫人在德国曾受到福禄贝尔思想的影响，她创办幼儿园后也采用了福禄贝尔的教育方法，以教授德语会话为主，并指导孩子们进行游戏、唱歌和作业。从舒尔茨夫人在美国创设第一所幼儿园至 1870 年的 15 年间，在美国由德国人开设的德语幼儿园已有 10 所左右，并且都实施了福禄贝尔式的教育。不过，由于当时福禄贝尔的幼儿园教育思想在美国还未引起人们足够的重视，早期出现的这些幼儿园还只限于部分地区，属于私立的小规模的学前教育设施，人们还没有把幼儿园视作教育子女必不可少的途径。[2]

2. 英语幼儿园的建立

在玛格丽特·舒尔茨创办了第一所德语幼儿园以后，美国人开始逐步使幼儿园美国化，向英语幼儿园过渡，其中具有代表性的是美国妇女伊丽莎白·皮博迪在 19 世纪 60 年代的探索和尝试。1859 年，伊丽莎白·皮博迪与舒尔茨夫人在波士顿相遇。皮博迪对舒尔茨的长女阿加莎的智力和独立性印象非常深刻，而舒尔茨夫人则把这种教育的成功归功于福禄贝尔。她向皮博迪讲述了福禄贝尔幼儿教育思想，并送给她一本福禄贝尔的著作《人的教育》。这激发了皮博迪的极大兴趣。从那时起，皮博迪把她的终生献给了美国的幼儿教育事业，对美国的幼儿教育产生了广泛而深远的影响。伊丽莎白·皮博迪所倡导的教育信念是福禄贝尔的教育思想，即应鼓励和支持儿童的主动合作，不应以严肃的方式来约束儿童。儿童进行的种种自发的游戏活动都是对教师要求的积极反应，他们能促进儿童自我潜能的开发，有益于儿童健康成长和身心发展的理念。她严格坚守和倡导福禄贝尔的教育思想，即："幼儿园教育不是一种构想，而是一种信仰，对我来说，它不是一个业余爱好，而是一个崇

---

① 王进 . 美国幼儿园运动兴起及前期发展（1856—1890）[D]. 北京师范大学，2011：1.
② 郭法奇 . 外国学前教育史 [M]. 北京：北京大学出版社，2015：90.

高的职业。"①

　　1860年皮博迪在自己的私人住宅里开办了一所私立幼儿园，这是美国的第一所英语幼儿园。以后，皮博迪又和妹妹玛利·曼一起为进一步宣传福禄贝尔思想而努力工作，她们发行刊物，演讲并撰写文章。皮博迪于1863年出版了《幼儿园指南》一书。在书中，她阐述了幼儿园和小学的区别，认为幼儿园不同于原来的幼儿学校，也不同于初等学校。幼儿园是儿童的乐园。在幼儿园里，应鼓励儿童自主活动和游戏，教师也要与儿童一起做游戏。1868年，在皮博迪的努力和支持下，美国的第一所幼儿师范学校在波士顿成立，她还邀请了德国的专家担任这所培训学校的第一任教师，直接向未来的幼儿园教师传授福禄贝尔思想。这所学校为美国输送了一大批优秀的幼儿园教师。在美国学前教育发展中，皮博迪做出了不可磨灭的贡献。

3. 慈善幼儿园的发展

　　工业革命后，美国社会贫富分化加剧，大量移民涌入城市成为城市移民。在这个背景下，慈善幼儿园应运而生。教会和社会慈善团体为收容贫穷家庭的儿童开办慈善幼儿园，免收学费，其中比较有影响的有：1877年创办的俄亥俄州托利多的托雷尼特教会幼儿园，1878年创办的纽约安东纪念教会幼儿园。1878—1889年，昆西·肖夫人资助兴起免费幼儿园的运动。教会开办幼儿园的主要目的是进行宗教教育和济贫。他们发展很快的另一个重要原因是，市政当局将幼儿园作为贫民救济和社会改良的一项事业来看待，因此进行鼓励和支持。

　　慈善幼儿园对促进社会改良和改善贫困家庭子女生活状况确实起到显著的作用，同时，它还传播了福禄贝尔的教育方法。由于慈善幼儿园与教会的传教事业和社会福利政策有密切关系，所以使幼儿园教育很快被美国社会各界所接受，为美国公立幼儿园系统奠定了一定的基础。

（三）公立幼儿园运动

　　随着经济的繁荣、社会的进步和文教事业的发展，19世纪30年代至50年代在美国掀起了一场声势浩大的公立学校运动。它是一场旨在建立由公共税收维持、公共行政机关监督，向所有儿童免费开放的学校教育制度的运动。到19世纪末，北部及东部各州都设置了向所有儿童开放的免费的公立小学。公立学校运动也影响到学前教育领域。

　　美国第一所公立幼儿园是威廉·哈里斯和苏珊·布洛共同创建的。哈里斯是当时密苏里州圣路易斯市的教育局局长，是公立学校运动的积极支持者。在皮博迪的建议下，在1873年秋天，创办公立幼儿园的设想实现了。哈里斯聘请曾在德国考察过幼儿园的布洛作为该园的第一任教师，招收第一批20名幼儿。布洛运用福禄贝

---

① 孙妍. 上帝派来的"园丁"——浅析伊丽莎白·皮博迪的幼儿教育信仰 [J]. 东方青年·教师，2013（18）.

尔的教育思想与方法对幼儿园进行实际指导，在许多方面做出了杰出的贡献，促使美国公立幼儿园进入一个全盛时期。因此，布洛被誉为公立学校运动中的"幼儿园之母"。在这所幼儿园里，招收 3~5 岁的幼儿入学，其实哈里斯还想降低入学年龄，因为他将幼儿园看成是"家庭生活和严格的学校纪律之间的一种转变"。他认为孩子越早进入学校，对以后讲究秩序和纪律的学校教育就越能适应。由于承担着各国移民融入美国文化的任务，哈里斯眼中的幼儿园显然更加带有工具性。满足各种不同社会阶层的教育需要，坚持阶级、种族和肤色的平等而接纳所有孩子是哈里斯支持公立幼儿园的核心因素。而同时，在具体操作方面，布洛是忠实的福禄贝尔信徒，她严格采用福禄贝尔的方法进行教学。不仅如此，她还严格抵制任何将福禄贝尔方法美国化的转变。1884 年，布洛离开了圣路易斯，5 年后，她搬到了美国东部，广泛地演讲并宣传福禄贝尔思想，成了当时幼儿园思想保守派的重要代表。[1]

在哈里斯和布洛的密切合作和共同努力下，这所幼儿园获得了巨大成功，在美国反响很大，各地纷纷效仿。一些私立幼儿园也逐步被纳入公立学校系统，到 1901 年美国共有公立幼儿园 2996 所，超过了私立幼儿园的数量。公立幼儿园运动使学前教育成为公共教育制度的一个有机组成部分，促进幼儿园在美国的普及，保证学前教育机会的均等。因此，它在美国教育史上具有重要意义。

二、现代美国学前教育的发展

（一）进步主义幼儿园运动

19 世纪末至 20 世纪三四十年代，美国开展了进步主义幼儿园运动，强调研究儿童，注重幼儿教育与实际生活的联系，它是具有美国特色的学前教育改革的开始。

1. 理论基础

进步主义运动时期美国学前教育的发展得益于心理学家霍尔与教育家杜威的贡献。作为进步教育运动的先锋，他们在理论方面予以重要指导。杜威作为现代教育的代表人物，他认为儿童是教育的出发点，社会是教育的归宿点，教育历程是连接出发点和归宿点之间的桥梁。他主张要把儿童放在教育的中心，让儿童成为教育的主宰，教育目的是把儿童培养成为社会合格公民，让儿童树立社会服务意识并掌握必要的社会生存技能。因此，教育的本质即：教育即生长，教育即经验改造，教育即生活。[2]

霍尔提出复演论，认为儿童心理的发展过程犹如种族进化的过程，反映着人类发展的历史，教育的主要任务是帮助儿童在每个阶段学习相应的知识。他指出美国的学前教育存在脱离儿童生活实际、忽视儿童健康方面的问题。因此，他主张为儿

---

[1] 王明鹤.幼儿园运动在美国（1856—1920）[D].上海：华东师范大学，2005：22.
[2] 王延南.进步教育运动时期美国幼儿教育的发展 [D].保定：河北大学，2011：7.

童传授必要的社会生活技能，课程应该建立在实际生活经验上。该理论为进步主义幼儿园运动提供了心理学依据。

2. 进步主义幼儿园运动的兴起与发展

进步主义幼儿园运动的主要领导人是安娜·布莱恩和帕蒂·史密斯·希尔。

布莱恩是美国进步主义幼儿园运动的先驱。19 世纪 80 年代，她最早公开批评福禄贝尔式幼儿园的种种缺陷，并在自己的幼儿园里开始试验用新的方法来教育幼儿。她认为应将幼儿看成是主动的、活泼的，教师应帮助幼儿自己思考而不是强迫幼儿领会恩物，将日常生活引入幼儿园，强调父母的责任，加强幼儿与父母的联系。

希尔是美国进步主义幼儿园运动的杰出代表，曾先后就学于杜威和霍尔。1893年，她接管了路易斯维尔免费幼儿园协会和路易斯维尔师范学校，经过 12 年的努力，使这里成为进步主义幼儿园运动的中心。1905 年希尔应邀赴哥伦比亚大学教师学院执教，在此后的 30 年中，她不停地教书、实验、写作、讲演，培养了大批学生，把进步主义幼儿园运动引向深入。她主张儿童玩具应是积木、桌子、椅子等实在的东西，而不是符号的东西，并设计发明了一组大型积木玩具，被称为"希尔积木"。

进步主义幼儿园运动，一方面强调对儿童心理和身体发育中的特征、幼儿个性和社会性的教育指导等问题进行科学、实证研究，注重学前教育与实际生活的联系，开展多方面的实践活动，试图从根本上否定恩物主义和象征主义；同时，又充分肯定了福禄贝尔理论中的合理部分，竭力"回到福禄贝尔基点"，并在实践中积极突破闭关自守的局面，使幼儿园逐渐发展成为与小学教育紧密结合的新型机构。[1]

（二）学前教育机会均等运动的兴起

第二次世界大战结束后，虽然美国经济得到快速发展，但是国内矛盾日益加深，以黑人为主导的有色人种开展了争取民权的运动。美国贫富差距依然很大，贫困的人不能受到良好的教育，一代又一代的在贫困圈里循环；同时，1957 年由于苏联人造卫星的上天，使得美国深感霸主地位受到威胁。面对新的国际国内形势，美国联邦通过一系列立法，加强了对教育的干预力度，以促进教育机会均等，确保贫困学前儿童的入学准备，学前教育在这一时期得到了快速发展。

20 世纪 60 年代起，美国学者开始关注环境和教育对儿童的影响。1964 年 5 月，美国学者查尔斯 E. 希尔伯曼发表了一篇提倡早期教育的文章，他建议重组美国的基础教育，为孩子们提供新型的幼儿园教育，学校教育应该从三岁或四岁开始。希尔伯曼的文章立刻引起了联邦政策制定者的高度重视。

1965 年，美国国会要求对贫困儿童实行"开端计划"，对这些处境不利的儿童实行补偿教育。"开端计划"由五个部分组成：①为儿童看牙治病；②为儿童提供

① 周采，杨汉麟.外国学前教育史 [M].北京：北京师范大学出版社，2012：171.

社会服务和家庭教育；③加强对志愿服务人员的使用；④为儿童的心理发展服务；⑤做好入小学的准备。由于该计划属于一种"补偿教育"，重在儿童的早期干预、扩大了弱势群体的受教育机会，以实现教育机会均等，因而一出台就很受公众欢迎，学前教育机构——开端计划学前班大规模地发展起来，使贫穷的学前儿童与其他同龄人在进入小学时站在了同一起点上。

虽然"开端计划"目标定位在"整个儿童"，但当时的美国人面临着苏联人造卫星挑战的压力，因此把关注重点放在了儿童智力的早期开发，为此政府投入了大量的财力和精力，对课程实验进行资助，由当地政府负责设计、实施和评价各种课程模式的有效性。

（三）追求公平与优质的发展变革时期

进入 20 世纪 80 年代以来，知识经济的发展，对人的整体素质提出了前所未有的高要求，尤其对人的主体性品质，如积极主动性、独立自主性、创造性、责任感、合作的品质等的重视更是超过了以往任何时代。教育机会均等的概念通过学者不断地研究逐渐发展，由原来的重视入学机会均等，扩展到受教育年限的提升、教育过程的平等、重视个人潜能的充分发展以及其他受社会教育机会均等，即教育公平。因此，促进幼儿身心全面和谐发展，使每位幼儿享有高质量的学前教育，追求教育公平，成为 20 世纪 80 年代以来美国联邦干预学前教育的主要价值追求。在这一时期，联邦政府陆续发布了一系列法案，如 1981 年的《提前开端法》，1994 年克林顿总统颁布的《2000 年目标：美国教育法》，2001 年颁布的《不让一个儿童落后法》。这些法律的颁布都是为了促进学前教育质量，尤其是为了确保弱势儿童能得到全面健康的发展。20 世纪 80 年代以来，美国联邦政府通过一系列立法和资金投入对学前教育进行干预，统一了学前教育目标，各州都遵循相应的条件，申请联邦的资金，并采取相应的措施贯彻联邦政策，确保了学前教育公平和美国学前教育质量整体性的提高。如儿童保育与发展拨款（Child Care and Development Block Grant）是 1990年代美国联邦政府最大的对于儿童早期保育与教育的单一资助，其主要目的是增加低收入家庭儿童的早期保育与教育的服务。2011 年，美国教育部和卫生及公共服务部共同实施了一项名为"力争上游"——早期学习挑战基金（Race to the Top-Early Learning Challenge）的竞争性赠款方案，该赠款用于资助各州发展全面和协调的早期学习系统。赠款为期 3 年，目前联邦政府已经向 20 个州提供了资金。[①]

---

① 王善安．当前美国幼儿教师专业发展所面临的挑战及应对策略 [J]．外国中小学教育，2017（6）：46-50.

第五节 日本的学前教育

1868 年的明治维新是日本从封建社会向近代资本主义社会过渡的转折点。日本明治政府在"富国强兵""殖产兴业"和"文明开化"的口号下，全面学习西方，试行了包括教育在内的一系列改革，为发展资本主义开辟了道路。日本成为亚洲第一个进入近代社会的国家。明治维新以后，日本教育步入近代化的历程，学前教育也开始了社会化的探索。第二次世界大战后，日本政府采取特殊的保护措施大力恢复和发展学前教育，推动了学前教育的发展。

一、近代日本学前教育的发展

（一）学前教育政策与幼儿教育机构的建立

1.《学制令》中有关学前教育机构的规定

明治政府为了实现其"富国强兵""殖产兴业""文明开化"的理想，对政治、经济、军事和文化教育各个方面都进行了重大的改革，并且在改革过程中特别重视文化教育改革，希望通过教育去开发人才，启迪民智。从明治维新起，日本就把发展教育作为促进资本主义经济、政治发展的重要途径。正是在这一背景下，学前教育开始发展起来。在吸取西方教育经验的基础上，全面改革日本教育。1871 年，日本设立文部省（即文化教育部），负责全国的教育改革，领导全国的教育事业。1872年，由文部省颁布《学制令》，这是日本教育史上的一个非常重要的教育法令，它的颁布，标志着明治维新后教育改革的开始。在《学制令》里规定了近代日本教育的领导体制和学校制度，其中对日本学前教育机构的设立也作了明确的规定，要求开设幼稚学校，招收 6 岁以下的男女儿童，实施入小学之前的教育。这是日本有关学前教育机构方面的最早的规定。但是由于当时明治政府把工作的重点放在创建小学校方面，《学制令》中有关幼稚学校的规定并没有被人们所重视，所以到 1873 年，幼稚学校一所也没有成立。

2. 各类幼儿园的建立

（1）公立幼儿园的建立。1876 年，日本政府才开始创办了日本的第一所公共学前教育机构，这就是依据文部省文部大辅田中不二（1845—1909）提出的建议，在东京女子师范学校开办的附属幼儿园，它是日本学前教育史上的第一所国立幼儿园。东京女子师范学校附属幼儿园于 1878 年开始招收保姆实习生，后又设立了保姆训练班，通过保育实践为学前教育培养师资。因此东京女子师范学校附属幼儿园不仅是日本学前教育机构的先驱，在日本学前教育史上占据着重要地位，而且它也是明治维新后培养学前教育师资的一个重要基地。

1877 年，文部省还制定了东京女子师范学校附属幼儿园规则，对幼儿园的目的、入园年龄、保育时间、保育科目和保育费用等方面进行了规定，这些规则被后来日本各地成立的幼儿园所仿效，其影响深远。东京女子师范学校附属幼儿园虽然是文部省开办的国立幼儿园，但却不是按照《学制令》中关于幼稚学校的规定开设的，也就是说它并不是为广大民众的子女所设的幼儿园。这所幼儿园是只为少数特权阶级的子女服务的教育机构。在当时日本经济尚不发达、生产力水平还较低的情况下，幼儿园是难以普及的，所以到 1882 年，全日本仅有类似东京师范学校附属幼儿园的学前教育机构 7 所，相当于平均每年增设 1 所，可见发展速度是相当缓慢的。

1882 年，文部省采取增设幼儿园的积极措施，提出了新的办园意见，明确规定：文部省所属的幼儿园，办园的一切费用完全由政府承担，各地方幼儿园也是这样。同时指出，幼儿园的规模不宜过大，办园的方式可以任意选择，并提倡设置简易幼儿园，认为这样就可以大量收容那些贫民劳动者的子女，或者是父母没有时间、精力照顾和养育的那些子女。文部省还规定简易幼儿园在设施、编制上要从简，简易幼儿园主要是为贫民子女所办的幼儿园，这种幼儿园收费低廉，入园者可免费或只交少量入园费。这一政策的实施，加速了幼儿园的普及，促进了日本学前教育的空前发展。这种简易幼儿园的特点是：设备、园舍等设施简陋，能节省开支；收费低廉；对儿童的保育实行不分年龄阶段的集体保育；适宜于乡村和边远地区幼儿园的普及。

（2）私立托儿所的建立。随着资本主义工业生产的发展，妇女就业人数增加，简易幼儿园仍不能解决所有孩子的入园要求。这样，一种新的学前教育机构——托儿所，便应运而生。1890 年，由民间人士赤泽钟美（1864—1937）夫妇于新潟市创立了日本学前教育史上的第一所托儿所，这所托儿所与幼儿园不同，不是国立的，而是由私人出于慈善动机开办的私立机构，它是专门为贫民的子女而开设的，主要是起着看管孩子的作用。

这所托儿所的特点是，实行常设寄托制，而且收费较低，深受年轻父母的欢迎。它的诞生引起了当时社会广泛的注意。人们赞扬这对宽厚仁慈的夫妇为解决幼儿家长的苦恼而担起了这一人道主义的责任。受其影响，1894 年大日本纺织公司也分别在东京和深川的工厂内附设了托儿所，以解决参加工作的母亲的托儿问题。接着于 1896 年在福冈县还成立了利用民宅建起的邻里托儿所。日本内务省也对发展这类托儿所表示关注，曾拨出少量经费来资助它的发展。正是从赤泽钟美夫妇创办第一所托儿所开始，日本学前教育事业的发展走上了新的轨道，从此日本就存在幼儿园和托儿所两类学前教育机构，到 20 世纪，日本逐渐形成了独具特色的幼儿园与托儿所的二元学前社会教育机构，这一体制一直延续至今。

（二）近代日本政府的学前教育政策和措施

1. 福禄贝尔学前教育思想的影响

福禄贝尔的学前教育思想传入到日本后，成为促进日本学前教育发展的一大推动力。最早介绍福禄贝尔幼儿园的是当时任东京师范学校协理（即校长）的中村正直。他在 1877 年 11 月 24 日的《日日新闻杂报》上首先刊登介绍福禄贝尔幼儿园及其理论概要的文章，从而引发了日本学前教育西方化的新尝试。他认为日本的学前教育也应当按照福禄贝尔的要求，把幼儿当作人类的幼苗，把幼儿园办成游戏园，让幼儿聚集在一起。

他这一新颖的幼儿教育观点在当时被人们所接受，明治政府对此也以赞赏的态度予以肯定，东京女子师范学校附属幼儿园的诞生就证明了这一点，中村正直的学前教育思想成为日本第一所学前教育机构建立的理论依据。这一时期推崇并积极宣传福禄贝尔思想的除了中村正直，还有其他教育界人士，如关信三、饭岛半十郎等。关信三是东京女子师范学校附属幼儿园的监事（即园长），是日本明治时期的学前教育家。他曾留学英国，回国后从事女子教育和学前教育。他译著了《幼儿园记》（1877 年），还编写了《幼儿园二十例游戏》（1879 年），把福禄贝尔的"恩物"以"二十种游戏"的方式进行了图解。当时，这本书曾作为学前教育的基础教材被广泛应用。由此，就把福禄贝尔发明的教具——"恩物"介绍到了日本，并使其成为幼儿园教学的重点。为了进一步研究和推广福禄贝尔的学前教育理论，19 世纪末，日本各地还纷纷成立了福禄贝尔学会。由这些学会发起向文部省大臣提交了一份《关于幼儿园制度的建议书》，要求政府颁布"幼儿园教育令"，以对幼儿园的保育内容、保育时间等方面作具体的规定。这一建议书后来成为日本政府制定《幼儿园保育及设备规程》的基础。

2.《幼儿园保育及设备规程》的制定

随着日本近代工业的迅速发展，学前教育也快速发展起来，同时加强学前教育机构之间的相互练习与协助为目的的各种有关幼儿园人员的集会及团体组织也相继成立。1896 年，东京女子师范学校附属幼儿园事务局成立福禄贝尔学会，并立即向文部省大臣提议应为幼儿园制定教育令。在这样的背景下，1899 年，日本终于制定出第一个关于幼儿园设施、设备、保育内容及保育时间等项规定的《幼儿园保育及设备规程》。这是日本首次由政府颁布的有关幼儿园综合而详细的法规。该规程兼顾了幼儿园和保育所两大幼儿教育机构的特点，它是多年日本学前社会教育实践的总结。其主要内容有：①规定"幼儿园是为年满 3 岁学龄前儿童开设的保育场所。"②保育内容包括游戏、唱歌、谈话、手工作业以及纠正幼儿的不良道德仪表。③在保育方法上，强调要适应幼儿身心发展，难易得当，利用幼儿模仿力极强的特点，让他们多接触嘉言懿行。④规定了幼儿园所的设备。

近代日本在明治维新时期形成了学前教育制度，它较多地引进和吸收了欧美进步的教育思想和经验，特别是受福禄贝尔学前教育理论的影响很大。但在当时，日本幼儿园的发展情况仍较为缓慢，它与国民的实际需要存在很大差距。究其原因固然有经济尚不发达、社会和个人的承受能力尚受限制等因素，但主要则是由于日本政府在教育政策上低估了学前教育的作用，对幼儿园的发展在很长一段时间内采取了不予干涉、任其自由发展的政策。

二、现代日本学前教育的发展

（一）现代日本学前教育的制度化

1900 年日本文部省修改了《小学校令》，该法令规定市镇村在得到府县知事的认可后可设立幼儿园，这样就为市镇村在其所设立的小学校里附设幼儿园提供了法律依据。在修改《小学校令》之际，日本文部省又制定了新的小学校施行规则，以法律形式明确规定幼儿园可设园长，而且还规定了保姆的职责是保育幼儿。1911 年，文部省又对《小学校令》施行规则中有关幼儿园的规定进行了部分修改，该法令规定要延长幼儿的保育时间，使幼儿园能更充分地发挥其灵活性和自主性。1923 年，以法律形式公布了日本历史上第一个盲学校及聋哑学校令，接着又以法律形式公布了公私立盲学校及聋哑学校规程，1926 年颁布了《幼儿园令》，这是日本学前教育史上第一部较为完整而又独立的法令。该法令规定：幼儿园教育为小学教育体系的一环；幼儿园以保育幼儿身心健康发展、培养善良性格、辅助家庭教育为目的；放宽幼儿园的入园规定，由原来的 3 岁入园改为不满 3 岁也可以入园，幼儿园可以附设托儿所。《幼儿园令》的颁布，促进了日本幼儿园的发展，日本的托儿所也得到较快发展。1929 年，日本政府又以法令形式颁布了《学校医、幼儿园医及青年训练所医》，该令中规定：幼儿园可同小学校以上的学校一样配备医生。1941 年，由于太平洋战争的爆发，此时期幼儿园的发展受到了阻碍，处于停滞状态。

（二）战后学前教育的改革与发展

1.《幼儿园教育大纲》的制定与修改

1947 年 3 月，日本国会通过第二次世界大战后最重要的教育立法《教育基本法》及《学校教育法》，规定幼儿园是受文部省管辖的正规"学校"的一种，以满 3 岁至小学就学前的幼儿为对象。此外，还提出"幼儿园以保育幼儿，创造适宜的环境，促进幼儿的身心发展为目的。"依据《学校教育法》等文件精神，文部省于 1948 年 3 月颁布《保育大纲》。1956 年，对《保育大纲》进行修订，在此基础上颁布了《幼儿园教育大纲》，标志着战后初期日本学前教育的整顿改革工作已经结束。

修订后的大纲规定日本学前教育的基本方针是：①力求幼儿身心得到协调发展；

②培养基本的生活习惯和正确的人生态度；③激发关心自然和社会现象的兴趣，培养初步思考能力；④提高幼儿的语言能力；⑤通过各种表达活动丰富幼儿的创造力；⑥培养幼儿的自主性；⑦因材施教；⑧结合幼儿的生活兴趣、经验、要求，全面教育；⑨完善幼儿园生活环境；⑩突出幼儿园特点，有别于小学教育；⑪与幼儿家庭教育密切配合。大纲将幼儿教育的内容系统化，概括为六个方面：健康、社会、自然、语言、音乐韵律、绘画手工，并对每个方面都提出"理想的目标"。

2. 20 世纪 60 年代以来学前教育的发展

20 世纪 60 年代以来，追随重视学前教育的世界趋势，日本政府除了颁布或修订幼教大纲，还推行了几项振兴幼教的重要计划。

1962 年，日本文部省依据政府新提出的"培养人才"的政策，制定从 1964 年开始的《幼儿教育 7 年计划》。目标是使 1 万人以上的市、镇、村幼儿入园率达到 60% 以上。在达成目标后，文部省又在 1972 年制订《振兴幼儿教育 10 年计划》。目标是实现 4~5 岁儿童全部入幼儿园或保育所。为此，日本实行了幼儿园入园奖励制度，即对将子女送往公立或私立幼儿园的收入微薄家庭，减免保育费。此计划的实施大大推动了日本学前教育的发展，自此，日本学前教育的水平进入少数最发达国家之列。

1991 年，日本文部省又制定了战后第三次幼儿教育振兴计划，其目标是确保此后 10 年 3~5 岁儿童有充分入园的机会。此外，还将入园奖励费扩大到 3 岁幼儿，并对低收入家庭规定了幼儿园学杂费减免标准。上述措施有力地推动了振兴计划的实施。[1]

20 世纪 90 年代，日本进入少子高龄化时代。少子高龄化对日本经济、教育、文化等各个方面都产生了严重的影响，已经成为制约日本发展的重要因素之一。实际上，为了解决少子高龄化这个难题，日本一直在做积极的努力。例如，2015 年 4 月，设置儿童·育儿本部；2016 年 4 月，修改《儿童·育儿支援法》；2016 年 6 月，制订"一亿总活社会"计划；2016 年 7 月，提出幼儿园入园奖励支援政策（主要针对低收入家庭的第三个孩子和 5 岁之后的儿童）；2017 年 6 月，制订《安心育儿计划》。

为了解决少子化问题，让所有孩子都接受高质量的学前教育，日本从 2019 年 10 月 1 日开始全面实施学前教育免费制度。这次日本学前教育免费制度的对象群体包含所有 3~5 岁儿童和非纳税家庭的 0~2 岁儿童。儿童满 3 岁后的第一个 4 月（日本新学期开始时间为每年 4 月）开始到小学入学前 3 年间的入园费（利用料）全部免除，但班车费、餐饮费、活动费等不在免除范围内。这是继义务教育免费化后日本教育的又一大改革。[2]

---

① 王宣鹏，夏如波 . 中外学前教育史 [M]. 南京：南京大学出版社，2013：131.
② 孙雪荧，李玲 . 日本学前教育免费制度：背景、架构与问题 [J]. 外国教育研究，2021，48（07）：101-111.

拓展阅读

<h2 style="text-align:center">"幼儿园"名称的由来</h2>

众所周知，幼儿园是对 3 周岁以上学龄前幼儿实施保育和教育的机构。那么，幼儿园名称是怎么来的呢？

1770 年，法国的奥柏林创办编织学校，被认为是"近代幼儿教育设施历史开端的象征"。1816 年，英国空想社会主义者欧文在新拉纳克创办世界上第一所学前教育机构——性格形成新学园。但这些并不是真正意义上的幼儿园。

世界上第一所幼儿园是由德国的教育家福禄贝尔创办的。1837 年，福禄贝尔在德国勃兰根堡开办一个"发展幼儿活动本能和自我活动的机构"，招收 3~7 岁儿童，确立了游戏与作业为核心的学前教育体系。他注重培养孩子们的动手劳作技能和游戏活动的能力，孩子们经常被带到大自然中去，有时他们一起在花园或室内活动和劳动。

为区别于传统的"幼儿学校"，福禄贝尔曾想把这个机构取名为"婴儿职业所"或"育婴院"，但又觉得不能体现其教育宗旨而没有确定下来。据说，他曾为幼儿教育机构取名的问题思索了很长的时间。因为他的幼儿教育机构设在树林里，风景十分优美，1840 年的一天，他在林中散步，看见山林中的草木花鸟，一派生机勃勃的景象，忽有所悟。他想幼儿园如同花园，幼儿如同花草树木，教师犹如园丁，儿童的发展犹如植物的成长。于是决定取名为幼儿园（Kindergarten，意为"儿童的乐园"）。

随着福禄贝尔学前教育思想和实践经验流传到世界各国，幼儿园的名称就被传播开来。1854 年，英国成立了第一所幼儿园（英语幼儿园）。1855 年，幼儿园由德国移民舒尔茨夫人传入美国。1861 年，德国政府取消了对于福禄贝尔式幼儿园的禁令，并在 1876 年承认幼儿园教育是初等教育的一部分。同年，幼儿园传到了日本，并通过日本在 19 世纪末传入中国，1903 年中国出现了第一所官办幼儿园（即湖北幼稚园）。

（资料来源：周玉衡，范喜庆. 学前教育史 [M]. 上海：复旦大学出版社，2009：143.）

本章小结

近代英国学前教育是以罗伯特·欧文的幼儿学校为起点，形成了一场规模浩大的幼儿学校运动，一度波及欧美各国。第一次世界大战前，英国学前教育的主要内容是保育学校的建立和发展以及幼儿学校教育方法的改革。第二次世界大战后，随着《巴特勒法案》《教育白皮书》等重要法规的颁布，英国教育事业有了长足发展。20 世纪末以来，英国相继出台了"确保开端"

和"早期学习基础阶段"等重要的教育方案，继续推动英国学前教育的发展。

奥柏林开办了编织学校，拉开了法国近代学前社会教育的序幕。19世纪下半叶，法国近代学前教育制度开始建立，并将各种学前教育机构的名称统一为"母育学校"，并沿用至今。20世纪以后，公立的母育学校由国家和地方自治团体开办并支付经费，实行免费制度。1990年，法国进一步颁布《教育法案实施条例》，实现了幼儿教育和小学教育一体化。

受英国幼儿学校运动的影响，德国学前教育有了快速的发展，19世纪下半叶福禄贝尔幼儿园迅速推向了全国各地。纳粹统治时期，在幼儿教育中进行种族教育，体育比赛成为幼儿园的中心工作。第二次世界大战后，将学前教育列入学校教育系统，3~6岁的幼儿教育被纳入基础教育，属于初等教育范围，其中5~6岁的幼儿教育被纳入义务教育。

早期的美国幼儿教育曾受到欧文幼儿学校的一定影响，19世纪中期开始，美国幼儿园运动兴起，出现了各种类型的英语幼儿园、德语幼儿园和慈善幼儿园。19世纪30年代至50年代在美国掀起了一场声势浩大的公立学校运动，使学前教育成为公共教育制度的一个有机组成部分，促进幼儿园在美国的普及，保证学前教育机会的均等。19世纪末至20世纪三四十年代，美国开展了进步主义幼儿园运动，强调研究儿童，注重幼儿教育与实际生活的联系，它是具有美国特色的学前教育改革的开始。第二次世界大战结束后，美国开始重视教育机会均等，同时追求与优质的学前教育。

1872年，由日本文部省颁布《学制令》，这是日本有关学前教育机构方面的最早的规定。19世纪中后期，日本相继建立很多公办幼儿园和私立幼儿园。1899年，日本颁布《幼儿园保育及设备规程》，这是日本首次由政府颁布的有关幼儿园综合而详细的法规。第二次世界大战后，日本颁布了《幼儿园教育大纲》，标志着战后初期日本学前教育的整顿改革工作已经结束。20世纪60年代以来，日本政府追随重视学前教育的世界趋势，除了颁布或修订幼教大纲外，还推行了几项振兴幼教的重要计划，尤其是2019年10月1日开始全面实施学前教育免费制度。

 **思考练习**

1. 为什么最早的学前教育机构招收的对象是贫民或工人阶级的儿童？
2. 简述法国母育学校的特点。
3. 简述美国开端计划的主要措施。

第十三章　近现代西方教育家的学前教育思想

★ 学习目标导航

1. 了解洛克的"白板说"。
2. 掌握卢梭的"自然主义"教育的主要思想。
3. 了解福禄贝尔的主要教育思想。
4. 了解爱伦·凯的家庭教育思想。
5. 掌握蒙台梭利的主要教育思想。
6. 了解杜威"做中学"的教学思想。

★ 内容结构导图

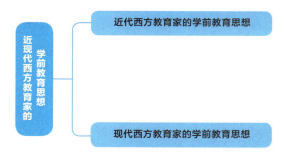

★ 本章摘要　　自瑞典教育家爱伦·凯在 1899 年提出"20 世纪将是儿童的世纪"之后，世界各国的幼儿教育在 20 世纪得到了迅速的发展。许多教育家、心理学家对幼儿教育的问题给予了极大的关注，或创办幼儿教育机构，或探讨幼儿教育理论，使幼儿教育理论在心理科学发展和教育实验研究的基础上得以深化，从而推动了现代幼儿教育的改革和发展。

近代西方教育家的学前教育思想

外国近代学前教育的发展不仅有幼儿学校、托儿所、幼儿园等社会教育机构的创办，以及学前教育制度化的探索，也有很多教育家对学前教育问题的关注和思考。正是由于这些教育家对学前教育的研究，才使得学前教育的发展不仅仅是学前教育机构和制度的发展，还包括学前教育思想的发展。本节主要介绍夸美纽斯、洛克、卢梭、斐斯泰洛奇和福禄贝尔的学前教育思想。

一、夸美纽斯的学前教育思想

扬·阿姆斯·夸美纽斯（1592—1670），是一位以捷克语为母语的摩拉维亚族人，捷克伟大的民主主义教育家，西方近代教育理论的奠基者，出身于一磨坊主家庭。他是公共教育最早的拥护者，他所著作的《大教学论》中提出了自己的教育理念。年轻时夸美纽斯被选为捷克兄弟会的牧师，并主持兄弟会学校。

三十年战争（1618—1648）爆发后数十年被迫流亡国外，继续从事教育活动和社会活动。他尖锐地抨击中世纪的学校教育，并号召"把一切知识教给一切人"；提出统一学校制度；主张普及初等教育，采用班级授课制度，扩大学科的门类和内容；强调从事物本身获得知识。其主要著作有《母育学校》《大教学论》《语言和科学入门》《世界图解》等。在学前教育史上，夸美纽斯是第一位明确提出要"为幼儿设立学校"的教育家。夸美纽斯可以称为是近代学前教育社会化思想的奠基者和探索者。他对学前教育的许多问题都进行了研究，他的学前教育思想是世界学前教育宝库中的重要财富。

（一）人文主义的儿童观

夸美纽斯生活在文艺复兴运动的鼎盛时期，深受人文主义思想的影响，形成了人文主义的儿童观。文艺复兴运动兴起后，人们重新评估人的能力，对人有了新的认识，改变了对儿童的观念。人文主义者从人性论出发，反对束缚和压抑儿童的身心，主张为儿童提供身心发展的条件；并把儿童看作世界上最珍贵的宝物来加以赞美，把儿童看作是未来新社会的开拓者而寄予殷切期望。

夸美纽斯在《母育学校》第一章的标题提出"儿童是上帝最珍贵的恩赐，是不能跟任何事物相比拟的宝物。因此，必须给以极大的关怀"。他认为，对于父母来说，儿童产生于我们的实体本身，是我们实体的一部分，生来是颗没有被玷污的纯洁的"种子"，保持有谦虚、善良、和睦、可亲的美德。另外，儿童对于国家来说，他们必然会发育长大，成为未来的博学的学者、哲学家和科学家，以及国家的领导者。所以儿童也就是国家的未来。由此出发，夸美纽斯要求父母应该加倍地热爱儿童，要求国家更多地关心儿童的成长。

正因为儿童是"无价之宝"，夸美纽斯非常重视早期教育。他认为，一切都有赖于开端，早期教育是儿童以后教育的基础，抓好早期教育，可以防止儿童沾染不良习惯，预防人类的堕落。儿童就像是嫩芽，在其身心形成的最早时期，应该给予恰当的教育。"任何人在幼年时代播下什么样的种子，那他老年就要收获那样的果实，诚如谚语所说：'幼年的追求就是老年的爱好。'"①

（二）论母育学校及基本任务

1. 母育学校是实施学前教育的机构

夸美纽斯主张人的发展应"追随自然的领导"，人的学习和教育可以划分为四个明显的阶段，即婴儿期、儿童期、少年期和青年期。在夸美纽斯看来，"母育学校"是实施学前教育的机构，每个家庭都应当建立一所母育学校。夸美纽斯指出，与其他学校相比，母育学校主要有三个方面的特点：一是在母育学校里，一切知识都用一种一般的、不确定的方式去教；二是母育学校里，儿童的感官应该得到锻炼；三是母育学校招收一切男女儿童。

2. 母育学校的基本任务

夸美纽斯认为，母育学校是儿童成长的"最初的学校"，是为儿童知识学习和习惯练习打基础的地方，因此"母育学校"应该帮助儿童学习知识和养成道德习惯。

关于知识的学习，他提出在母育学校里主要学习20个项目的知识。其中包括儿童自己看、听、尝、接触各种物体等；学习水、土、空气、火、雨、石头等；学习自己身体各个部分的名称与用途；知道一时、一日、一周或一年的意义；知道多和少，数数能够数到10，3多于2，1加3等于4。②

关于儿童道德习惯的养成，他提出在饮食上食物不要塞满胃部，不要取过多的食物，以练习节制；在吃饭、换衣服与玩玩具中要让儿童练习保持清洁；在与长辈的交往上，要让儿童练习对长辈的尊敬，对于命令和禁止要服从；还要让儿童对真理应当宗教般地遵守，不容许虚伪与欺骗；要练习仁爱，遇到有人求助时要乐于施舍；还要让儿童练习一些基本的礼仪，比如怎样握手，要东西如何谦逊地表达请求等。

（三）学前教育的内容与方法

1. 体育

夸美纽斯认同"健康的精神寓于健康的身体"这一观点，并以之提醒父母们教育子女首要的事情就是保护他们的健康。

（1）强调幼儿身体健康从胎儿时期就应开始注意。提出孕妇应该注意饮食、防

---

① 任钟印. 夸美纽斯教育论著选 [M]. 任宝祥，等，译. 北京：人民教育出版社, 2005:24.
② 郭法奇. 外国学前教育史 [M]. 北京：北京大学出版社, 2015: 58.

治疾病，行动谨慎，生活规律，并要注意保持情绪稳定避免波动，否则不良情绪可能会对胎儿造成不利影响。

（2）喂养方面，强调母乳喂养，认为这是母亲的责任，也有利于婴儿的健康；婴儿稍大一些应添加易消化的辅食；断奶后提供丰富多样的、低刺激性的饮食。

（3）注意安全。夸美纽斯指出，幼儿身体幼小柔嫩，"比玻璃还脆弱"，易受到伤害。因此，必须处处注意保护幼儿的安全。

（4）提出合理安排幼儿作息，使其规律生活，保持愉快的心情。他认为合理的生活有利于幼儿的健康，而"一种愉快的心情就是一半的健康"。

2. 德育

从改良社会的道德出发，夸美纽斯也十分重视幼儿的道德教育。他认为，儿童应该从小打下良好德行的基础，否则将来就会没有德行。因此，夸美纽斯强调指出："必须在很早的阶段，当邪念远没有主宰思想时，就谆谆教诲德行。"[1]

为了使幼儿道德教育收到良好的效果，夸美纽斯坚决反对父亲或成人溺爱和放纵孩子，容忍他们在毫无纪律约束下为所欲为。在他看来，严格的纪律是必须用来制止邪恶倾向的。如果父母在儿童的心灵中播下任性的种子，却想收获纪律的果实，那是不可能的。幼儿的任性实际上不是他们缺乏理智，而往往是成人愚蠢所造成的不良后果。因此，应该使幼儿自幼养成纪律的观念，同时应该以温和的态度对待他们提出的合理要求。

有关德育的方法，夸美纽斯提出可以通过榜样示范、教导、训练、惩罚、表扬等手段对幼儿进行道德教育。他认为儿童好模仿，因此强调为他们作出良好的榜样，并在他们做得不恰当时及时教导。他还重视训练的作用，提出"要规定适当的训练"，使他们按照要求去做。必要的时候可以训斥甚至体罚，但反对威吓，还提出惩罚之后要适当地表扬，因为"许多有益的结果是来自聪明的表扬"。

3. 智育

在夸美纽斯看来，智慧是虔信和德行的基础，"比宝石和珍珠还珍贵"。他认为学前阶段智育的主要任务是训练幼儿的感官、观察力，获得各领域基础知识，同时发展语言和思维，为以后阶段的系统学习做准备。他曾说过："必须把一个人在人生的旅途中所当具备的全部知识的种子播种到他身上。"[2] 智育的内容，就是他所说的初步的全部人类知识：玄学、物理学、光学、天文学、地理学；年代学、历史学、算术、几何学、静力学、机械学、辩证法、文法；修辞学、诗歌、音乐、经济学、政治学、道德学、教义。概括起来，包含各类自然事物；各类自然科学知识；各类社会科学知识；音乐知识；语言；绘画写字。夸美纽斯认为，通过这种百科全书式的知识启蒙教育，就可以为儿童奠定各学科知识最初步的基础。

---

[1][2] 夸美纽斯. 大教学论·教学法解析 [M]. 任钟印，译. 北京：人民教育出版社，2006：194，237.

有关智育的方法，受培根唯物主义感觉论的影响，夸美纽斯认为感觉是知识的主要源泉，对幼儿"进行教导的主要媒介应当是感官知觉"，尤其是视觉。因此，他认为应当发展幼儿的体外感官，培养幼儿的观察力，引导幼儿通过感官认识周围世界，获得知识。这是智育主要的途径与方法。

语言方面，他提出要先教幼儿清楚准确地发出字母、音节和单词的音，然后说出其在家中所见的以及作业用的一切东西的名称。同时，还应打下发展思维的基础。其次，还要考虑幼儿的年龄特点和个体差异。因为幼儿的能力发展水平有限，"凡是超出了他们的理解的东西就不要给他们去学习"，不同孩子能力发展也会有所不同，因此，要注意因材施教，避免强求一律。

（四）活动与游戏

夸美纽斯认为，幼儿天性好动，血气旺盛，成人对幼儿的活动不应加以限制，而是应该让他们常常有事情可以做，"像蚂蚁一样不停地忙碌"。"凡是儿童喜欢的东西，只要没有害处，就应该让他们通过玩儿得到满足"。他认为给儿童以活动的自由有三方面的好处：一是可以锻炼身体，增进健康；二是可运用和磨炼思想；三是可练习四肢五官，使之趋于灵活。

在夸美纽斯看来，游戏是最适合幼儿的活动方式。因为幼儿在游戏的时候会心无旁骛，全神贯注，他们受到自然本身的激发去做事。通过这种方式，幼儿就能够受到一种积极生活的锻炼，学会克服困难。在幼儿游戏的同时，作为父母，应该在必要的时候给予帮助和指导，或者是参与到幼儿的游戏中去。

关于幼儿的玩具，夸美纽斯指出，幼儿在游戏中喜欢模仿成人所做的事情，成人尽管不应去阻止，但一些真的工具（如刀、斧之类的）可能会伤到幼儿。因此，应该为幼儿提供一些替代性的玩具，如小的铁刀、木剑、锄头、小车、建筑物等。儿童也可以用泥土、木片、木块或石头去搭建小房子。

（五）进入国语学校的准备（幼小衔接）

夸美纽斯在《母育学校》的最后两章谈论了幼儿从母育学校进入国语学校的问题。首先就是入学年龄，他认为幼儿应该在满 6 岁之后再进入国语学校接受教育，因为孩子在 6 岁之前需要更多的照顾和看护，大脑也还未凝固。他还提出了判断孩子具备入学能力的三个标志：①是否真正获得在母育学校应学会的东西；②对问题是否有注意和辨别、判断的能力；③是否有进一步学习的要求和愿望。他认为，父母应该做好准备再送孩子入学，否则就是不明智的。

夸美纽斯生活在欧洲从封建社会向资本主义社会过渡的历史大变革时期。他从新兴资产阶级的立场出发，以大胆革新的精神论述了学前教育的意义、内容和方法，提出了比较系统的新的学前教育理论，在人类学前教育发展历史上建立了不可磨灭的功绩。夸美纽斯的学前教育思想中，充满了人文主义、民主主义的精神。他摆脱了中世纪天主教散布的"原罪说"，无限热爱和尊重儿童。在西方教育史上，在夸美纽斯之前，还没有一个教育家像他那样对儿童倾注了全部的爱。他希望每一个母亲都在身体、智慧、道德等各方面给予自己的子女以充分的教育，为他们的健康成长打下坚实的基础。夸美纽斯总结了人类长期的儿童教育的经验，并力图从近代科学所能达到的水平进行论述。虽然由于他的宗教观的限制，使他的教育思想不尽完善，但他关于学前教育的许多见解在一定程度上反映了学前教育的客观规律。总之，夸美纽斯确立了近代学前教育思想的基础，给18、19世纪欧洲学前教育思想和制度带来了极大的影响。[①]

二、洛克的学前教育思想

约翰·洛克（1632—1704），英国的哲学家。在知识论上，洛克与乔治·贝克莱、大卫·休谟三人被列为英国经验主义的代表人物，同时他也在社会契约理论上做出重要贡献。他发展出了一套与托马斯·霍布斯的自然状态不同的理论，主张政府只有在取得被统治者的同意，并且保障人民拥有生命、自由和财产的自然权利时，其统治才有正当性。

洛克被广泛视为是启蒙时代最具影响力的思想家和自由主义者，他的思想对于后代政治哲学的发展产生了巨大影响。他的著作影响了伏尔泰和卢梭，以及许多苏格兰启蒙运动的思想家和美国的开国元勋。洛克的《教育漫话》所阐述的绅士教育的主张，就是他的哲学和政治思想在教育上的反映，对西方近代社会和教育的发展产生了重要的影响。洛克也比较关注学前儿童的发展和教育问题，在他的教育思想中有许多这方面的思考和论述。

（一）论教育的作用和目的

从"白板说"出发，洛克高度评价了教育在人的形成中的作用。他认为，教育使人类千差万别。人们品行的好坏、能力的大小，9/10都是由他们所受的教育决定的。洛克尤其强调幼年教育的重要性。在他看来，幼童好像一张白纸或一块蜡，我们可以随心所欲地做成什么式样。幼时所得的印象哪怕极其微小，都有极重大和极长久的影响。洛克指出，教育上的错误正和错配了药一样，其影响是终身洗刷不掉的。错误的早期教育会给儿童日后的发展带来无法弥补的损失。他强调教育不只是父母关心的事情，"而且国家的幸福与繁荣也靠儿童具有良好的教育"。[②]

洛克把培养"绅士"作为教育的目的。绅士是有德行、有用、能干的人，善于处理自己的事务，使自己成为国内著名的和有益于国家的人才。洛克所要培养的绅士是一种贵族式的资产阶级新人。他提出的纯世俗的教育目的论较之夸美纽斯前进

---

① 唐淑. 学前教育思想史 [M]. 北京：人民教育出版社，2010：285.
② 洛克. 教育漫话 [M]. 傅任敢，译. 北京：人民教育出版社，1985：23.

了一大步，而绅士教育的理想对英国教育的影响也是深远的。洛克坚信，一旦绅士受到教育，上了正轨，其他人自然很快就都能走上正轨。但他看到当时的英国学校存在种种弊端，无益于绅士德行的培养和才干的增长，因而主张通过家庭教育来培养绅士。

（二）论学前儿童的身体健康

洛克重视体育的意义。他指出，精神固然是人生的主要部分，可是心外的躯壳也是不可忽略的。健康的精神寓于健康的身体。事业的成功和生活的幸福都是以身体的健康为前提的。

身体健康的主要标准是什么呢？洛克认为是能忍耐劳苦。他提出了一套适应当时科学水平的健康教育计划。首先，他反对娇生惯养，强调及早锻炼，儿童应多在户外生活，惯于忍受冷热晴雨。其次，应多运动，多睡眠。洛克主张学习游泳，认为这既是一种能应付急需的技能，对于健康亦有很多好处。他称睡眠是自然给予人们的"甘露"，它最能增进儿童的生长与健康，是儿童可以充分享受的。另外，儿童的床应该是硬的，宁可用棉絮，也不要用羽绒。儿童的身体不好，大部分是由于羽绒床褥所致。最后，儿童的食物要清淡、简单，除了饥饿不用别的调味品。洛克还论述了药物使用的问题。他建议，不要给儿童社会药物预防疾病，或者滥用药物、滥请医生为他治病，这些都可能会引起儿童的疾病。儿童娇嫩的身体应该尽量少加以摆布，任其自然，除非到了万不得已的时候。[①]

洛克发展了蒙田关于"锻炼"的思想。此外，他曾获得医学学士学位，并当过家庭医生和家庭教师。他以自己的医学知识和教育经验为依据提出的上述体育思想，在当时是有相当的科学性的。从中世纪的禁欲主义发展到健康教育是历史上的一大进步。但洛克的有些观点在今天看来是成问题的。例如，他主张"千万别给儿童任何药物去为他预防疾病"。

（三）论学前儿童道德教育

经验论与功利主义是洛克道德观的基础。他认为，善恶观念是后天的。人的本性就在于追求幸福。德行愈高的人，其他一切成就的获得也愈容易。因此，在绅士所应具备的各种品性中，德行应是第一位的。

1. 绅士应有的美德与幼年德育的任务

洛克认为，一切德行与美善的原则在于克制理智所不容许的欲望的能力。我们人类在各种年龄阶段有各种不同的欲望，这不是我们的错处。我们的错处是不能使我们的欲望接受理智的规范与约束。因此，儿童自出生起就应习惯于克制自己的欲望，及早培养管束欲望的能力。在洛克看来，绅士的第二种美德是良好的礼仪。它

[①] 洛克. 教育漫话 [M]. 傅任敢，译. 北京：人民教育出版社，1985：23.

的功用或目的在于获得别人的尊重与好感，进而有助于自己事业的成功和生活的幸福。绅士应具备的第三种品德是智慧，它能使一个人有远见地能干地处理自己的业务。洛克认为，"智慧"是一种善良的天性、心灵的努力和经验结合而成的产物，所以不是儿童所可企及的。儿童对于智慧最能作到的一件大事就是，要尽力阻止他们变狡猾。

洛克指出，幼年德育的任务是要在儿童身上打好德行的最初基础，敬仰上帝、说话真实和善以待人。他反对迷信，主张宗教宽容，信奉自然神论，承认上帝的存在，因而要求儿童从小做祷告，读圣经。洛克认为，撒谎是一种极坏的品质，是许许多多恶德的根源和庇护者，是一种和绅士的声名与品格绝不相容的品质。因此，应使儿童从小到大极端地畏惧它，儿童说话绝对要真实。洛克主张应用尽一切想象得到的方法使儿童成为善良的人。他认为，一切不公道的事情通常都是由于我们太爱自己，太不知道爱人的缘故。所以，要及早教儿童爱别人，善良地对待别人。洛克的道德观以经验论为基础，反对先验论，有一定的进步意义，但其核心是资产阶级的个人主义。他要求绅士具备的品德都是以获得个人的幸福为目的。

2. 德育方法

在如何进行道德教育的问题上，洛克提出了许多宝贵的意见。关于德育方法的意见是他从事家庭教师工作的经验的总结，具有许多合理的因素。"及早"是洛克的一个重要的教育原则，他主张通过练习及早培养习惯。在他看来，儿童不是用规则可以教得好的。规则总是会被他们忘掉。克制不合理的欲望的能力的获得和增进，靠习惯，而使这种能力容易地、熟练地发挥则靠及早练习。习惯的力量比理智更加有恒，更加简便。但在习惯的培养上应注意两件事：和颜悦色地劝导以及同时培养的习惯不可太多。

洛克把"爱"与"畏"看作使儿童走上重道德与爱名誉的大道的"大原则"。他指出，儿童年岁愈小，理智愈少的时候，愈应受到管理者的绝对权力的约束。而待其年岁稍长，则要用友爱使儿童对父母或教师产生爱慕的心情，达到教育的目的。在洛克看来，尊重与羞辱对儿童的心理是一种最有力量的刺激。"善有奖，恶有罚，这是理性动物的唯一的行为动机，它们不啻是御马的缰索和鞭策"。[1]但他认为，以身体上的痛苦与快乐，来作为支配儿童的奖惩方法是不会有好结果的，只会助长和加强欲念。

洛克重视榜样的教育力量。他指出，人类是一种模仿性很强的动物，是染于青则青，染于黄则黄的。伴侣的影响比一切教训、规则和教导都大。所以，学习的方法与其依从规则，不如根据榜样，父亲与导师都应以身作则，决不可以食言，还应把儿童应该做或是应该避免的事情的榜样放在他们的眼前。

---

① 洛克. 教育漫话 [M]. 傅任敢，译. 北京：人民教育出版社，1985：54-55.

因材施教也是洛克教育儿童的重要方法。他强调："照料儿童的人应该仔细研究儿童的天性和才能。"[1]"人类的心理构造与气质之彼此不同，并不亚于他们的面孔与体态方面的区别。"[2] 在洛克看来，强悍的或懦弱的，温驯的或顽强的，敏捷的或迟钝的，这些特性正如人们的体态一样，稍微改变一点点是可以的，但是很难把它们完全改成一个相反的样子。在许多情形之下，我们所能做的或所该做的，乃在尽量利用自然的给予，使人的天生的才智尽量得到发展。为此，我们应趁儿童不注意的时候去考察他们，以了解他们的个性，然后采用相应的方法对待他们。

洛克把玩具看成德育的手段。他认为儿童应有玩具，但应注意几个问题。首先应教育儿童爱护玩具，否则他们就会漫不经心，变成一些浪费的人；其次，玩具最好不是购买得来的。买的玩具种类太多，徒然养成他们见异思迁、贪多务得的心理，结果使儿童差不多在能说话以前就因此学会了骄傲、虚荣和贪婪，儿童的玩具要自己做，至少也得努力自己试着去做。他们因此就可以学得一点减低欲望、专心、努力、用思想、设计和节俭等品质。

说理也是重要的德育方法。洛克认为，儿童希望被人看作具有理性的动物是比人们想象得到的年岁还要早的。他们这种自负的态度是应当得到鼓励的，我们应在可能的范围内尽量利用这种态度，把它当作支配儿童的最好的工具。洛克所提倡的说理，是以适合儿童的能力与理解力为限的。一个 3 岁或 7 岁的孩子，不能把他们当作成人一样去和他辩论，长篇大论的说教和富有哲学意味的辩难，充其量是使得儿童感到惊奇与迷惑而已，并不能给他们以教导。如果要用道理打动他们，那种道理便须明白晓畅，适合他们的思想水平，而且应该能够被接触到和被感觉到才行。

（四）论学前儿童的智育

在绅士教育理论中，洛克把智力教育放在较为次要的位置。在洛克看来，如果儿童不能首先在行为与品德上排除不良的习惯，那么，知识教育上的一切成就就毫无用处。未来的绅士要求是有才干的、善于处理事务的人，因此，洛克也要求他们学习知识和学问。洛克认为，对幼儿来说，适宜学习写字、图画、阅读、语言、舞蹈和游戏等，应该让他们自己去要求学习，把学习当成另外一种游戏或娱乐去追求。洛克还认为，幼儿学习的内容要经常变化，不断更新，才能使他们专心的接受，而不至于厌倦。

总之，洛克的学前儿童教育思想不仅反映了英国传统家庭教育的特色，也反映了处于上升时期英国资本主义发展对教育培养新人的要求。洛克所强调的绅士不是一个娇生惯养、逆来顺受的人，而是一个有自己独立品行，受到尊敬的人。洛克的思想影响了近代许多教育家，包括卢梭的学前儿童教育思想。

---

[1][2] 洛克. 教育漫话 [M]. 傅任敢，译. 北京：人民教育出版社，1985：61，104.

三、卢梭的学前教育思想

让 - 雅克·卢梭（1712—1778），法国 18 世纪伟大的启蒙思想家、哲学家、教育家、文学家，18 世纪法国大革命的思想先驱，杰出的民主政论家和浪漫主义文学流派的开创者，启蒙运动最卓越的代表人物之一。

其主要著作有《论人类不平等的起源和基础》《社会契约论》《爱弥儿》《忏悔录》《新爱洛漪丝》《植物学通信》等。他撰写的《爱弥儿——论教育》，提出了以人的自由发展和自然主义教育为基础培养新人的教育思想。卢梭的教育思想对西方近现代教育的发展产生了重要的影响。在卢梭的教育思想中也有关于学前儿童发展和教育问题的论述。研究卢梭的学前儿童教育思想对于认识近现代学前教育思想具有重要的意义。

（一）论自然教育

1. 自然教育的基本观点

卢梭主张儿童的教育应顺应自然，以儿童为本位。他在《爱弥尔》中开宗明义地说，"一切出于造物主的东西都是好的，一经人手却变坏了。他要强使一种树木结出另一种树木的果实；他将气候、风雨、季节搞的混乱不清；他残害他的狗、他的马和他的奴仆；他扰乱一切，毁伤一切东西的本来面目；他喜爱丑陋和奇形怪状的东西；他不愿意事物天然的那个样子，甚至对人也是如此，必须把人像练马场的马那样加以训练；必须把人像花园的树木那样，照他喜欢的样子弄得歪歪扭扭"。[1]

卢梭自然主义教育的核心是"归于自然"。他认为教育应顺从于大自然的法则，发展人的天性。在教育中更侧重人性中的原始倾向和天性的能力，他与人类的"自然状态"又是紧密联系在一起的：善良的人性存在于纯洁的自然状态之中。只因为社会的文明特别是城市的文明才是人性扭曲、罪恶丛生，所以，只有"归于自然"的教育、远离喧嚣城市社会的教育才有利于保持人的天性。因此他从儿童所受的多方面的影响来论证教育必须"归于自然"。他说："我们生来是软弱的，所以我们需要力量；我们生来是一无所有的，所以需要帮助；我们生来是愚昧的，所以需要判断的能力。我们在出生的时候所没有的东西，我们在长大的时候所需要的东西，全都要由教育赐予我们。这种教育，我们或是受之于自然，或是受之于人，或是受之于事物。"[2] 每个人都是有自然的教育、事物的教育、人的教育三者培养起来的，但人力不能控制自然的教育，所以无法使自然的教育、事物的教育和人为的教育靠拢，只能是后者像自然的教育趋于一致才能实现三种教育的良好结合，因此，必须使人的教育与物的教育配合自然的教育，以自然教育为主轴，使人的教育和物的教育，围绕它而秩序，以儿童的内在自然为依据，通过恰当的教育，使儿童的身心得以顺利地发展。可见，卢梭的自然教育集中表现在对人的自然本性的充分肯定和培养自

---

[1][2] 卢梭.爱弥儿：上卷 [M].李平沤，译.北京：商务印书馆，2010：5，7.

然人性、理想人格方面，主张以自然为教育的理想准则，接近自然，取法自然，返回自然，归顺自然。他提出教育应遵循自然天性，要求儿童在自身的教育和成长中取得主动地位，无须成人灌输、压制、强迫，教师只需创造学习环境、防范不良影响，被称为"消极教育"。

2. 自然教育培养的目标

从自然教育这个基本原理出发，卢梭明确提出，教育要以培养"自然人"为目的。在他看来，这种"自然人"是身心发达、头脑两健、不受传统束缚、天性发展的新人。他们不依从任何固定的社会地位和社会职业，能够适应各种客观发展变化的需要。卢梭笔下的爱弥儿就是"自然人"的化身："他现在已经年过二十，长得体态匀称，身心两健，肌肉结实，手脚灵巧；他富于感情，富于理智，心地是十分的仁慈和善良；他有很好的品德，有很好的审美能力，既爱美又乐于为善；他摆脱了种种酷烈的欲念的支配和偏见的束缚，他一切都服从于理智的法则，他一切都倾听友谊的声音；他具有许多有用的本领，而且还通晓几种艺术；他不把金钱看在眼里，他谋生的手段就是他的一双胳膊，不管他到什么地方去，他不愁没有面包。"[①] 这种"自然人"与传统的封建教育制度所培养出来的那种身心受到压抑的人显然是不同的。

卢梭还认为，这种"自然人"是生活在社会中的自然人。培养"自然人"不是要使他成为一个野蛮的人，把他赶到森林中去。在他看来，在理性的社会制度中，每个人都能很好地发展自己的天性，又能把自己看作是国家和社会的一份子，这样的人既是自然人又是公民。

（二）论教育年龄分段

卢梭激烈批评传统的封建教育制度不顾儿童天性的发展，抹杀了儿童与成人的区别，强调应当根据儿童的特点来进行教育。因此，卢梭从自然教育理论出发，根据受教育者的年龄特征把教育阶段分成四个时期。

1. 婴孩期（0~2岁）

卢梭认为，从出生到2岁是婴儿期。在这一时期，主要是以身体的养护和锻炼为主。目的是促进儿童身体的健康发展，增强儿童的体质。在他看来，体育乃是一切教育的基础。对于一个人来说，强健的身体是一切事业的基础，是个人幸福的源泉，也是个人智慧的工具。因此，当一个人出生后，就要顺应自然，通过合理的饮食、衣着、睡眠和游戏，实施正确的体育。

2. 儿童期（2~12岁）

这一时期是"理性的睡眠时期"，以感觉教育为主要教育内容。另外，仍应继续培养受教育者的健康身体。他认为，"真正的老师是经验和感觉。"主张通过各种活

---

① 卢梭.爱弥儿：下卷 [M].李平沤，译.北京：商务印书馆，2010：634.

动，发展儿童的触觉、听觉、视觉等。反对这一时期让儿童读书。在他看来，读书是孩子们在儿童时期遇到的灾难。他假想的受教育对象——爱弥尔长到 12 岁还不知道什么叫书。

3. 少年期（12~15 岁）

这一时期是进行智育和劳动教育的时期。卢梭主张，以知识教育为主的青年期应学习自然科学知识；而以道德教育为主的青春期应以社会科学为主。他比较轻视书本知识的学习。在他看来，问题不在于学到的是什么样的知识，而在于他所学的知识要有用处。他反对古典主义，主张学以致用；反对教条主义，主张行以求知。卢梭非常注重劳动，认为劳动不仅可以学到技术，而且可以锻炼身体。通过智育和劳动教育，爱弥尔将会成为一个手脑并用的人，将来既是一个工人，又是一个哲学家。

4. 青年期（15~20 岁）

这一时期以道德教育为主，其中有宗教信仰的养成。卢梭认为道德教育的任务在于培养善良的感情、良好的意志和判断能力。在道德教育方法方面，他反对惩罚，主张自然后果法，即让儿童经受由于过失招致的后果，而自知纠正错误行为。如"他打坏他所有的家具，你别忙着给他另外的家具，让他感觉到没有家具的不方便。他打破他房间的窗子，你就让他昼夜都受风寒，决不要埋怨他给你造成的种种麻烦，不过，你要让他头一个感觉到这些麻烦"。在宗教教育方面，主张"没有信仰就没有真正的道德"。反对宗教迷信，主张对上帝的深刻信仰必须凭借理性和良心。反对给儿童灌输各种关于上帝的荒诞的观念，反对强迫儿童记诵宗教教条和宗教礼拜仪式等。

（三）论幼儿教育的原则

卢梭在《爱弥儿》中论述了幼儿教育的原则。其最基本的思想就是：要把儿童当作儿童看待，把儿童看作教育中的一个积极因素；教育要适合于儿童天性的发展，保持儿童的天性。

卢梭认为，幼儿教育应该遵循自然的法则。具体来说，就是：

（1）必须让儿童充分使用大自然赋予他们的一切力量，但不要随便滥用这些力量。

（2）对于儿童的一切需要，既包括智慧方面的需要，也包括体力方面的需要，必须进行帮助，使其得到满足。

（3）只有当儿童真正需要的时候，才去帮助他们，绝不能依从他们胡乱的想法和没有道理的欲望。由于胡乱的想法和没有道理的欲望不是自然的，因此，即使加以拒绝，儿童也绝不会有痛苦。

（4）应该仔细研究儿童的语言和动作，真正地辨别他们的欲望究竟是直接由自然产生的，还是从心里想出来的。

（四）幼儿教育的方法

1. 合理的养护和锻炼

卢梭认为，婴儿应当由母亲亲自喂乳，由父母亲自己养育，让婴儿接触新鲜空气。儿童的饮食要合于自然，简单而清淡，让他们多吃蔬菜、水果和乳制品，还要他们养成适应吃任何食物的习惯。

在衣着方面，应当让儿童穿得宽松，以利于四肢活动的自由。儿童的衣装一定要朴素，也不必穿得太多，能适应气候的变化。

在睡眠方面，应当使儿童有足够的睡眠时间，并对睡眠施以适当训练，使儿童的睡眠时间能随着环境需要而改变。儿童的床褥也不宜过于温暖舒适，以养成在哪里都能入睡的能力。

在对儿童进行养护的同时，还应当注意对儿童进行锻炼。这既包括体格上的锻炼，使他们能够生活在一切环境中，经受自然的考验；也包括品质上的锻炼，使他们养成忍受痛苦的本领，具有克服一切困难的勇气。

2. 主张消极教育

卢梭曾经说过："我把那促使儿童心灵先于身体发育而成熟，在儿童理性发展以前把成年人的各种义务和知识传授给儿童的教育称为积极教育；把那种在儿童获得知识以前先训练各种获得知识的工具，通过感官训练来为理想发展做准备的教育称为消极教育。"[1] 卢梭认为，12 岁以前是"理性的休眠期"，由于儿童的理性发展较晚，因此不要对儿童进行任何口头教训，应使他们从经验中去学习；也不要对他们施加任何种类的惩罚，因为他们还不知道错在哪里。"消极教育"应采用自己不教也不让别人教的方针，保护儿童的理性，把儿童健康地带到 12 岁。对儿童进行"消极教育"可以使儿童避免染上偏见和不良的习惯；还可以使儿童自由地表现自己，有利于全面的观察儿童。

3. 自然后果法

卢梭认为，儿童在做事情的时候会出现一些破坏的行为，这时应采用"自然后果法"进行教育，即通过儿童自己行为来教育儿童。例如，一个儿童非要在下大雪的时候，穿短袖出门，成人不需要劝说，让这个儿童去感受一下就可以了。这样做的好处是，他自己的过错，是大自然惩罚的，儿童更容易接受。卢梭指出，在用"自然后果法"教育儿童的时候，应把惩罚儿童不良行为的后果与惩罚儿童本身区分开来，即惩罚的是儿童的错误行为，而不是儿童本身。

---

[1] 徐一多. 论卢梭教育思想的矛盾性 [J]. 四川师范大学学报（社会科学版），1993（1）：103-110.

4. 感觉教育

卢梭认为，人生来就具有学习的能力，但在生命刚开始的时候，婴儿的记忆和想象力处在静止的状态，所注意的是对他们的感觉起影响的东西，这种感觉经验是理性发展的基础。因此，注意对儿童进行感觉训练，在智力教育之前先发展他们的感觉能力和充实他们的感觉经验是十分重要的。

在人的自然发展中首先成熟的官能就是感觉，因此，应该首先锻炼感官。锻炼儿童的感官，不仅仅是使用感官，而且是要通过感官学会正确的判断，学会怎样去感受。只有这样，才能使儿童懂得怎样摸、怎样看和怎样听。在感觉教育中，应该同时发展儿童的视觉、触觉、听觉、嗅觉和味觉等感官。儿童锻炼了自己的感官，他们也就会变得越来越聪明。

5. 重视模仿

卢梭认为，儿童具有一种模仿的本能，在他们的自然发展过程中会表现出来。因此，成人应当善于运用儿童的模仿本能，使他们模仿善良的品行，从而产生良好的道德教育效果。因为像幼儿那样的年龄，心灵还处在懵懂的状态，所以应当使他们模仿良好的行为，使他们最终能够凭借自己的判断和对善的喜爱去实践这些行为。

为了使儿童有好的模仿榜样，卢梭强调，教育者要严格管束自己，对儿童进行教育时应当冷静和稳重。父母和教师都要以身作则，保持纯朴，谨言慎行，对儿童起潜移默化的作用。

卢梭关于学前教育思想的内容十分丰富，在教育发展史上具有重要的价值。卢梭关心儿童的存在，关注儿童的需要，关心儿童的健康发展，为提高儿童的地位做出了重要的贡献。卢梭的自然教育和学前儿童教育思想被许多教育家如欧文、蒙台梭利、杜威，以及 20 世纪的其他教育家所研究、实践和发展。

教育史话

德国哲学家康德忘记出门散步，整个小镇陷入恐慌

如果当地居民，谁家的表走得不准了，那么需要做的只是蹲点到康德家门口调时间，因为每天下午 4 点康德会准时出门散步，其准确度相当于今天新闻联播前的 ×× 表为您报时。这一规则行为直到卢梭《爱弥儿》的出版，作为卢梭超级粉丝的康德，对《爱弥儿》爱不释手，以至于忘记散步。那天下午 4 点，教堂的钟一如往常敲响，可康德还未现身，柯尼斯堡镇陷入一片恐慌，大家一致以为教堂的钟竟然坏掉了！

四、裴斯泰洛齐的学前教育思想

裴斯泰洛齐（1746—1827）是瑞士著名教育家。他5岁丧父，赖慈母忠婢成长，性柔懦富于感情，及后入中学、大学，修神学而不信其说教而改学法律，又历政界腐败去而习农，试图通过教育来改善农民的生活。曾在新庄、斯坦兹创办孤儿院，从事贫苦儿童的教育。常与孤儿同寝食，共忧喜，苦心孤诣以发展儿童道德心，成效颇著。后又在布格多夫、伊佛东创办学院，进行简化教学实验。

裴斯泰洛齐认为儿童的能力由练习而发达以至于强壮；凡教育及教学均当以直观实物为基础；教育的进行及教材的排列，当以儿童的精神、自然的行为为准；凡为教学，当注意数目、形式和词语三个基本要素。他根据这一原理，改进了初等学校各科教学方法。他的教育思想对近代初等教育的发展有重大影响。其著作有《林哈德与葛笃德》《葛笃德怎样教育她的子女》等。

（一）论教育的作用和目的

裴斯泰洛齐坚信，通过教育可以消除贫困、改造社会。这是他的教育理想和信念，因而他对于劳动人民受教育的问题极为关心。他严厉批判了当时不平等的教育制度，把这种制度比作一座高楼大厦：大厦的上层宽敞明亮，但居住的人很少；居住在中层的人多一些了，但因缺少楼梯无法升入上层；绝大多数人都居住在下层漆黑的洞穴里，不能享受到阳光和新鲜空气。裴斯泰洛齐对这种现象非常不满，他要求改变不公平、不合理的等级教育，主张建立一种民主的教育制度。他提出受教育应该是每一个人的权利。他认为，每一个人生下来就具有"天赋的能力"。每一个人都具有自然赋予的一些潜在的力量和才能，这些力量和才能都具有渴望发展的倾向，比如眼睛要看、耳朵要听、脚要走路、头脑要思考等。他认为，只有通过教育才能使这些先天的能力发挥出来，也只有通过教育才能实现人的充分和谐的发展。他提出，教育的目的就是促进人的一切天赋能力的和谐发展，培养身心和谐发展的人。他说，教育的目的就是"在于发展各人天赋的内在力量，使其经过锻炼，使人能尽其才，能在社会上达到他应有的地位"。[①]

裴斯泰洛齐吸收了卢梭自然教育理论的主要精神，他特别强调教育要适应自然，按照儿童的天性及其发展顺序来进行教育。他指出，儿童的天赋力量和才能有其自然发展的规律，教育必须适应儿童的天性，即教育要与儿童的自然发展规律相一致。

（二）论儿童德智体的教育

1. 道德教育

裴斯泰洛齐把道德教育放在重要的位置上，认为它是"整个教育体系的关键问题"。他说："对儿童的早期教育绝不是发展他们的才智或者理智，而是发展他们的

---

① 张焕庭.西方资产阶级教育论著选 [M].北京：人民教育出版社，1979：173.

感觉、心地和母爱。"[1] 他是从道德与社会、人与环境的关系来论述道德教育的重要性的。他认为，人犯罪的根源在于人心之外，罪恶的社会环境会腐败人的心灵，为防止道德败坏，必须改善社会环境。同时，人的犯罪并不是不可避免或无法挽救的，如果人的内在本性善良到能够抑制罪恶时，便有力量去改善周围的环境，使之不断扩大，从而避免犯罪。因此，对人必须进行道德教育，同时，还要与改善人们生活条件的立法相结合。道德教育的目的在于唤起和发展人内在的道德情感，形成人的道德观念，培养有道德的人。

在道德教育实践上，裴斯泰洛齐把爱作为道德教育的基础，重视家庭式的道德情感教育。他认为，只有家庭中亲人之间的情感才是最亲的，亲人之间的关系也是最亲密的。一旦这种情感或关系破裂，儿童将会终生受苦。他认为，母亲在培养儿童的情感方面具有重要的作用。母亲通过对儿童的热爱和信任，可以激发儿童爱、信任和感激的种子，爱、信任和感激交织在一起，发展良心的萌芽。儿童从对母亲的爱开始，进而发展到爱兄弟姐妹、爱周围的人、爱所有的人。因此，裴斯泰洛齐认为，在教育中，把儿童对母亲的情感转移到他人、转移到社会，这种能力是教学艺术的关键。他认为，还应把家庭的自然关系和爱的气氛引进学校。在学校里，师生关系就是亲子关系，学生之间关系就是手足关系，学校应像家庭一样充满亲情和欢乐。

2. 智育

裴斯泰洛齐非常重视智力教育。他认为智育的主要任务是激发儿童的天赋才能和能力，发展儿童的心智。在裴斯泰洛齐看来，发展心智主要是发展儿童的思维能力，包括思考的能力和判断的能力，以及表达的能力和接受印象的能力。但这些能力的形成要以培养儿童的注意力、观察力和记忆力为基础。因此，裴斯泰洛齐强调，智育的进行主要依据两个原则，一是从已知到未知的原则。儿童的学习是从已知物到未知物发展的，儿童必须从直接的经验上入手。他指出，这个时期的幼儿由于其智力刚露端倪，识别能力未形成，一味地进行记忆训练，其结果是有害的。母亲要防止这种错误，首要的法则是，始终借助事物而不是单词来教；除非准备向儿童展示物体本身，否则就要尽可能少的向儿童讲这些物体的名称。二是从具体到抽象的原则。儿童所有的学习都必须从具体开始，逐渐过渡到抽象，从个别到一般。与此相关，裴斯泰洛齐要求，在智育上应给予学生多方面的知识，教学要尽可能多地通过观察、联系来获得，教学方法要注重感觉直观的作用。

在儿童智育问题上，裴斯泰洛齐论及了学习兴趣与努力关系的问题。他指出，教学需要避免使儿童厌倦，但并不是说教学始终具有娱乐性，或者具有游戏的性质。如果这个观点被教师接受的话，将永远不能获得牢固的知识。儿童必须在早期的生活中获得这样的教训——要习得知识必须付出努力。但是教育不要把儿童努力看作

---

[1] 裴斯泰洛奇. 裴斯泰洛奇教育论著选 [M]. 夏之莲，等，译. 北京：人民教育出版社，2001：190.

是一种不可避免的灾难,不应该使恐惧成为激励努力的动力,这将会扼杀兴趣,并会迅速引起厌学情绪。

3. 体育和劳动教育

裴斯泰洛齐把体育看成是人的和谐发展教育的重要内容,并主张体育与劳动教育应紧密联系。他认为,体育是把所有潜藏在人身上的生理能量全部发挥出来。因此,从小就应通过抓、蹲、伸、举、拖、拉、走、跑、跳、转等各种活动发展儿童的体力,养成强健的体魄。

同时,他认为,劳动教育是以体育为基础的。如果人的各种体力没有得到发展,那么劳动中各种习惯、技能的培养和训练都谈不上。当然,劳动教育还是儿童获得独立的生活能力,改善贫困状况不可缺少的手段。在劳动教育中,通过学习必要的文化知识,进行一定的职业训练,是使儿童获得幸福的重要途径之一。

(三)教学理论

1. 论教学心理化

在教育史上,裴斯泰洛齐首次明确提出"教育心理学化"的口号。他的这一思想对儿童教育和儿童心理学的研究起了积极的推动作用。从对人的自然发展的认识出发,裴斯泰洛齐认为,人的心理发展是有一定顺序和规律的。它体现在教学上,就是要求教学适应和促进人的心理发展。裴斯泰洛齐虽然崇拜卢梭的自然主义的教育思想,但他不同意卢梭的教育过程中让儿童任意发展的观点,而主张应探寻人的发展规律及心理发展特点,并依照人的心理发展规律和特点,对儿童进行教育和教学的指导。他说,"智力和才能的发展要有一个适合人类本性的、心理学的、循序渐进的方法","我试图将人类的教学过程心理学化"。为此,裴斯泰洛齐研究了教学过程中必须遵循的原则。他认为,在教学中,学习知识应从最简单的开始,并逐步向复杂过渡。同时,知识的学习环节循序渐进,以适合儿童的本性。在教学中,裴斯泰洛齐要求重视不同年龄阶段儿童的心理特点,使教学更有针对性。裴斯泰洛齐关于教学心理化的论述,为依据儿童身心的发展需要而选取和利用客观材料,进行适合儿童特点的教学提供了有利的条件。

2. 要素教育论

在裴斯泰洛齐的教育理论体系中,要素教育是一个重要的组成部分。他不仅在理论上进行了论证,而且在实践中付诸实行。他晚年曾在《天鹅之歌》一书中写道:"'要素方法'的问题,就是如何使人的才能和能力的培养与大自然的顺序一致。我多多少少察觉到了这个问题的全部重要性,已花费了后半生的很大一部分精力努力解决它"。[①]

---

① 裴斯泰洛奇 . 裴斯泰洛奇教育论著选 [M]. 夏之莲,等,译 . 北京:人民教育出版社,2001:425.

在后期从事的初等教育实践中，裴斯泰洛齐十分重视简化初等教育方法的研究。他主张，为了使小学低年级儿童学有成效，为了使每个普通家庭的母亲不需要别人的帮助就能教自己的孩子，应当从最简单、最容易、最易见效的地方入手进行教学。同时，在长期观察和思考的基础上，裴斯泰洛齐发现人的心理都是始于人的心理能力的最初表现，即感官对事物的直接观察。因此，根据儿童能力的最初的简单要素，寻找简化教学的基本要素是教育和教学的起点。他说："初等教育从它的本质讲，要求普遍地简化它的方法，这种简化，是我一生所有工作的出发点。"要素教育论的提出，就是他一生寻求简化教学方法的结果。

在裴斯泰洛齐看来，要素是构成事物的最简单的基本单位。要素教育是依据儿童先天能力的最初表现，寻求教学内容的最简单要素进行教学的方法体系。他说，最复杂的感觉印象是建立在儿童对周围物体的简单要素之上的，当你把简单的要素完全搞清楚了，最复杂的感觉印象也变得简单了。裴斯泰洛齐坚信，最基本的、最简单的要素，是各种教育不可缺少的基础。在智育上，最初，他把读、写、算作为智育教学的简单要素，但经过观察和思考后认为，三者还含有更简单的要素，如儿童读以前先说，写以前先画等。进一步研究后，他指出，儿童在认识客体前，总是先知道这些客体的数目、形状及名称，因此，数、形、词是智育的最基本、最简单的要素。从这个思想出发，他认为，其他教育上也有教学的简单要素。例如，道德教育上的要素是儿童对母亲的爱的情感能力。儿童只有从爱母亲开始，进而爱亲人、爱他人、爱社会、爱上帝，才能获得道德和宗教情感。体育上的要素是儿童身上关节的活动能力，体育教学主要是从儿童的关节活动开始，进而到全身的活动，到游戏、体操，到劳动，最终培养儿童成为感官充分发展、身体健康有力的人。

裴斯泰洛齐既是一位教育实践家，又是一位教育理论家。尽管他的教育理论不尽完善，但是，他的教育实践和理论产生了极大的影响，在19世纪的欧美国家形成了"裴斯泰洛齐运动"。他提出的学前教育思想对以后的幼儿教育家，特别是福禄贝尔产生了直接和重要的影响。

五、福禄贝尔的学前教育思想

弗里德里希·威廉·奥古斯特·福禄贝尔（1782—1852）是德国著名的教育家，幼儿园运动的创始人。他出身于牧师家庭，自幼丧母，童年没受过严格的教育。中学毕业后，从事过几年林业工作。1799年入耶拿大学，两年后又因贫困而失学。此后，他一边工作一边自学。1805年，他受聘担任一所学校的教师，从此开始了他的教育生涯。

由于该校崇尚裴斯泰洛齐的教育思想，福禄贝尔也对裴斯泰洛齐产生了兴趣。他先后两次前往裴氏工作的学校参观学习，第二次留在裴氏身边工作了两年。1811年，福禄贝尔重返大学，学习数学、自然科学等。此后他当过兵，也在大学从事过科研工作。

（一）幼儿园的作用和任务

1843 年，福禄贝尔在他自己所写的《关于德意志幼儿园的报告书》中明确指出："幼儿园收容学龄前 3~6 岁的儿童，以家庭的方法主张儿童的身体发育与精神上诸能力的发展，养成良好的习惯为目的。"在他看来，幼儿园的具体任务是以下内容。

第一，保护儿童身体和精神的健康成长。具体地说，就是通过游戏、唱歌、作业、娱乐等生动活泼的活动，增强幼儿的体质，促进幼儿各种感觉器官和语言的发展；扩大幼儿对周围生活的认识，激发其创造性、积极性和自觉性；对幼儿进行初步的道德教育和宗教教育，培养他们初步的道德观念和行为习惯，如笃信上帝、服从、忍耐等。这些主要是为儿童进入初等学校和迎接未来的生活做好准备。

第二，培养训练有素的幼儿教师。一是为家庭训练照管孩子的保育人员；二是为其他学前教育机构训练幼儿教育工作者。培养出来的这些人，都要了解幼儿的本性发展规律，并掌握有关养护、教育的知识。

第三，推广幼儿教育经验。负责向家庭和社会介绍合适的儿童玩具、儿童游戏，以及合适的游戏手段、游戏内容和游戏方法。

福禄贝尔说："称为'幼儿园'与通常称为'幼儿学校'的类似机构是不同的。它并不是一所学校，在其中的儿童不是受教育者，而是发展者。"[1] 因此，在福禄贝尔的幼儿园里，其基本思想是帮助幼儿自我表现并得到发展。基于此教育思想，福禄贝尔建立起一个以活动和游戏为主要特征的幼儿园课程体系，包括游戏与歌谣、恩物游戏、手工作业、运动游戏、自然研究以及唱歌、表演和讲故事等。

（二）教育要顺应自然的原则

福禄贝尔从小就对大自然有浓厚的兴趣。在哲学思想上，他把自然看成是上帝的表现。他接触了卢梭、裴斯泰洛齐等教育家的教育思想后，吸收并发展了他们的教育遵循自然的思想，把教育顺应自然作为最主要的教育原则。

他的教育顺应自然的思想是建立在性善论的基础上的。他旗帜鲜明地指出："人的本质本身肯定是善的，并且人本身有良好的品质和追求。"他用自然类比法说明教育必须遵循自然。他指出，在对待自然物方面，我们的做法常常是正确的。人们知道给幼小的植物和动物提供合适的环境，避免用暴力干扰它们，以便它们能够按照其内部规律完美地发育和健康地成长。但是，在对待人的问题上，人们却会走上完全错误的道路。尽管人与自然界的生物都遵循同样的自然法则，但是，人们在教育自己的孩子时却采取了相反的态度。他们把年幼的人当成一块蜡和一团泥，觉得可以任意把它捏成一样什么东西。为此，他呼吁，教育者要遵循儿童的自然本性。他

---

[1] 杜成宪，单中惠.幼儿教育思想史 [M].北京：人民教育出版社，2008：313.

说："为进一步接受大自然的教训，葡萄藤应当被修剪。但修剪本身不会给葡萄藤带来葡萄，相反地，不管出自多么良好的意图，如果园丁在工作中不是十分耐心地、小心地顺应植物本性的话，葡萄藤可能由于修剪而被彻底毁灭，至少它的肥力和结果能力被破坏。"

因此，福禄贝尔把教育顺应自然作为开展儿童教育的基点和中心。他说："教育、教学和训练，其最初的基本标志必然是容忍的、顺应的（仅仅是保护性的、防御性的），而不是指示性的、绝对的、干预性的。……注重顺应的真理和该真理在教育中的运用，不管可能有人说些什么反对的话，不管该真理可能遭到如何猛烈的攻击，它终将在年轻一代中证明自己的明确性和真理性，得到年轻一代的信赖和运用。"

因此，教学开始于儿童的自发活动和本能兴趣，终止于儿童通过教学对知识的创造性运用。教师应当把那些被认为是教育目标的活动和思维方式移植到儿童的这种自然性向之上。教育并不意味着要设法消除儿童的自然性向，也不意味着任其发展，教育在于使儿童的自然性向得到自由发展，并通过直接有效的手段帮助儿童达到所期望的目标。他说，儿童有四种本能，即活动的本能、认识的本能、艺术的本能、宗教的本能。教育要追随活动的本能，就是要唤起发展儿童的积极性、创造性和自动性。这对我们的教育是有价值的。

（三）论教育分期

根据儿童身心发展特点，福禄贝尔把受教育者划分为婴儿、幼儿、少年、青年四个时期。他特别论述了前三个时期儿童身心发展的特点及教育任务。

1. 婴儿期

福禄贝尔认为，婴儿期的心理特点是"吸收"，即"自发的内化"。在这一时期，婴儿借助感官认识外部事物，实现变外部为内部的过程。

人是靠感觉器官认识外界事物的，因此，这一时期的首要任务是发展婴儿的感官。他认为，婴儿先有听觉，后有视觉。然后，通过这两种感觉观察和认识事物。因此，在感官发展上，应该首先发展听觉器官，后发展视觉器官。为了锻炼婴儿的感官，他主张在婴儿的视线内挂一只晃动着的、关着一只活跃的小鸟的鸟笼。

随着感觉的发展，婴儿同时发展身体和四肢的运用。因此，婴儿不能过久地独自待在床上和摇篮里，卧床、枕头不应当过于柔软。

2. 幼儿期

在发展了的感官、身体和四肢活动到了儿童开始自动地向外表现内在本质的程度时，标志着婴儿期已经结束，人进入了幼儿期。

福禄贝尔认为，到了幼儿期，真正的人的教育开始了。这时，教育的主要任务从身体的保育转向智力的培育和保护。虽然，人的不同发展阶段的重要性无法确定。

但是，在这一阶段，由于同周围的人和外界事物的最初联系和结合得到发展，是理解和掌握人和事物内在本质的最初出发点。因此，幼儿期的教育对正在发展中的人来说是至关重要的。他引用别人的话说：从一个婴儿到一个开始说话的儿童所取得的进步要大于从一个学童到一个牛顿所取得的进步。

福禄贝尔批评了当时忽视幼儿教育的现象。他说："由于我们自作聪明而忽视了整个人类发展的这一自然的和神圣的起点，我们由于看不到人类发展的起点和终点，以致也看不到人类发展的正确方向，因而感到手足无措。"而那些所谓有教养的家长很少知道，儿童有朝一日将要在自己身上表现出来的一切素质已经在他的身上存在，并且，这些素质只能从儿童内部加以发展。他指出，脱离这一阶段的教育无异于企图建立空中楼阁。

3. 少年期

他认为，少年期主要是使外部的东西成为内部的东西的时期。这一时期主要是让儿童懂得事物的特殊关系，以便他们以后能够了解其内在统一性。能引导儿童认识和把握事物及其本质的最佳场所是学校，因此，随着少年期的开始，学校生活也开始了。

教育应该根据不同年龄阶段开展。在《教育发展》一书中，福禄贝尔提出"教育、教学、训练和学校通常应从人类的生活之中寻求借以决定他们的要求和管理的依据。若这些依据来自对儿童来说是较远的未来的某个阶段，那么就无法吸引儿童、唤起儿童、发展儿童。儿童应当做些什么、学些什么必须依据：使儿童的行为与他的性向、内在愿望相一致"的原则。所有的教学科目都要体现这一原则。他指出，我们在读、写、算、语言等学科的教学还很薄弱，因为这些学科的教学都是从抽象的概念开始的，它不符合儿童的心理特点。因此，这种教学在生活中很少产生持久的效果。

（四）论游戏和恩物

1. 论游戏的价值

福禄贝尔是教育史上第一个承认游戏的教育价值，并有系统地将游戏活动列入教育课程的教育家。他认为，儿童游戏的意义和价值就在于游戏活动本身。儿童通过游戏活动不仅可以满足其内在的本能需要与冲动，同时可以认识了解未知的外在世界，更好地发展儿童的自主性和创造性，还能够培养儿童的责任感和义务感。游戏是一种正确又有效的教育方法。

他强调说："游戏是人在这一阶段上最纯洁的自然生活的样品和复制品。所以，游戏给人以快乐、自由、满足，内部和外部的平静，同周围世界的和平相处。"[1] 福禄贝

---

[1] 福禄贝尔.人的教育 [M].北京：人民教育出版社，1991：38.

尔强调集体性游戏在幼儿园教育中的重要性。他认为，许多最有趣味的游戏，只有在集体性的游戏中才能进行。它能够使幼儿学会尊重别人，通过集体的游戏获得愉快，从而培育幼儿之间有爱和信赖的感情。他把游戏分成三类：一是身体的游戏。它主要是为了锻炼幼儿的身体。这是幼儿对自然界和周围生活中所观察到的动作的模仿，既是作为力量和灵活性的练习，也是内在的生活勇气和生活乐趣的表达。二是感官的游戏。它既可以是听觉的练习，例如，捉迷藏等；也可以是视觉的联系，例如，辨别色彩的游戏等。三是精神的游戏。它主要是为了训练幼儿的思考和判断。[1]

2. 恩物

学前儿童的学习活动必须建立在物体操作的主动性经验的基础上，"恩物教学"正是在物体操作上引发儿童的主动性经验，促使儿童主动学习，而主动学习正是儿童发展过程的核心。活动是儿童的本能，游戏是儿童的一种学习方式，借助一些有益的游戏，我们可以鼓励儿童去进行更深一层的探讨、思考和发展，学会发展问题、解决问题的方法，把内在的潜能发挥出来。而游戏活动中那些小小的成功感，会带给儿童更多的自信和寻求解决问题的兴趣，这些经验为儿童的将来提供了更有意义的准备。

恩物是福禄贝尔为儿童设计的一系列活动玩具教材。恩物，即"神恩赐儿童的玩具"，是根据自然界的法则、性质、形状等简易明白的物体制成，帮助儿童初步了解自然、认识自然。恩物有 20 种，前十种为分解恩物，着重引导儿童的发现，是带有游戏性的恩物；后十种为综合恩物，着重引导儿童的发明与创造，是带有作业性的恩物。"恩物教学"的目的在于训练儿童的感觉，以形成儿童"整体"和"统一"的观念。

作为世界上第一所幼儿园的创立者，福禄贝尔是近代幼儿教育理论的奠基人。尽管他的理论和实践带有宗教神秘主义和形式主义，但是，他推动了世界范围内的幼儿园运动的兴起和发展，因此被誉为"幼儿园教育之父"。20 世纪初期，他所制定的幼儿园教育体系在幼儿教育领域中最流行。他创立的幼儿园作为一种幼儿教育机构的形式一直沿用到现在；他的幼儿园教育理论，至今对世界各国的幼儿教育工作者仍有启迪作用。

第二节　现代西方教育家的学前教育思想

自瑞典教育家爱伦·凯在 1899 年提出"20 世纪将是儿童的世纪"之后，世界各国的幼儿教育在 20 世纪得到迅速的发展。许多教育家、心理学家对幼儿教育的问

---

[1] 杜成宪，单中惠. 幼儿教育思想史 [M]. 北京：人民教育出版社，2008：318.

题给予了极大的关注，或创办幼儿教育机构，或探讨幼儿教育理论，使幼儿教育理论在心理科学发展和教育实验研究的基础上得以深化，从而推动了现代幼儿教育的改革和发展。在现代幼儿教育理论的发展中，意大利教育家蒙台梭利无疑是一个具有重要影响的代表人物，她创办的"儿童之家"及教育法，改革了福禄贝尔式的幼儿园，体现了 20 世纪以后现代幼儿教育的特点。

一、爱伦·凯的幼儿教育理论

爱伦·凯（1849—1926），瑞典作家、妇女运动活动家（图 13-1）。其父是激进的国会议员。她自幼生活在富有自由思想的家庭环境中。青年时期爱好文学，曾随同父亲漫游欧洲许多国家。她是 20 世纪初欧洲著名女性主义理论家、社会问题研究与儿童教育家。

20 世纪初其以关于妇女问题与儿童教育的论著《恋爱与结婚》《恋爱与道德》《女性的道德》《妇女运动》《儿童的世纪》蜚声世界。

图 13-1　爱伦·凯

（一）论幼儿发展和教育

从进化论的观点出发，爱伦·凯认为，儿童一生下来就具有种族的遗传素质。在适应环境的过程中，儿童身上的遗传会受到环境的影响，但儿童同时又会表现出一种与种族方式不同的倾向，即个性的发展。因此，绝不能把具有自己发展能力的儿童当作一个抽象的观念、一个没有个性的机体、一个可以被人们任意捏塑的东西。爱伦·凯指出："人们没有权力可以为这个新生命制定法则，正像他们没有能力为天上的星辰指定运行轨道一样。"在她看来，应该把尊重儿童的个性与对儿童的整个生活的细心观察联系起来；应该注意发展儿童的个性，而不能加以压抑或者把成人的个性硬栽到儿童身上去。幼年时的教育，必须着眼于加强个性。具体来说，就是应允许儿童有他自己的意志，发展他自己的思想，获得他自己的知识，形成他自己的判断。

（二）论儿童教育与儿童的自我发展

爱伦·凯认为儿童的个性发展与儿童的自我发展密切相关。为此，她非常重视和强调儿童权利的保护。在她看来，首先应保障作为未来母亲的妇女的权益，包括择偶权和选举权等。同时，妇女作为母亲应该承担起抚养和教育儿女的责任，并提高自我发展的能力。爱伦·凯认为，家庭中的和谐诚挚的气氛、父母高尚的情操以及以身作则等，对儿童发展和权益是最好的保护和教育。为此，她设想不仅婴幼儿教育应由母亲负责，甚至未来的小学教育也应由家庭承担。关于儿童权利的保护，爱伦·凯一直予以重视，并积极参加保卫母亲和儿童权利的妇女运动。在《儿童的世纪》一书以后，她放弃了其他一切工作，全身心致力于宣传自己的主张。[1]

关于促进儿童的自我发展，爱伦·凯提出了首先要了解儿童和尊重儿童的观点。她指出："20世纪将成为儿童的世纪。它具备表现在两个方面：一是成人了解儿童的特点；二是成人注意保护儿童天真纯朴的个性。"[2] 要了解儿童，就要认识到儿童对于人类的意义和价值。儿童是人类的希望和未来，是未来世界的主人。我们要保护儿童的纯洁天真，为儿童的发展创造一个自然、自由的环境；要关注教育的每一个细节，为儿童的自我发展提供好的条件。

爱伦·凯认为儿童有自己发展的能力，教育上要少干涉儿童。她指出，教育的干涉，无论是诉诸暴力还是说教，总是会削弱儿童的自我发展。儿童有属于自己的天地和世界，应该保护儿童的这个世界，让他们在属于自己的世界中自由地活动和发展。

同样，促进儿童的自我发展也要反对教育上的体罚。她指出，从人类社会发展来看，文明和体罚是不相称的，现代文明和教育要反对体罚；从儿童的发展来看，他们难免会犯错误，但是用体罚解决不了问题；从教师的管理来看，教育儿童要依靠头脑，而不是靠手臂。体罚所唤起的是奴隶性格，不是自由精神。爱伦·凯虽然反对体罚，但她并不排斥对儿童严格的管理。她说，在儿童最初的几年里严格的管理是必不可少的，因为大部分习惯都是在这个时期养成，然后才能实行更高一级的教育。此外，她还认为，儿童3岁以前可以适当地使用训诫的手段，但3岁以后无论怎样都不能再使用了。

（三）论家庭教育

1. 家庭教育的重要性

爱伦·凯认为要使儿童个性得到发展，需要通过家庭教育和学校教育的实施才能实现。她很重视家庭教育，认为家庭教育在儿童教育中占有重要的地位。由于爱伦·凯小时候生活在自由、民主、和睦、温暖的家庭里，她深切感受到家庭教育对于一个儿童成长的重要性。因此，她认为好的家庭氛围是儿童获得良好教育的主要源泉，家庭教育应该成为儿童教育的基础。

爱伦·凯认为家庭不仅是儿童身体活动的场所，也是儿童灵魂得以体现的场所。因为健全的家庭生活是儿童真正幸福的人格发展的基础。一个理想的家庭应该是充满友爱、欢乐、坦诚和温馨的气氛，这种环境能有助于儿童的善良、诚挚等品质的培养，促进他的生理和心理充分发展。另外，她认为家庭从某种意义上本身也是一种学校。儿童时期是儿童受教育的最佳时期，学校教育是其中一部分，而家庭在儿童受教育中起着比学校教育更大的作用。[3]

---

[1] 郭法奇. 外国学前教育史 [M]. 北京：北京大学出版社，2015：200.

[2] 单中惠，刘传德. 外国幼儿教育史 [M]. 上海：上海教育出版社，1997：234.

[3] 雷蕾. 爱伦·凯的儿童教育思想 [D]. 上海：上海师范大学，2011：41.

2. 家庭教育的内容

第一，爱伦·凯强调对于儿童而言重要的一件事是让儿童分担一定的家务劳动。在儿童力所能及的范围内，可以让他利用放假或周末去认真地做，逐渐养成一种自觉的习惯。比如学会上学前整理自己的房间，自己学会洗衣服等。

第二，爱伦·凯主张家庭要为儿童建立适当的图书馆。图书馆里面放一些不朽的经典著作，并且把它按照年代编好次序，这样可以使儿童在学会看书时有选择性的看适合他年龄阶段的书籍。

第三，关于性教育，爱伦·凯认为应由母亲来承担。儿童对两性关系的好奇等问题必须得到正面的解答，母亲应给予正确的解释，这样才适合儿童的发育。每个人必须有养成诚实地去讲和诚实地去想这个问题的习惯，社会才能够逐渐形成更高尚的性道德观念。

第四，为了使父母教育好自己的孩子，让儿童的个性得到发展，在爱伦·凯看来，出版一本《父母指南》是很有必要的。父母必须认识到儿童早期教育的重要作用，学习心理学知识，细致地观察儿童，尊重儿童的个性，这样才能避免在家庭教育中出现过失和盲目性及反复无常的现象。

第五，为了让儿童更好地接触自然，她甚至注重住家要搬到乡下。爱伦·凯注重儿童应在与大自然接触，在各种生活经历中得到锻炼。①

对于妇女、儿童、婚姻以及道德行为问题的深刻论述，使爱伦·凯被誉为"瑞典的雅典娜"。虽然她没有躬行幼儿教育实践，但是，她提倡热爱儿童和尊重儿童，注重儿童的早期教育，促使儿童个性的发展，倡导理想的家庭，强调家庭及父母在幼儿发展与教育中的作用，对现代幼儿教育理论与实践的发展产生了很大的影响。特别是她提出的"儿童的世纪"的口号，吹响了 20 世纪幼儿教育改革与发展的进军号角。

二、杜威的幼儿教育理论

约翰·杜威（1859—1952），美国著名哲学家、教育家，实用主义哲学的创始人之一，功能心理学的先驱，美国进步主义教育运动的代表（图 13-2）。19 世纪流行的是殖民时期沿袭下来的旧教育，再加上 19 世纪后期从德国传入的赫尔巴特教学方法逐渐刻板化，使得当时的学校缺乏生气。杜威是当时传统教育的改造者，是新教育的拓荒者，他提倡从儿童的天性出发，促进儿童的个性发展。他的主要教育著作有：《我的教育信条》（1897 年）、《学校和社会》（1899 年）、《儿童与课程》（1902 年）、《民主主义与教育》（1916 年）、《明日之学校》（1915 年）、《经验与教育》（1938年）和《人的问题》（1946 年）等。

图 13-2 杜威

① 雷蕾. 爱伦·凯的儿童教育思想 [D]. 上海：上海师范大学，2011：41-43.

（一）论教育的本质

杜威从不同的角度多方面地论述了教育本质地问题。他提出了三个重要论点来对教育本质进行概括，这就是"教育即生长""教育即生活""教育即经验的继续不断的改造"。

1. 教育即生长

杜威从其生物化本能论的心理学出发，认为教育就是促进儿童本能生长的过程，即教育的本质和作用就是促进儿童本能生长的过程，即教育的本质和作用就是促使儿童的本能生长。

在强调教育在儿童本能生长方面的本质作用这一认识的基础上，杜威提出了著名的"儿童中心主义"的思想，这是他实用主义教育理论的基本原则，这一思想成为他的教育理论甚至整个现代派教育理论中的一个核心要求。

杜威在批判传统教育弊病的基础上，明确提出以儿童为中心的响亮口号。他分析说，在传统教育中"学校的重心是在儿童之外，在教师、在教科书以及在其他你高兴的任何地方，唯独不在儿童自己即时的本能和活动之中"。[①] 他提出书本、教师应是为儿童服务的，主张把教育的重心转移到儿童方面来，使儿童成为教育的主宰。

2. 教育即生活

他指出，儿童的本能生长总是在生活过程中展开的，或者说生活就是生长的社会性表现。在杜威看来，最好的学习就是"从生活中学习"，学校教育应该利用儿童现有的生活作为其学习的主要内容。他认为应把教育与儿童眼前的生活结合起来，教儿童学会适应眼前的生活环境。

根据"教育即生活"的观点，杜威又提出"学校即社会"的思想。他要求把学校办成"一个小型的社会、一个雏形的社会"，以便从中能培养出完全适应眼前社会生活的人，这是杜威社会个人主义观点的具体表现。

3. "教育即经验的连续不断的改造"

这一观点是以杜威的主观唯心经验论的哲学理论为基础提出来的。在杜威看来，既然经验是世界的基础，因此教育也就是通过儿童自身的活动去获得各种直接经验的过程。教育的主要任务并不是教给儿童既有的科学知识，而是要让儿童在活动中自己去获取经验。

按照杜威的观点，在教育过程中儿童经验的获得要依靠儿童自身的活动去达到，由此他又提出另一个教育基本原则——"从做中学"，并把它作为教学理论的中心原则。

---

① 杜威.杜威教育论著选 [M].赵项麟，王承绪，译.上海：华东师范大学出版社，1981：31.

（二）儿童观

杜威认为，儿童是具有独特生理和心理结构的人。儿童的能力、兴趣和习惯都建立在他的原始本能之上，儿童的心理活动实质上就是他的本能发展的过程。如果没有促使儿童本身发展的潜在可能性，儿童就不可能获得生长和发展。

人的本能和冲动是潜藏在儿童身体内部的一种生来就有的能力，基本上是原封不动一代代传下去的。这些本能与冲动就是儿童教育最根本的基础。杜威强调指出，儿童身上潜藏着以下四种本能。

一是语言和社交的本能，这种本能是在儿童的交谈和交流中表现出来的。儿童能很有兴趣地把自己的经验说给别人听，也能很有兴趣地去听取别人的经验。语言本能是儿童社交表现的一种最简单的形式。

二是制作的本能。这是一种建造的冲动。儿童开始总是对游戏活动和动作感兴趣，进而就有兴趣把各种材料制作成各种具体的形状和实物。

三是研究和探索的本能。这是一种探究的冲动。尽管在儿童时期还谈不上什么科学研究活动，但儿童总是喜欢观察和探究。

四是艺术的本能。这是一种表现的冲动。儿童会在绘画、音乐等活动中表现出艺术方面的能力。

（三）论儿童与教师

尽管杜威并不是"儿童中心"思想的首创者，但他是赞同"儿童中心"思想的。其最典型的一段话是："现在，我们教育中将引起的政变是重心的转移。这是一种变革，这是一种革命，这是和哥白尼把天文学的中心从地球转到太阳一样的那种革命。这里，儿童是中心，教育的措施便围绕他们而组织起来。"[1]

从批判传统学校教育的做法出发，杜威认为，学校生活组织应该以儿童为中心，使得一切主要是为儿童的而不是为教师的。因为以儿童为中心是与儿童的本能和需要协调一致的，所以，在学校生活中，儿童是起点，是中心，而且是目的。杜威强调说，"我们必须站在儿童的立场上，并且以儿童为自己的出发点"。[2]

在强调"儿童中心"思想的同时，杜威并不同意教师采取"放手"的政策。他认为，教师如果采取对儿童予以放任的态度，实际上就是放弃他们的指导责任。在杜威看来，要么从外面强加于儿童，要么让儿童完全放任自流，两者都是根本错误的。由于教育过程是儿童与教师共同参与的过程，是他们双方真正合作的过程，因此，在教育过程中儿童与教师之间的接触更亲密，从而使得儿童更多地受到教师的指导。在他看来，教师不仅应该给儿童提供生长的适当机会和条件，而且应该观察儿童的生长并给以真正的引导。杜威还特别强调了教师的社会职能。那就是："教师

---

[1][2] 杜威.杜威教育论著选 [M].赵项麟，王承绪，译.上海：华东师范大学出版社，1981：32，79.

不是简单地从事于训练一个人，而且从事于适当的社会生活的形成。"因此，每个教师都应该认识到他所从事的职业的尊严。

（四）论教学

在杜威的实用主义教育思想体系中，教学论是一个十分重要的组成部分。

1."从做中学"

在批判传统学校教育的基础上，杜威提出了"从做中学"的基本原则。由于人们最初的知识和最牢固保持的知识，是关于"怎样做"的知识。因此，教学过程应该就是"做"的过程。在他看来，如果儿童没有"做"的机会，那必然会阻碍儿童的自然发展。儿童生来就有一种要做事和要工作的愿望，对活动具有强烈的兴趣，对此要给予特别的重视。

杜威认为，"从做中学"也就是"从活动中学""从经验中学"，它使得学校里知识与生活过程中的活动联系了起来。由于儿童能从那些真正有教育意义和有兴趣的活动中进行学习，这就有助于儿童的生长和发展。在杜威看来，这也许标志着对于儿童一生有益的转折点。但是，儿童所"做"的或参加的工作活动并不等同于职业教育。杜威指出，贯彻"从做中学"的原则，会使学校所施加于它的成员的影响更加生动、更加持久。

2. 思维和教学

杜威认为，好的教学必须能唤起儿童的思维。所谓思维，就是明智的学习方法，或者说，教学过程中明智的经验方法。在他看来，如果没有思维，就不可能产生有意义的经验。因此，学校必须要提供可以引起思维的经验的情境。

作为一个思维过程，具体分成五个步骤，通称"思维五步"。其包括：①联想（或译为"暗示""建议"），即心灵趋向一种可能的解决。②问题，将所觉察到的困难或疑虑理论化为一个需要解决的问题，即必须得出答案的问题。③假设（或译为"臆说"），使用一个又一个的建议，作为解决此问题的观念或假设，并通过观察与其他工作，搜集解决此问题的事实材料。④推理，对作为观念或假设的心理操作（推理乃推论之一部分，而非全部）。⑤以外表或想象的活动试验此假设。他举例说，如有人在走路时，忽遇一条水沟而想着跨越它（联想、建议、计划）；接着为安全计，此人便观察水沟的情形（观察），继而发现此沟颇宽，对岸湿滑（事实、资料）；然后设想此沟是否尚有较狭之处（观念），于是上下查看（观察），以便探求究竟（以观察试验观念）；如未发现较狭之处，便另拟一新计划，如发现一条圆木（复为事实），就设想此圆木是否可用作桥梁（复为观念），于是将圆木置于水沟上而越过之（由外表的行动试验及证明）。这便是杜威所谓的反省思维的五个阶段，是反省思维不可缺少的特征。在实践上，两个阶段可以拼合，若干阶段则历程甚短，一瞥即过，因此，五步骤并非一固定不变的方式，当视个人的智慧及当时对情境反应的情况而定。

（五）论学前儿童的教育

杜威的很多著作中都涉及学前教育的问题，他对学前儿童的教育也有很精辟的论述。

1. 论婴幼儿时期的重要性

杜威反对把婴幼儿看作是无知的、无能的，他认为婴幼儿身上蕴藏着学习和成长的潜能，具有巨大的可塑性。他明确指出，婴幼儿时期是很重要的，是人生打基础的阶段，为人一生的事业、爱好、习惯等方面打下基础，会影响到人一生的发展，因此应当重视对这个阶段儿童的研究和教育。

2. 论学前教育的内容和方法

杜威提出，学前儿童的教育内容主要就是游戏活动。杜威十分重视游戏在学前儿童教育中的作用，他认为："儿童对于游戏有一种天生的欲望。"[①] 儿童是非常喜爱游戏的，因为游戏最能体现其活动本能。他指出游戏也有助于儿童的身心健康发展，能够促进儿童道德和智力的成长。例如，可以通过游戏发展儿童的社会合作意识，因为游戏往往是在集体中进行的，需要大家共同合作来完成，由此就形成了一种相互配合、共同工作的意识和习惯。他要求教育者要为儿童的游戏创造良好的条件，通过游戏促进儿童的本能生长。[②]

除了游戏，杜威还主张从儿童的兴趣和需要出发来组织其他活动课程，如折纸、照料植物、讲故事、唱歌、戏剧表演、制作玩具等。杜威还对幼儿的文化学习问题提出自己的看法。他并不完全反对幼儿学习书写和阅读，他认为书写和阅读是儿童必须学会使用的工具，但是他强调一定要遵循儿童的身心发展特点来施教，反对过早地让幼儿学习文化，过多地占用他们宝贵的时间。他提出，除非幼儿有了学习书写和阅读的需求，否则就不要特别去安排这些内容，以免给幼儿造成紧张和疲劳。[③]

杜威作为现代西方教育史上最有影响的教育家之一，顺应时代和工业发展的趋势，对传统教育的弊病进行了批判，强调儿童心理的发展和研究以及思维能力的训练，主张教育的一切措施都应该有利于儿童的生长和发展，这不仅有一定的合理因素，而且对现代教育理论的发展起了促进作用。

三、蒙台梭利的幼儿教育理论

玛利娅·蒙台梭利（1870—1952），意大利幼儿教育家，意大利第一位女医生，意大利第一位女医学博士，女权主义者，蒙台梭利教育法的创始人（图 13-3）。她的教育

图 13-3 蒙台梭利

---

① 杨汉麟，周采. 外国幼儿教育史 [M]. 南宁：广西教育出版社，1993：233.
②③ 唐淑. 学前教育思想史 [M]. 北京：人民教育出版社，2009：382，383.

方法由其在儿童工作过程中所观察到的儿童自发性学习行为总结而成。

蒙台梭利倡导学校应为儿童设计量身定做的专属环境，并提出了"吸收性心智""敏感期"等概念。她的主要著作有《蒙台梭利教学法》《童年的秘密》《发现儿童》《吸收性心智》《家庭中的儿童》等。

（一）儿童之家的成立

1900 年春天，意大利全国智力缺陷儿童教育联盟在罗马开办了一个医学教育机构。它附设一所实验示范学校，蒙台梭利受聘担任校长两年。这使她有了一个从事智力缺陷儿童教育的机会。这所学校后来以"国立特殊儿童学校"著称。

此后，蒙台梭利一直希望有机会把智力缺陷儿童教育的方法应用于正常儿童。1906 年年底，这种机会终于来了，罗马优良建筑协会会长塔莱莫设想在圣罗伦斯贫民区的公寓里开办学校，并聘请蒙台梭利负责。蒙台梭利的朋友建议她把这所学校命名为"儿童之家"，意为"公寓中的学校"，带有家庭的含义。蒙台梭利认为："'儿童之家'应该是一个真正的'家'，也就是说，应该有一些房间和花园，孩子们就是房子的主人。带有遮蔽处的花园是最理想的，因为孩子们可以在它底下玩耍或休息，也可以免受曝晒和雨淋之苦。"[①]1907 年 1 月 6 日，第一所"儿童之家"在罗马圣罗伦斯区成立。它招收了 50 多名 3~6 的儿童。

在儿童之家里，所有的一切都有助于儿童的发展。在蒙台梭利的努力下，儿童之家的实验是成功的，儿童的心智发生了很大的变化。越来越多的访问者去那里参观并给予赞扬。接着，蒙台梭利又在罗马和米兰相继成立了一些儿童之家。在友人的建议和鼓励下，蒙台梭利写成了《蒙台梭利教学法》，记述了儿童之家的实践及其理论，于 1909 年出版，在世界上产生了广泛的影响。

（二）蒙台梭利的儿童观

1. 重视儿童的自我发展

蒙台梭利强调儿童心理发展是天赋能力的自然表现，即是心理胚胎的发展、肉体化的过程、潜在生命力的分化和吸收性心理的作用。蒙台梭利的这一观点在当时具有非常重要的意义，因为它成了批判当时成人中心的教育观、号召重视自我发展的基础。当时，成人对待儿童的态度是说教的、灌输的和干预的。成人在爱护孩子、帮助孩子、教育孩子的外衣下隐藏着一种关于孩子的观点，即认为孩子是无知无能的，必须由自己向幼儿进行教导，让幼儿达到知识和能力的发展。正是当时这种轻视幼儿能力、否定幼儿能力的观点导致了成人把自己的思想、观念和行为方式强加给幼儿，用成人的标准去要求幼儿，用成人的尺度去评价幼儿。相应地，这种成人中心的教育观使幼儿的正常发展受到了压抑和歪曲，妨碍了儿童内在生命的发展和

---

① 蒙台梭利. 蒙台梭利儿童教育手册 [M]. 肖咏捷，译. 北京：中国发展出版社，2003：57.

内在生命力的展现。蒙台梭利认为成人对待儿童的这种错误的态度导致了几乎所有
3 岁儿童都不能达到正常化，都脱离了自己的正常的发展轨道，按照蒙台梭利儿童
心理是天赋能力的自然表现的观点，就是导致了几乎所有儿童的天赋能力都没有得
到充分的自然表现。

　　强调儿童心理发展是天赋能力自然表现的观点则站在了当时成人中心的对立面，
认为人从出生的那一刻起，精神生命就已潜藏在尚未发达的肉体之中，肉体只不过
是精神的一个容器，精神生命由它存在起就具备自我发展的积极力量，有它自己的
发展规律——心理（或精神）胚胎的发展速度惊人，每一个幼儿的心理（或精神）胚
胎各不相同，特别是心理（或精神）胚胎的发展需要特殊准备的环境；随着幼儿身
体的发展，肉体化过程会随之发生，即意志、心理等精神因素"归于肉体"并支配
肉体的活动；潜在生命力会逐渐分化并形成复杂的心理现象；具有吸收性的心理帮
助幼儿获得关于环境中的各种经验，使之成为自己心理的一部分，并在此基础上形
成自己的个性和行为模式。如果成人没有看到儿童生命力的自我展示并引导儿童的
自我发展，没有看到儿童心理发展的规律并遵循这些规律，而是压制儿童的自我发
展，用奖惩的办法诱骗儿童集中注意和缄默不动，则在儿童发展上就会导致一种非
自然的结果，使儿童的尊严丧失殆尽，类同机器。强调儿童心理发展是天赋能力的
自然表现的观点要求重视儿童的自我发展，要求成人所进行的教育是帮助幼儿按照
自己本身的规律去发展，而不是用一种外在的力量强迫幼儿脱离自己的发展轨道。

2. 适应儿童心理发展的敏感期和阶段性

　　蒙台梭利认为儿童心理发展存在着敏感期，即在某一特定的时期幼儿有某种心
理倾向性，从而使儿童在发展的某一特定时刻对一定的事物或活动表现出积极性和
兴趣，并能有效地认识事物和掌握活动，而过了这一时期上述情况便会消失而且不
再出现。蒙台梭利对敏感期进行了认真的研究，并指出了一些心理现象发展的敏感
期。蒙台梭利关于敏感期的论述以及她关于不同心理现象敏感期的说明在当时具有
非常重要的意义。既然儿童心理发展中存在着敏感期，教育者就应该在不同的敏感
期内为儿童提供适宜她敏感期活动的环境，促进儿童敏感能力最大限度的发展，而
不能让儿童敏感能力的发展错过时机。蒙台梭利关于敏感期的论述在今天仍具有重
要的意义，虽然我们今天并不认为蒙台梭利关于敏感期是儿童本能之表现的观点是
正确的，但我们仍然强调儿童心理发展存在着敏感期，强调要促进儿童敏感能力的
发展。

　　蒙台梭利认为儿童的心理发展是连续性和阶段性的统一，认为在儿童连续不断
的心理发展过程中，存在着阶段性，处于不同阶段的儿童在心理面貌上有着不同的
表现，进而蒙台梭利把儿童心理发展划分为不同的几个时期。蒙台梭利要求在儿童
心理不同的发展时期，应该为儿童提供不同的环境，使环境能够帮助儿童获得发展。

3. 重视儿童的活动

蒙台梭利强调儿童心理发展是天赋能力的自然表现，她认为天赋能力是通过儿童的自发活动表现出来的，由此，她认为儿童的心理发展是在工作中实现的。蒙台梭利所谓的工作是儿童活动的重要形式，是在蒙台梭利所提供的有准备的环境中的活动。在她看来，通过活动，儿童的生命力得到表现和满足，同时，儿童的心理得到进一步的发展。由此，她非常重视儿童的活动，认为离开了儿童的活动，儿童的生命力则无从表现和满足，儿童的心理则无法得到进一步的发展。蒙台梭利所谓的活动是生命的自我活动，而不是成人干涉下的不符合儿童意愿的活动，她要求成人不能干预幼儿生命的自我活动，把干预幼儿自我活动的教育说成是应该予以废除的旧教育。

（三）论幼儿教育的原则

蒙台梭利认为，儿童教育是人类最重要的一个问题。它的目的是两重性的：生理的和社会的。从生理方面来看，是帮助个人的自我发展；从社会方面来看，是使个人为适应环境做好准备。为了促使儿童生理和心理的良好发展，儿童的教育应该始于诞生时。她指出，在幼儿教育中，要注意两条原则。[①]

1. 自由的原则

依据蒙台梭利的儿童观，幼儿的内在冲动是通过自由活动表现出来的，他能依据自己的心理需要和倾向以及自己的特殊爱好选择物体进行活动。她强调，"科学教育学的基本原理将是儿童的自由：允许儿童天性的发展和自由表现"。但是，幼儿有充分活动的自由并不意味着他可以为所欲为。蒙台梭利认为，幼儿必须在自由的基础上培养纪律性。例如，儿童之家的幼儿要遵守以下的规则：保持个人的整洁，服从教导，表现良好的品行等。在她看来，自由并不是放纵，自由和纪律是同一个事物不可分离的两个方面。自由活动是形成真正的纪律的重要方式，而真正的纪律也必须建立在自由活动的基础上。

2. 工作的原则

根据蒙台梭利的儿童发展学说，儿童的生命潜力是通过自发的冲动表现出来的，其外在表现就是儿童的自由活动。因此，她十分重视儿童的活动，这个活动就是"工作"。她认为"工作"是人类的本能与人性的特征，"工作"就是活动，"人是通过工作而塑造自己的"，"儿童通过练习得以成长，他需要在外界环境中进行真正的创造性工作"。蒙台梭利称在"儿童之家"发现了一个令人惊讶的事实，即儿童竟然"喜欢工作甚于游戏"。儿童喜欢操作教具，并从教具中得到满足与乐趣，毫无厌恶与疲倦的表情。蒙台梭利认为，3~7岁幼儿的发展都是在工作中实现的。

① 杜成宪，单中惠. 幼儿教育思想史 [M]. 北京：人民教育出版社，2008：360.

蒙台梭利所说的"工作"是指儿童在"有准备的环境"中，与环境相互作用的活动，是一种自由、自主、自助的活动，是满足儿童内在活动需要的活动，是儿童喜欢并乐在其中的活动，是一种手脑结合、身心协调的活动。蒙台梭利所说的"工作"和成人的工作是不一样的。它是儿童的自由活动，是非强制性的。它不是为了实现一个外部目的，也不遵循劳动效益规律。儿童工作的目的就是工作本身，而成人是"为生活而工作"。

她认为与成人的工作相比，儿童的"工作"具有以下的特征：

（1）遵循自然法则，服从内在的引导本能。

（2）无外在目标，以"建构为人"或自我实现、自我完美为内在目标。

（3）是一种创造性、活动性与建构性的工作。

（4）须独立完成，无人可替代或帮助完成。

（5）以环境为媒介来改进自己，形成自己与塑造自己的人格。

（6）以自己的方式、速率进行，为自己的内在需求而重复。

（四）论感官教育

蒙台梭利非常重视儿童的感官训练和智力培养，这是儿童之家的重要特色，也是蒙台梭利教学法的一大特点。

1. 感官教育的重要性

蒙台梭利认为，第一，婴幼儿正处于各种感觉的敏感期，这时加强相应的教育，可以不失时机地使感官得到最充分的发展；第二，感官训练是形成认识能力的第一道大门，通过感官训练，可以使抽象的东西具体化、精确化，有利于发展儿童对事物的观察力和辨别力。所以，只有通过感官训练，才可能使智力得到发展。

2. 感官训练的方法

从以上认识出发，蒙台梭利非常重视感官训练。为了使儿童的感官得到最充分的发展，她在儿童之家对儿童进行了各种感官训练。她设计了一套"感官练习材料"，让儿童通过操作教具，达到训练感官的目的。这套练习材料包括训练听觉、视觉、嗅觉、触觉等感觉能力的材料，其中以触觉为主。她认为，儿童常以触觉代替视觉和听觉，即常以触觉来认识事物，因此要重视触觉的训练。蒙台梭利的这套感觉练习材料有以下几个特点：①

（1）按照用途分为不同的种类，每一类分别训练某一种感觉。

（2）各种材料使用时，要求尽可能地排除其他感官的干扰，以使所训练的感官得到的印象尽可能地纯正、清晰。

（3）教具有控制、纠正错误的功能。蒙台梭利一再强调这些感官训练的教具是提

---

① 唐淑 . 学前教育思想史 [M]. 北京：人民教育出版社，2009：368.

供给儿童自己做的，可以通过幼儿自己操作，尝试错误，达到"自我教育"的目的。

继福禄贝尔之后，蒙台梭利的教育思想和教育活动进一步发展了学前教育的理论和经验，具有世界性的影响。蒙台梭利也被人们称为"幼儿园教育的改革家"。蒙台梭利强调探索儿童的心灵，尊重热爱儿童，重视儿童的早期教育，精心设计各种教具材料，促使儿童生理和心理的发展，许多观点是符合现代幼儿发展与教育理论的，具有一定的科学性和合理性（图13-4~图13-7）。因此，蒙台梭利方法也成为现代幼儿教育的主要方法之一，在当代世界，依然风靡。

图 13-4　蒙氏教具——几何图形橱柜

图 13-5　蒙氏教具——彩色串珠台阶板

图 13-6　蒙氏教具——几何体支柱

图 13-7　蒙氏教具——三角形组

教育史话

意大利历史上第一位女医学博士

蒙台梭利12岁时全家搬往罗马，在那里，她受到了良好的教育。14岁时蒙台梭利对数学产生了浓厚的兴趣，这个兴趣也持续了一生。蒙台梭利从小很有主见，父母建议她从事当时女性唯一的职业——教师，她断然拒绝。由于继续升学再无适合女性的学校，蒙台梭利最后选择升入专收男生的技术学校，学当时她感兴趣的工程学。但一段时间过去，蒙台梭利发现自己对生物学和医学更感兴趣，并最终确定要升入医学院，这在当时意大利轰动一时，因为意大利历史上从来没有过女医生。但蒙台梭利排除万难，即使是每天傍晚独自去停尸房解剖尸体，她仍然坚持，并于26岁时拿到了意大利第一位女医学博士学位。

四、德可乐利的幼儿教育理论

德可乐利（1871—1932），比利时教育家。大学毕业后，他从事身心缺陷儿童的教学研究，创办了驰名世界的"隐修学校"，致力于儿童教育实验，强调研究儿童生理和心理的发展，从实验教育的角度对西方幼儿教育的发展产生了较大的影响。其主要著作有《整体化的功能：整体化现象在教学中的作用》《比利时德可乐利新教育法》等。

（一）论生活教育

1. 学校教育的目的

德可乐利认为，学校教育的目的应是为儿童未来的生活做准备。他强调说："学校如能使儿童为现代生活做准备，那么，它即可达到普通教育的目的；学校如能在实践上使儿童接触一般生活，尤其是社会生活，那么，学校的这种准备即能成功。"因而，德可乐利要求学校应该同社会密切地结合起来，学校教育的内容应该同儿童的现实生活和未来发展的需要有机地结合起来。在那里，教室就是活动室、实验室和车间，儿童可以通过自由的、自主的活动学习学科知识，而且更重要的是了解社会生活，了解与其相关的社会环境和自然环境，获得经验和培养解决实际问题的能力。据此，德可乐利把学校生活分成三个部分：上午从做读写算的作业或其他练习开始，随后是以兴趣为中心的各种教学活动，下午做手工或学习外语，有时也组织儿童旅行，参观工厂、艺术馆、博物馆等。

德可乐利创办"生活学校"，其目的是"最大限度地在学生中倡导生动活泼的生活。学校通过让学生能以最大的热忱并使自己和社会获得最大教育效益的方式安排教育环境，为学生智力的、体力的、社会的和审美的生活服务。"[1]

2. 生活教育的要点

1921年，德可乐利在"欧洲新教育联谊会"上演讲，阐述了生活教育的要旨。他概括了以下15个要点。

（1）对儿童实施自由教育的学校应该设在自然的环境中。学校的环境应能使儿童在日常生活中与各种自然现象相接触，使儿童了解各种生物以及人类的生活，给儿童提供通过他们自己努力去适应生活的机会。

（2）学校人数不要太多。在可能的范围内，招收4~15岁的儿童。

（3）学校的一切设施应该不同于课堂式的传统学校，应设置小规模的工作室或实验室，并拥有必要的工作或实验设备。

（4）教师应该聪明和充满活力，并富有创造力和想象力。他们应该受过训练，了解观察儿童生活以及动植物的方法。他们应该热爱儿童，对研究心理学以及有关

---

① 康纳尔. 二十世纪世界教育史 [M]. 孟湘砥，译. 长沙：湖南教育出版社，1991：243.

的科学感兴趣。他们应该有熟练的口头表达能力以及维持教育秩序和纪律的能力。

（5）应该尽量按儿童的生理和心理的标准来分班，班级规模越大，越要考虑这点。每个班级的人数最多不超过 25 人。

（6）如果一所学校里有 10~15 个身心缺陷的儿童，就应该单独把他们组成一个班，由在特殊教育方面受过专门训练的教师任教。

（7）上午时间宜进行读、写、算的教学。每周不少于 3~4 次，但采用游戏的方式，使儿童从游戏的竞争和成功中得到适当的刺激。

（8）在读、写、算教学之后，应该继以各种活动，例如，观察、比较、联想、绘画、唱歌、体育、游戏和手工等。教师在选择各种活动时，应该考虑到儿童的兴趣、学校的环境所能提供的活动机会以及儿童心理发展的需要。

（9）除了放假日以外，下午时间应该用于手工活动或学习外国语。

（10）应该用一些时间组织儿童郊游，采集动植物标本，或参观工厂、艺术馆、博物馆、火车站以及其他有趣的地方。

（11）应该向家长报告学校的目的和工作情况，使家长与学校配合。学校也应该组织家长委员会，使家长参与学校行政。

（12）应该使儿童学会自制和自治。平时除特殊活动需要安静外，儿童可以自由走动，与同伴或教师交流。

（13）为发展儿童的创造力、自信心和团体精神，各班经常举行演讲会，题目可以由儿童自己选择或经教师同意，但内容最好与全班儿童的观察和联想有关。

（14）组织儿童参加各种活动，例如，整理房间、搜集物品和图片、绘制图表、饲养小动物、照管植物等，激发儿童对个人或团体的工作产生兴趣。

（15）应该从儿童和环境出发制定课程，采用整体化教学的方法。

（二）论教学法

在长期的教育实践中，德可乐利逐渐形成了以兴趣为中心、以整体为原则的课程和教学系统，简称为德可乐利教学法，由观察、联想和表达三个步骤组成。观察既包括一般的观察，例如提醒儿童留意日常生活现象以及周围环境变化等，更包括以兴趣为中心的观察，即按照课程上所规定的内容进行的学习。学生通过观察，养成了注意各种现象的习惯，了解到生活中的种种复杂情形，开始理解生物界种种演进的现象。联想是指教师在儿童旧经验的基础上，用图画、故事等形式引起学生的兴趣和想象，然后通过比较，找出旧经验与新的现象之间的异同，最后寻找原因并加以实行。联想的目的在于扩大儿童经验范围，使儿童逐渐弄清所观察的对象的新旧联系。表达是指儿童要把观察与联想中得到的结论或者新经验，通过文字、模型、动作等符号表达出来，加以巩固，并在实践中进行演练。总之，从兴趣引发感觉经验，通过联想形成和发展观念，通过把概括性知识应用于实践活动，表达儿童的概念和思维，就是德可乐利教育法的三部曲。

（三）论教学游戏

德可乐利认为，教学活动可以采用游戏的方式来进行，因为游戏是儿童心理活动和精神发展的强大动力。对于儿童来说，游戏是最愉快的学习。它既能使每个儿童都有事情可做，又能使他们乐此不疲。因此，德可乐利创设了教学游戏。其主要目的在于，利用儿童感兴趣的实物来适应他们游戏和活动的需要，养成集中观察力和工作的习惯，同时使每个儿童能充分发展自己的个性和能力。

为了便于儿童的观察，在教学游戏中主要使用珠子、纽扣、谷物、果子、贝壳或其他与儿童的兴趣中心有关的实物，甚至年纪稍大的儿童的图画和手工作品等。虽然也使用几何图形和抽象的东西，但数量很少。有些游戏用具还可以由儿童自己在手工课上制作，所需要的费用也就很低。

德可乐利提出，教学游戏可以分为 5 类：[1]

（1）实物分类或图片分类的游戏。它要求儿童将各种实物或图片，按照大小的次序、因果关系以及部分与整体的关系进行系统的排列。

（2）学习数的概念和数的符号的游戏。其用具包括：盛放用于计算的珠子、果子和豆子等实物的箱子，可以由 3~5 人均分的实物，绘有手指以及与手指数相等数量实物的卡片，学校报告时间的玩具，包含整数与分数的玩具等。

（3）用整体化意象视觉法学习阅读的游戏。其用具包括：各种用于口头表达的无文字说明的图片，用于看图识字的有文字解释的故事画，用于对照的较复杂的故事画与若干词句（文字说明），用于对照的与饮食、衣服、用具和装饰有关的单词与实物图片，以及简短的故事书与故事画等。

（4）观念综合的游戏。通过反复练习，可以使儿童养成综合观念和分析观念的能力。它利用自然界和社会生活的各种实物，以游戏的方式讨论与日常生活有关的各种物品的用途和制造等。

（5）帮助学习和记忆各种功课的游戏。在学习地理时，有绘制地图并在地图上寻找地名、河流和山脉的游戏。在学习历史时，有关于名人、学者、发明家、衣食住行和战争等的游戏。在学习语法时，有单数与复数、阴性与阳性、词句分析与补充等的游戏。

德可乐利认为，在进行各种教学游戏时，儿童的人数没有一定的限制，个人或团体都可以。尽管在游戏中，儿童常会犯错，但他很容易发现并自己进行纠正。各种教学游戏的用具，可以按儿童的兴趣、需要和能力随时增减。

德可乐利作为一个医学博士、儿童心理学家和教育家以及一个学校教师，把教育理论和实际很好地结合起来了。德可乐利强调兴趣的课程观给现代教育以很大的

---

[1] 陈文华.中外学前教育史[M].北京：科学出版社，2010：278-279.

影响。他的儿童观、他建立在差异心理学基础上的教学模式，特别适合低年级儿童的教育。

 **拓展阅读**

福禄贝尔的"恩物"

福禄贝尔设计的恩物主要有六种，每一种恩物都有其象征意义和不同的教育作用。

第一种是分别用红、绿、蓝、黄、紫、橙六种颜色的羊毛结扎而成的小球。每个小球直径四厘米，小球上有一线连接。他设想出50种玩法，认为这种恩物对儿童认识世界具有重要的作用。

首先，根据他的球体法则，球是最初和最终的自然形式，是上帝的象征物。儿童可以通过认识球来理解"统一""无限"等。

其次，幼儿可以通过球来认识一些抽象的概念。如教师通过球的甩动来发展儿童上、下、左、右、前、后等方位知觉，也可以认识"运动"等概念。

最后，幼儿可以借此锻炼视觉和触觉。

第二种是木制的球体、正立方体和圆柱体。正立方体和圆柱体上有穿孔，并附有木棒和细绳。幼儿可以通过这种恩物认识各种事物的形式、性质和相互关系，发展幼儿的创造力和想象力。他认为，三种物体的不同形状代表了不同事物的多样性。立方体代表事物的稳定性；球体代表事物的运动性；圆柱体代表事物既有运动的一面，又有稳定的一面。同时，这三种物体又有相同的特性，这种相似性意味着不同事物之间具有统一性。圆柱体是球体和立方体的混合，这种混合决定了这三者之间存在一些共同性。例如，圆柱体的平面与立方体的平面相一致，圆柱体的曲面和球体的曲面相一致等。

第三种是由8个小正立方体组成的木制正立方体。幼儿可以用小立方体组合成许多事物的形状，如椅子、梯子等。在组合的过程中，儿童又可以理解部分与整体的关系：事物的整体可以划分为各个部分；部分事物可以组合为一个统一的整体。

第四种是由8个小长方体组成的木制立方体。

第五种是由27个等值小立方体组成的木制立方体。其中3个小立方体分别对分为6个三角，3个小立方体分别四等分为12个小三角体。为学生未来学习数学和几何打基础。

第六种是由27个小长方体组成的木制立方体。其中有一些小长方体可以分成平板、斜角等。

 **本章小结**

近现代涌现了很多著名教育家，他们对学前教育的各个方面进行了系统的论述，形成了很多学前教育思想，推动了全世界学前教育的进一步发展。近代的西方教育家主要有夸美纽斯、洛克、卢梭、裴斯泰洛齐和福禄贝尔。在学前教育史上，夸美纽斯是第一位明确提出要"为幼儿设立学校"的教育家。洛克提出"白板说"，高度评价了教育在人的形成中的作用。卢梭通过《爱弥儿》提出了自然主义教育，对后世影响巨大。在教育史上，裴斯泰洛齐首次明确提出"教育心理学化"的口号。他的这一思想对儿童教育和儿童心理学的研究起了积极的推动作用。福禄贝尔是德国著名的教育家，幼儿园运动的创始人。

现代影响较大的西方教育家有爱伦·凯、杜威、蒙台梭利和德可乐利。爱伦·凯提出的"儿童的世纪"的口号，吹响了 20 世纪幼儿教育改革与发展的进军号角。杜威提出"教育即生长""教育即生活""教育即经验地继续不断的改造"。他在批判传统教育弊病的基础上，明确提出以儿童为中心的响亮口号。蒙台梭利强调探索儿童的心灵，尊重热爱儿童，重视儿童的早期教育，精心设计各种教具材料，促使儿童生理和心理的发展。继福禄贝尔之后，蒙台梭利的教育思想和教育活动，进一步发展了学前教育的理论和经验，具有世界性的影响。德可乐利致力于儿童教育实验，强调研究儿童生理和心理的发展，从实验教育的角度对西方幼儿教育的发展产生了较大的影响。

 **思考练习**

1. 分析卢梭的自然主义教育对当前我国学前教育的启示。
2. 谈谈杜威的"做中学"思想对学前儿童教育的意义。
3. 简述蒙台梭利的学前教育思想对我国学前教育的影响。

第十四章　当代世界学前教育的发展

★ **学习目标导航**　　　1. 了解当前世界学前教育发展的新趋势。

　　　　　　　　　　　　2. 了解当前世界流行的学前教育方案。

★ **内容结构导图**

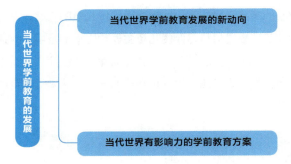

★ **本章摘要**　　　　　20 世纪，世界学前教育随政治、经济、文化的起伏跌宕几经变革，无论是学前教育的理论还是学前教育的实践方面都取得了巨大进步。尤其到 20 世纪末，随着世界政治局势的逐步稳定，世界学前教育的发展也进入了平稳发展的时期。本章主要介绍当前世界学前教育发展的新动向以及当前世界比较流行的几种学前教育方案。

第一节　当代世界学前教育发展的新动向

虽然当前世界各国学前教育发展水平不尽相同，但综合世界各国，尤其是西方发达国家学前教育发展的总体趋势，其发展的现状有以下几个共同特点。

一、学前教育学进入发展的新阶段

20世纪中叶以来，随着生理学及神经生理学、心理学，特别是儿童心理学、认知心理学以及社会学、人类学、生态学有了较大的发展，这不仅提高了学前教育学的理论化和科学化的水平，而且为学前教育理论提供了更多的科学依据，学前教育学作为一门学科进入新的发展阶段。例如，心理学对儿童心理发展的动力研究，对学前儿童认知能力、情感和意志发展的研究，对学前儿童个性形成的研究等，为建立和提高学前儿童认知教育、情感教育和道德教育理论，提供了心理学的基础。[1]近年来，整个学科发展的趋向，既进一步分化，又进一步相互渗透和综合，学前教育理论和相邻学科的关系也越来越密切。

二、国家财政支持学前教育

19世纪中叶以前，幼儿教育一直是私人行为，但在20世纪逐渐发展成为公众的责任。国家介入幼儿教育成为一个世界性的发展趋势。政府介入幼儿教育的方式很多，制定政策、加强管理固然是重要方面（如严格幼教机构的审批制度，加强资产监控，制定幼教质量标准并监督执行，建立教师资格和培训制度等），但公共财政支持也是国家介入幼儿教育的重要方式。

持续加大政府公共经费投入对学前教育发展和质量提升起到了至关重要的作用。据《教育概览2018》数据显示，经济合作与发展组织（Organization for Economic Co-operation and Development，OECD）国家的政府公共经费在学前教育阶段的投入不及其在其他教育阶段的投入，尽管如此，OECD国家平均投入在学前教育的公共经费仍然占学前教育经费总投入的80%。芬兰、挪威和瑞典等国家均超过90%。在2015年，OECD成员国中仅有日本、土耳其和英国的学前教育经费总投入中民间资本投入超过了40%。[2]其他一些发达国家虽然没有像OECD国家那样管理，但也通过多种支持方式承担起政府对幼儿教育的责任。这些方式包括：

（1）国民教育向下延伸。这是当前多数国家和地区的做法。例如，美国将5~6

① 黄人颂. 学前教育学 [M]. 北京：人民教育出版社，2015：19.
② 郅庭瑾，陈佳欣. 经合组织国家怎样发展学前教育 [EB/OL]. https://www.sohu.com/a/318398281_115423，2020-09-29.

岁学段的幼儿园列入义务教育体系，并将其附设在小学。我国澳门特区已从 2006 年开始将免费教育下延至学前教育 1~2 年。我国台湾地区也已推出国民教育向下延伸一年（K 教育）计划，并于 2004 年从"离岛"（澎湖、连江、金门等）和原住民集聚地开始试行，优先扶助资源弱势与文化不利地区，然后逐步向全岛推进。

（2）国家专项拨款资助面向社会处境不利幼儿的早期补偿教育。如美国的开端计划和英国的确保开端计划等。2018 年我国发布的《中共中央 国务院关于学前教育深化改革规范发展的若干意见》中明确指出："各地要认真落实幼儿资助政策，确保接受普惠性学前教育的家庭经济困难儿童（含建档立卡家庭儿童、低保家庭儿童、特困救助供养儿童等）、孤儿和残疾儿童得到资助。"

（3）政府举办一定数量的公办园。对政府认可的非营利性私立完善学前教育资助制度。例如 2018 年我国发布的《中共中央 国务院关于学前教育深化改革规范发展的若干意见》中明确指出："国家进一步加大学前教育投入力度，逐步提高学前教育财政投入和支持水平，主要用于扩大普惠性资源、补充配备教师、提高教师待遇、改善办园条件。中央财政继续安排支持学前教育发展资金，支持地方多种形式扩大普惠性资源，深化体制机制改革，健全幼儿资助制度，重点向中西部农村地区和贫困地区倾斜。研究中央专项彩票公益金等支持学前教育发展的政策。地方各级政府要健全学前教育经费投入机制，规范使用管理，强化绩效评价，提高使用效益。"

此外，还有通过各种方式（如返还个税、发放补助等）为幼儿家庭提供保育和教育资助等。

三、重视学前教育普及

从国际上看，大多数国家对学前教育的关注度都比较高，重视用立法等多种措施推动学前教育的普及，学前教育逐步被纳入义务教育和终身教育体系。西方发达国家和整个国际社会之所以如此重视学前教育的普及，概括分析主要有五大原因：一是学前教育对促进个人发展、社会进步、人力资源早期开发与综合国力的提高具有长远的意义；二是良好的学前教育网络对于妇女的解放，改善家庭生活与提高社会生产力有直接的积极作用；三是加强学前教育有利于消除贫困，消除弱势群体世代"恶性循环"，为实现人的平等创造均衡的机会；四是对学前教育投入的回报率要比其他领域更高；五是学前教育是社会公共服务体系的起始阶段，加强学前教育是政府的责任。[1]

2000 年全球学前教育入学率为 30.9%，2015 年增长至 48.6%，这一水平保持连续增长。但目前全球学前教育发展极不平衡，联合国儿童基金会 2019 年发布的一份报告《让每一名儿童都做好学习准备：优先发展有质量的学前教育》中发出警告，

---

[1] 徐卓婷.国际社会为什么重视普及学前教育 [N]. 中国教育报，2010-12-24.

超过 1.75 亿儿童（约占全球学龄前儿童的一半）无法接受学前教育，他们正错失对于其生命早期进行投资的重要机遇，这是一种严重的不公平现象。在低收入国家，情况更加令人沮丧，只有 1/5 的儿童有机会接受学前教育。[1] 而欧美等国家和地区学前教育行业发展快，学前教育管理等方面达到世界领先水平。

2009 年我国学前教育三年毛入园率为仅为 50.9%，在园幼儿人数仅为 2657.81 万人，截至 2020 年，我国学前教育三年毛入园率已经达到了 85.2%，在园幼儿 4818.26 万人，[2] 这说明我国在学前教育普及方面取得了举世瞩目的成就。

四、重视学前教育公平

从 20 世纪 60 年代以来，对教育公平的呼吁逐渐增多，让更多贫困家庭的儿童接受学前教育成为可能。1965 年，美国提出了"开端计划"，其主要目的是对贫穷、处境不利和少数民族 3~5 岁儿童提供补偿教育。1994 年，美国又提出"早期开端计划"，将赞助对象延至 2 岁儿童。英国的"确保开端"运动，资源优先向 20% 处境不利的地区倾斜，该项目的口号是"每个儿童的生命都值得拥有最好的开端"。3~4 岁儿童可享受每周 5 天、每天 2.5 小时的免费教育。在俄罗斯，1992 年通过的《俄罗斯联邦教育法》宣布教育为优先发展的领域，并将教育的人道主义作为国家教育政策的基本准则，规定俄罗斯境内的公民，不分种族、民族、语言、性别、年龄、健康状况、社会地位、财产和职业状况、社会出身和居住地点等，均可接受教育，并得到保障；不让一个儿童因贫困、疾病和身体缺陷等原因失学或辍学，保证每个儿童享有平等的教育权。2000 年，有 164 个国家参加的达喀尔会议所通过的六项全民教育目标中，第一项就是"全面扩大和加强幼儿保育和教育工作，以最易受到伤害和处境不利的儿童的保育和教育工作为主。"

世界各个主要促进学前儿童教育公平的政策主要有两大类：一是通过公共转移和税收等再分配政策降低儿童贫困率，通过育儿津贴、教育券、税收减免等政策提高贫困家庭支付保育费用的能力。二是通过国家特殊计划直接保障处境不利儿童获得保育和教育服务的机会的政策。

五、世界学前教育课程改革的趋势

（一）课程设置规范化

世界发达国家改变过去零乱的幼儿教育课程设置，开始制定统一的国家课程或出台幼儿教育课程标准，课程设置出现规范化的趋势。例如新西兰 1996 年就颁布了

---

[1] 联合国儿童基金会 .1.5 亿儿童无法接受学前教育 [EB/OL]. https://www.unicef.cn/press-releases/175-million-children-are-not-enrolled-pre-primary-education-unicef.2020-06-15.

[2] 中华人民共和国教育部 . 2020 年全国教育事业统计公报 [EB/OL]. http://www.moe.gov.cn/jyb_sjzl/sjzl_fztjgb/202108/t20210827_555004.html, 2021-9-28.

面向 0~5 岁儿童的国家课程，目前正在积极实施。2002 年英国政府先后颁布了面向 0~3 岁婴幼儿和 3~5 岁幼儿的国家课程。

（二）课程目标全人化

课程目标方面，强调课程要促进儿童的全面发展。美国的幼儿教育将幼儿的社会性发展、认知发展、情感发展和身体发展确定为幼儿教育的目标基础。英国将教育内容划分为交往、语言和读写、数学发展、个性、社会性和情感的发展、创造性发展、身体的发展、了解和理解世界等领域。新西兰强调课程要使幼儿成长为有能力和自信的学习者；成长为思想、身体、精神都健康的公民；成长为建立了牢固归属感和获得了为社会做出贡献所需要的知识的人。

（三）课程内容多元化

幼儿教育课程内容的多元化不仅包括多模式、多领域，还包括多元文化的渗透。如美国学前教育的课程模式有多种，主要包括高瞻课程模式、河滨街课程模式、直接教学模式、发展适宜性课程等。此外，美国还非常强调多元文化教育和反偏见课程。挪威"幼儿园架构计划"强调幼儿园活动中必须体现当地的文化价值观和国家的文化传统。

（四）课程实施游戏化

课程游戏化不是用游戏去替代其他课程实施活动，不是把幼儿园所有活动都变为游戏，而是确保基本的游戏活动时间，同时又可以把游戏的理念、游戏的精神渗透到课程实施的各类活动中。[1] 目前，世界学前教育课程改革的趋势就是强调让儿童在活动和游戏中学习。例如我国著名的"安吉游戏"模式，源自欧洲的"森林教育"模式等，都强调让儿童在户外进行活动性游戏和密切接触大自然的游戏。

（五）课程资源社区化

学前教育社区化正成为世界学前教育发展的重要趋势。一般来说，社区教育须以发达的经济实力作为后盾。美国、日本、英国和澳大利亚等国的社区学前教育都较为发达。社区学前教育的基本特点是非正规性、开放性、综合性和地域性等。社区学前教育设施大致有三种：有专为儿童设立的，如儿童博物馆、儿童咨询所、儿童公园等；有为儿童与家长共同参与服务的，如图书馆、博物馆、儿童文化中心和各种终身教育中心等；还有所谓"父母教育"，如母亲班、双亲班和家长游戏小组等。

---

① 虞永平.课程游戏化的意义和实施路径 [J].早期教育（教师版），2015（03）：4-7.

第二节　当代世界有影响力的学前教育方案

当代世界学前教育发展有一个非常重要的特点，就是热衷于对教育模式和教育方法的不懈研究。本节简单介绍几种在当代世界尤其是西方发达国家学前教育机构乃至全世界教育机构中久负盛名、广泛应用的学前教育方案。

一、高瞻课程方案

1962 年，韦卡特在美国密歇根州政府的经费支持下，成立了第一个政府赞助的学前教育方案，称为佩里学前教育方案。这一方案主要是为 3~4 岁幼儿设计，它强调的是幼儿在社会和情绪方面的发展，其主要目的是帮助低收入家庭学业成就不理想的幼儿做好入学准备，因此这一方案更注重的是幼儿学业的进步和知识的灌输。

1970 年韦卡特离开了伊普西兰蒂公立学校，另外组织成立了高瞻教育研究基金会，其最终目标是希望促进所有儿童的学习和发展，继续研究和探索学前课程成了高瞻教育研究基金会的一个不容推卸的使命。至此，韦卡特等人设计的认知导向课程开始被称为"高瞻课程"（High/Scope）。

（一）理论基础

高瞻教学模式的理论基础主要是皮亚杰的认知发展理论。

第一，在心理发展中，主体和客体之间是相互联系、相互制约的关系，即两者相互依存，缺一不可。

第二，主体和客体相互转化的互动关系。先天遗传因素具有可控性和可变性，在环境的作用下，可以改变遗传特性。

第三，主体和客体的相互作用受个体主观能动性的调节，心理发展过程是主体自我选择、自我调节的主动建构过程。

到了 1979 年，高瞻课程模式由强调皮亚杰式的认知性工作转变到强调幼儿是知识的建构者，在其认知发展的主要经验目标中增加了"主动学习"一项，至此高瞻教学模式越来越看重幼儿的"主体性"与"主动性"，这个趋势在 1995 年后得到了更明显的体现，"主动学习"提升为整个课程发展的核心。

（二）基本理念

主动学习是高瞻课程中一个基本的教学理念，它倡导幼儿思考自己亲身体验到的学习经验，幼儿由自己体验到的知识，来了解其所处的世界。这一股主动学习的原动力是来自深植于每个人内在自主、自导的原始本能。幼儿内在的欲望驱使他们去探索环境中的事物，他们找寻有关人、事、物等问题的答案；同时成人世界中的许多想法也曾激起他们的好奇心，幼儿们也想一探究竟。总之，他们自己会想办法解决任何会阻挠学习的障碍。高瞻课程认为幼儿的主动学习有五大基本要素。

1. 材料

教育者应提供给幼儿充足的、多样化的、年龄适宜的操作材料。材料能吸引幼儿多种感官参与，而且是开放性的。也就是说，材料有助于幼儿用多种方式操作，有助于拓展幼儿的经验，有助于激发幼儿的思考。开放性材料意味着材料应该允许儿童进行多种游戏类型和操作方式，如没有任何标示的原木积木可以让儿童进行各种建构，海绵可以被当作蛋糕、馄饨等食物。

2. 操作

为了尊重幼儿的主动性学习，高瞻课程提出儿童在操作上享有空间、时间以及材料上的控制权。如在"娃娃家烹饪"的儿童，他们可以自行到艺术区取用毛线和剪刀来制作"面条"，然后在积木区取几块积木当作"馒头"。当下一个环节为户外活动时，他们可以打包"面条"和"馒头"，将它们带到户外继续"娃娃家"游戏。

3. 选择

在高瞻课程的主动性学习中，儿童可以选择自己工作的区角、工作内容、工作时长和玩伴，并可以随时改变自己的计划。一名幼儿可以在计划时间内决定自己要和另外两个同伴一起开"鸭血粉丝店"，三名儿童共同计划在班级哪个位置开店，如何取名，需要什么材料做"鸭血"和"粉丝"。之后，他们可以在各个区角收集可以作为"鸭血"和"粉丝"的材料、制作店名，最后在"娃娃家"开店。

4. 儿童语言和思维

儿童在制订计划并按照计划进行工作的过程中，会存在不同的问题和困难，这使得儿童自然而然地思考解决目标活动中的问题，通过同伴之间的社交或与成人的社交来寻求支持，从而控制和调节自己的情感以完成工作。例如在创办"小饭店"的活动中，儿童可以在艺术区进行讨论，为"小饭店"命名，在意见不合的时候进行协商，最后通过某种集体讨论的方式决定"小饭店"的名字。然后，他们需要解决如何书写名称的问题。他们可能会寻求成人的帮助，或者自己进行前书写阶段的涂鸦。由于儿童没有已定的饭店区角模式，这为儿童的主动性学习和探索提供了广阔的空间。

5. 成人的"鹰架"

"鹰架"意味着成人支持幼儿当前的发展水平，并在幼儿进入下个发展水平时给予平缓的延伸。成人以这种方式，帮助幼儿获取知识，发展创造性地解决问题的技能。

（三）课程内容

高瞻课程对学前儿童教育内容的研究深入而细致，在帮助儿童发展其全部潜能方面取得了巨大成功。高瞻课程是围绕着 58 条关键性发展指标而展开的，这些指标是各发展阶段儿童思维和推理的基础，为高瞻教师创设学习经验以及与儿童互动提供指导。到目前为止，关键经验包括学习方式、社交情感发展、身体发育和健康、语言、读写和交流、数学、创造性艺术、科学和技术以及社会学习八大类 58 条，下面以学习方式和社交情感发展为例。

1. 学习方式

（1）主动性：幼儿们主动探索世界。

（2）计划：幼儿根据自己的意愿制定计划，并予以执行。

（3）专注：幼儿们能够专注于他们感兴趣的活动。

（4）解决问题：幼儿解决他们在游戏中遇到的问题。

（5）使用资源：幼儿们收集有关世界万物的资料并形成自己对世界的看法。

（6）思考：幼儿反思自己的经历（批判性思维）。

2. 社交情感发展

（1）自我认同：幼儿有正面的、积极的自我身份认识。

（2）效能感：幼儿们感到自己是有能力的。

（3）情感：幼儿能够认识、标示和调控自己的感情。

（4）同理心：幼儿表现出对他人的同理心。

（5）团体：幼儿参与班级集体。

（6）建立关系：幼儿与其他幼儿和成人建立关系。

（7）合作性游戏：幼儿参与合作性游戏。

（8）道德发展：幼儿发展形成内在的是非感。

（9）冲突解决法：幼儿解决社交冲突。

（四）环境的布置

高瞻课程主要是通过为儿童提供能够支持儿童主动学习的环境，来促进儿童的主动学习。而这个环境主要是对活动室的布置。活动室布置应遵循的原则是：能够鼓励儿童参与并且获得个人的、有意义的与教育性的经验；活动室划分学习中心区域与活动区时要考虑儿童的兴趣；增加儿童积极参与排列顺序，学习数字、时间关系、分类、空间关系与语言发展的机会；加强对必要的技能与概念的学习，以及对这些技能与概念进行使用的机会。[①]

---

① 黄人颂.学前教育学 [M].3 版.北京：人民教育出版社，2015：298.

（五）一日生活常规

一日生活常规为幼儿和教师提供所需的连贯性和对行为的可预测性。同时，高瞻也提供了足够的灵活性，在活动实施过程中使幼儿不感到过于仓促和缓慢。最重要的是，幼儿能够在一日的每个环节都享有一定限度的选择权。由于活动是基于幼儿兴趣和能力，同时由于幼儿知道自己对于学习经验有发言权，高瞻项目中的幼儿能够感受到一日常规活动是属于他们的。

1. 计划时间

在这个时间，幼儿计划在工作时间选择做什么。与幼儿做计划有很多不同的方式。计划的内容通常侧重于幼儿在工作时间首先要去做的。成人试图理解每个幼儿的计划，同时经常试图帮助幼儿拓展他们的计划。

2. 工作时间

在工作时间，幼儿可以在任何一个兴趣区使用任何材料工作。工作时间以幼儿执行他们的初步计划为开始。幼儿在一个工作时间，参加许多不同的活动是常见的。幼儿没有必要在每次改变活动时，与成人再制订一个新的计划。然而，当幼儿改变他们的活动时，鼓励幼儿重新制订计划有时是可取的。工作时间是一日常规中最长的时间段，通常持续 45~60 分钟。

3. 清理时间

在清理时间，幼儿将材料和设备归还到他们存储的地方，在适当的时候，把他们的个人创作存放起来或者寻找空间进行展示。清理的过程是恢复教室秩序的过程，对于幼儿而言也是一个学习的经验。幼儿学到物品属于哪里，以及为什么某些物品存放在一起。

4. 回顾时间

该环节是一日常规"计划—工作—回顾"的最后环节。计划时间使用的策略在回顾时间同样可以使用。例如，幼儿可能会被鼓励讨论他们游戏的同伴，他们建构或假想的物品，或者是他们遇到的问题。所有的幼儿都应该参与到回顾的过程中，但他们不是全部都要在回顾时间进行口头回顾。回顾也可以在工作时间或清理时间与幼儿个体进行。

5. 小组活动时间

在小组活动时间，每个教师与 6~8 名幼儿一起进行一个由教师计划和介绍的活动。虽然是成人选择和介绍的材料，但教师会鼓励幼儿以各种方式使用材料。

6. 大组活动时间

所有成人和幼儿在一个大组中一起玩游戏，讲述和重演故事、唱歌、做手指游戏、跳舞、演奏乐器、运动或演绎特殊事件。这个时间段是让每个幼儿参与到一个大组中，分享自己的想法和学习别人想法的机会（表 14-1）。

表 14-1　高瞻一日生活常规安排表（半日制）

时间	活动
8：30—8：45	问候时间
8：45—9：00	计划时间
9：00—9：50	工作时间
9：50—10：00	清理时间
10：15—10：30	点心时间
10：30—10：45	大组时间
10：45—11：00	小组时间
11：00—11：30	户外时间
11：30—12：00	团队计划

二、华德福教育方案

第一所华德福学校于 1919 年在德国的斯图加特创立。它是由奥地利科学家、教育家和哲学家鲁道夫·史代纳（Rudolf Steiner）根据人智学的理念为一个香烟厂的工人子弟创办的学校，命名为自由华德福学校。这所学校的成功，受到社会各界的好评，人们都认为这是代表未来教育的典范。后来，凡是实践这一教育理念的学校都被称为华德福学校，或鲁道夫·史代纳学校。

华德福教育作为非宗教性的独立教育运动，已经发展了 100 年，在欧洲的发展到了一个比较成熟的阶段，在北美、南美和南太平洋区正处于蓬勃发展之中。在近十几年里，华德福教育也在亚太地区的中国、日本、泰国、尼泊尔、印度和越南等地生根发芽。作为非主流的华德福教育被联合国教科文组织充分地肯定和推荐，其中一些华德福学校也是联合国教科文组织成立的国际教育网络联合学校计划的成员。

（一）理论基础

华德福认为人的教育本质是人的三元和谐发展，关注物质身体的同时也关注心和灵的发展。物质身体与外面的物质世界相连，即环绕着的物质环境，是外显的。心和灵，可承载看得到的物质身体，也可承载看不到的内在世界。内在感受、思考，不表达出来他人是看不到的，心和灵与精神世界联系密切。华德福教育让他们三者更和谐发展。

（二）教育目的

史代纳认为人类的地球任务在于实现灵性，教育的艺术在于教师能有"全人成长"的知识，能了解儿童在不同阶段的发展与需求，以有效地帮助儿童的心灵顺利进入物质身体，实现身体的生命目的。教育的目的在于回应人性本质，回应人类真正需求，因此，教育应建构在生活之上。

（三）教育内容

华德福教育绝不追求乌托邦，绝不过度理想化，绝不为理想社会预备儿童，而是按照实际生活、生命本质与真实社会朝向的目标预备儿童。在学前教育阶段，华德福教育不提供正规的课程，重点在与回应幼儿身、心、灵的发展与需要，帮助他们开展和谐的情感、创造的意志及自由思想的能力。所以他们需要的是想象、节奏与活动的教学。华德福教育的主要内容包括以下几个方面。

1. 创意游戏

创意游戏是幼儿学习中一项最重要、最本能的学习发展。华德福幼儿园的幼儿每天至少各有一次的户外、室内自由创意游戏活动，每次游戏时间约45分钟。游戏提供时间与空间，让幼儿体验生活最细致深入的地方。幼儿将生命经验转变成游戏，在游戏中抒发情感，自由创意，重新建构新的经验。七岁之前的幼儿游戏可以分为三个阶段：身体的游戏、想象模仿的游戏及有目的的假装游戏。[1]例如，3岁左右的幼儿，精力发展充沛，除了借助动作的表达，还需要借助模仿想象的游戏来释放。幼儿将一个玩具幻想成另一个他想要的东西，他把一块木头想象成一匹马，过一会儿，同一块木头可能变成汽车……这是幼儿运用高级创意想象的开始。[2]

2. 故事

在世界各地的华德福幼儿园里，教师讲故事也是重要的学习内容。教师依据儿童年龄及需求，选择适宜的故事，制定故事叙述的时间和遍数。典型的童话故事一方面引导幼儿走入人类的发展，使他们看见生命的挑战、害怕和惊恐；一方面鼓舞幼儿勇敢的挑战困难，来启发他们善良、怜悯之心，帮助他们跨越困难、跨越生命的战场，获得成长的力量。透过童话故事各个角色的生命经历以及其间隐喻的教训，教育的力量自然的与儿童的生命交融流动。童话故事根本上是儿童教育中最直接、最合适、最能满足儿童的教育形式。[3]

---

[1] Dancy，R.B.（1989，p.145）. You are Your Child's First Teacher. California：Celestial Arts.
[2] Dancy，R.B.（1989，p.147）. You are Your Child's First Teacher. California：Celestial Arts.
[3] Salter，J.（1987，p.101）. The Incarnating Child.U.K.：Hawthorn Press.

3. 布偶戏

这是华德福教育特有的活动，以配合当时的季节节庆和教学工作。教师可以以桌子为舞台，铺上棉布或丝巾等天然的布料，再利用石头、贝壳、木头搭制成不同的场景，并将布偶悬挂于后方的木架上。开始前和完成后，教师会拿起一块很大的白色丝绸将整个桌面盖起来。等儿童坐下安静后，教师会用五音琴作为开场，再将丝布掀开，进入偶戏。对儿童而言，偶戏呈现一个更为真实且立体的空间，与观看电视所呈现的平面、冰冷的感觉是不同的，偶戏带给儿童是温暖且有生命的感觉。提线偶戏通常在节庆和重要的日子进行，日常教学中的故事偶戏通常用桌面立偶表演。

在当今媒体智能高速发展的时代，快节奏和声光电的刺激对儿童的心灵发展无疑是一种巨大的挑战，而偶戏对当今深受电子媒体伤害的孩子具有很好的疗愈作用，偶戏也是对抗电子媒体最好的方式。

4. 艺术活动

艺术活动也是华德福幼儿园教育内容的重要组成部分，主要包括色彩的学习、绘画活动、蜂蜜蜡捏塑、手工制作、音乐律动等活动。

例如手工活动。华德福幼儿园教师最常做的事就是手工，修补棉布、缝制布偶、编织娃娃……，华德福幼儿园将手工活动穿插在创意自由活动中，进行时间依幼儿年龄而定，五岁以上幼儿约进行 40 分钟。五岁以下，原则上是教师做，幼儿则依自己感觉，在教师的指导下，可以模仿做，也可以不做，但是，安排好的手工时间，教师一定会做。手工的内容主要有毛线编织、绒布玩具、编篮子、做木工等。

5. 节日庆典

在华德福教育中，各种节日的庆典是一个非常重要的内容。幼儿们通过自己动手来准备，积极参与庆祝节日等活动，培养对时间规律和自然变化的感受能力，建立起对各种传统文化的感性认识。通过动手准备庆典活动，可以培养孩子们的创造能力；通过活动也可以把幼儿园、家长和幼儿充分地联系在一起，增强之间的合作和理解。希望幼儿们从有规律和充满喜悦的庆典活动中，产生对生活的热情和渴望，以培养一个健康的人生观。

6. 用餐

对七岁前的儿童而言，最重要的是奠定健康的身体基础；然后在情感方面，重要的是培养感谢的心。因此华德福幼儿园非常重视用餐的氛围。餐桌布置和餐具都尽量美观，教师会和幼儿们一起用餐，营造出一种大家庭温馨的氛围。史代纳曾说：人为了使自己更为富足，便从外在环境取用各种东西加入自己的生活中。倘若不能对由外而来的东西心怀感谢、尊敬，便无法真正使外来的东西内化为自己的。因此，用餐时间就显得特别重要，就仿佛是一种仪式般，优美而隆重的用餐。教师必须教导幼儿对食物的感谢及喜悦，唯有如此幼儿才能将食物的养分充分吸收。在幼儿园里，每次用餐和用点心前，教师会和幼儿们一起唱感谢的歌，潜移默化使幼儿对赐予我们食物的大自然和制造食物的人心怀喜悦和感谢。

7. 户外远足

华德福幼儿园每周安排一次幼儿的户外远足活动。这样可以让幼儿直接有更多机会接近自然及认识自然，教育幼儿们用特别的方式对待树木、动物、河流、蝴蝶等一切自然的东西，就像我们小心对待朋友那样来热爱自然，热爱动物、树林、花草和昆虫等。

幼儿们在玩的同时，教师会适度引导，使他们学习如何保护自己不受伤害，使他们懂得如何照顾自己，而不是大人一味地保护。华德福幼儿园也会根据各年龄段幼儿的发展特征和需求，组织各种运动。

华德福幼儿园具体的一日生活安排见表 14-2。

表 14-2　华德福一日生活安排表

时间	活动
8：30—9：00	入园
9：00—10：20	户外活动
10：20—10：40	晨圈、故事
10：40—11：00	上午点心
11：00—12：20	室内游戏
12：20—13：00	午餐、清洁
13：00—15：00	午睡
15：00—15：30	艺术活动
15：30—16：00	点心、再见圈
16：00—17：00	户外玩耍、等待接园

三、瑞吉欧教育方案

瑞吉欧·艾米莉亚是意大利北部的一个小城镇，具有良好的城市公共生活的传统与艺术、人文的精神氛围。其幼儿教育体系创建于第二次世界大战之后。从 20 世纪 60 年代以来，在创始人马拉古奇的领导下，依靠全体教师数十年的艰苦奋斗、共同研究与实践探索，依靠市政府的大力资助及社区民众的全力支持，到 20 世纪 80 年代，瑞吉欧幼儿教育体系逐渐受到世人的关注，成为继蒙台梭利后在意大利兴起的又一种颇具世界影响力的幼儿教育实践方式。

（一）理论依据

瑞吉欧教育理念的依据主要来自三个方面：第一，欧美主流的进步主义教育；第二，皮亚杰和维果斯基等心理学家的建构心理学；第三，意大利学前教育传统及战后左派的政治改革。此外，布朗芬布鲁纳的教育生态学观点、加德纳的多元智能理论等，都是瑞吉欧教育的"营养源"。

（二）教育理念

1. 儿童观

（1）在瑞吉欧人的眼里，儿童是社会的一分子，是社会与文化的参与者，是他们共同历史的演出者，也是他们自己文化的创造者，他们有权利发表自己的看法，与成人一样，是拥有独特权利的个体。

（2）儿童是主动的学习者，他们在入学之前就已拥有一定的知识、经验。他们有自己独特的学习方式。

（3）儿童具有巨大的潜能，他们并非只有单纯的需求，他们富有好奇心、创造性，具有可塑性。他们有着强烈的学习、探索和了解周围世界的愿望，他们是在与外部世界的相互作用中主动地建构自己的知识与经验，主动地寻求对这个复杂世界的理解。

（4）儿童是坚强的，他们有能力担当自我成长过程的主角，儿童之间尽管有着一定的差异，但他们都试图通过与别人的对话、互动与协议来找到自己的定位，找到与别人的共同点与不同点。

（5）儿童天生都是艺术家，他们能够广泛运用各种不同的象征语言和其他媒介来表达自己对世界的认识。教育工作者的角色就是要组织儿童的各种活动，给予儿童支持与肯定，以使他们自身的潜能得以发挥。

2. 教育观

瑞吉欧学校的教育观是与他们的儿童观联系在一起的。其教育观直接来自杜威的进步主义教育思想，同时也吸收和借鉴了皮亚杰、维果斯基、加德纳等的理论思想。瑞吉欧教育认为：

（1）教育的目标就是要创造一个和谐的环境，使在这个环境中的每一位幼儿、教师都感到自在、愉悦、生活得幸福。教育并不仅仅追求什么外在的目标，而是更多地注重内在的品质。教育要发展幼儿的创造力，使幼儿形成完满的人格。

（2）在教学方法上，他们反对传统的单向灌输，反对把语言文字作为获取知识的捷径，他们认为教育就是要为幼儿带来更多的可能性去创新和发现，教育在于给儿童创设学习的情境，帮助儿童与情境中的人、事、物相互作用的过程中主动建构知识。

（3）教育应以儿童为中心，应从儿童的兴趣、需要及经验出发。儿童在教育过程和课程决策上应有参与和发表意见的机会。但这并不意味着绝对儿童中心主义，除儿童之外，教师与家长在幼儿教育上也扮演重要的角色，起重要的作用。

（4）瑞吉欧教育认为在"教"与"学"两者之间，更应尊重后者，所以瑞吉欧教育一向是以学定教的。在主题网络编制的过程中，尽管有教师预设的成分，但主题的开展往往是以幼儿为中心的，幼儿决定主题进行的空间与时间。幼儿的学习也是教学中最为关键性的因素，它往往为教师补充教育的资源、提供多元的选择及做出建设性的想法提供支持与来源。

（5）在儿童的探索活动中，教师应掌握正确的时机，找到正确的方法，适当地介入，协助儿童发现问题，帮助儿童提出问题。教师不能过多地介入，正如瑞吉欧教育所讲的："与其牵着儿童的手，倒不如让他们靠自己的双脚站立着。"

（三）方案课程

方案课程是由教师引导，儿童围绕某个主题或任务，展开探索性学习的课程形式，它是过程模式课程的实践形态。方案课程主张由儿童自发地决定学习的目标和内容，在儿童自己设计、自己负责实行的单元活动中获得有关的知识和解决实际问题的能力。它主张废除班级授课制，打破学科界限，强调儿童在活动中的主动性；强调教师的任务在于利用环境以引起儿童的学习动机，帮助儿童选择活动的材料；教师是活动的提供者、参与者。

方案的主题来源于儿童的日常生活与经验，来源于儿童的兴趣，来源于课程指导手册中教师为幼儿选择的相关主题路径，来源于教师对儿童的观察、倾听、了解，或来源于教师的经验与社区的资源。马拉古奇曾说，最理想的情况是当成人的兴趣与幼儿的兴趣恰好相同时，教师就能很容易支援幼儿的动机与学习的乐趣。不论方案来源于何处，每个方案都根植于教师对儿童的一言一行所付出的关注，包括儿童没有说的与没有做的。成人必须让儿童有足够的时间去发展自己的思考与行动，然后由师生共同讨论，及时去选择。

（四）环境创设

瑞吉欧教育认为，环境是孩子的第三位老师，孩子拥有环境的权利，通过环境可激发孩子互动与沟通。瑞吉欧学校的环境美丽宽敞、充满艺术气息，建筑物中心有一个广场，每个活动室的门都面向广场，以增加各班幼儿间的互动机会。瑞吉欧学校非常重视校内与校外环境的规划与配合，并重视学校周围环境中的事物，将其视为环境的延伸。

一个典型的瑞吉欧学校包括入口、长廊、教室、工作室、教室中的小画室、图书馆、档案室、起居室、室外花园和贮藏室。环境经过细致规划和设计，并对幼儿园周围的空间加以利用。瑞吉欧教育认为环境是产生互动的容器，具有教育性价值。教室及工作坊的环境布置随项目活动的发展而变化，不断地充实和调整。在空间的设置中，也关注给幼儿自由活动的空间、小组活动及团体活动的空间，作为展示的空间乃至个人秘密的空间。

环境的规划、采光、空间的设计及环境的布置，都体现出深厚的艺术气息。明朗开放的学习环境，愉悦和蔼的工作人员，所呈现的就是文化的层面，对幼儿而言，这更是极具教育意义的潜在课程。

 拓展阅读

瑞吉欧方案教学——"人群"

1. 方案的最初情境

学期快结束时，老师与一群四五岁的孩子讨论如何将他们在假期拥有的记忆与实践保存下来，最后每个孩子赞成在假期旅游时随身带一个空盒子，收集一次次的发现与充满情感经验的记忆。到了秋季孩子回来上学时，老师已准备以问问题的方式帮助孩子回顾他们所带来的记忆：你们的眼睛看见什么东西呢、你们的耳朵听到什么声音呢等问题。老师期待听到孩子述说在海边看到的浪花、帆船，或在山林里踏青的日子，结果这个班的孩子带来了非常特别的记忆。

一个小男孩与大家分享了他的经验：有时候我们去码头，我们走过一条很长、很窄的街道，叫羊肠街。那里的商店一家接一家，到了晚上，到处都是人，挤来挤去的，你不能看见任何东西，只看到一大堆人的腿、手和头挤到一起。这时老师立刻抓住"人群"这个词，并询问其他孩子对这个词的理解，就这样一段有关此话题的学习探索开始了。

2. 教师们讨论方案可能进行的方向

在孩子们尚未正式开始进行方案之前，教师们要先讨论关于方案的各种可能性、假设及方案可能进行的方向。教师们要在一起开会、讨论：

（1）提出一些启发性的问题，用于在和幼儿的第一次讨论中。

（2）预定通过与幼儿的谈话，了解与评估幼儿。

（3）如何鼓励幼儿以使他们产生观察、提问、建议与假设的欲望，同时让幼儿设定方案的初步方向。

（4）教师如何不断地合作以对方案进行关键性的影响……

3. 方案的进行

瑞吉欧教师们认为，任何方案的进行必须首先设立目标并评估幼儿与方案相关的知识和兴趣。

（1）建立"我就是我们"的认同感，强调团体学习。

（2）教师与幼儿的谈话与讨论。

（3）鼓励幼儿表达对"人群"的认识——绘画。

（4）教师的记录与分析。在幼儿们谈话的过程中，教师要以录音的方式记录下关于主题的重要对话，尤其是一些关键性的过程，这样就可以去分析研究。

（5）教师帮助幼儿去反思——把自己的画和现实的比较（切实体会什么是人群），弄清其差异何在。

（6）制作"人群"。

 **本章小结**

当代世界学前教育发展的新动向有：学前教育学进入发展的新阶段，国家财政支持学前教育，重视学前教育普及，重视学前教育公平，世界学前教育课程改革呈现课程设置规范化、目标全人化、内容多元化、实施游戏化、资源社区化。

当代世界有影响力的学前教育方案，主要包括高瞻课程、华德福课程、瑞吉欧课程等。主动学习是高瞻课程中一个基本的教学理念，它倡导幼儿思考自己亲身体验到的学习经验，幼儿由自己体验到的知识，来了解其所处的世界。高瞻的课程内容、环境创设以及一日生活常规的安排都是围绕幼儿的主动学习设计的，极具特色。华德福认为教育的目的在于回应人性本质，回应人类真正需求，因此，教育应建构在生活之上。其主要教育内容包括创意游戏、故事、布偶戏、艺术活动、节日庆典、用餐和户外远足。瑞吉欧以其独特的儿童观和教育观，非常重视方案课程的实施和环境创设。

 **思考练习**

1. 查阅相关资料，谈一谈我国在重视学前教育公平方面有哪些主要政策和措施。

2. 比较分析高瞻课程与我国五大领域课程在内容方面有哪些异同。

3. 简述瑞吉欧课程方案的儿童观。

参考文献

[1] [意] 艾格勒·贝奇, [法] 多米尼克·朱利亚. 西方儿童史 (上卷) [M]. 申华明, 译. 北京: 商务印书馆, 2016.

[2] 北京市教科所. 陈鹤琴全集: 第二卷 [M]. 南京: 江苏教育出版社, 1989.

[3] 北京市教科所. 陈鹤琴全集: 第五卷 [M]. 南京: 江苏教育出版社, 1991.

[4] [古希腊] 柏拉图. 理想国 [M]. 郭斌和, 张竹明, 译. 北京: 商务印书馆: 1986.

[5] 陈鹤琴. 陈鹤琴教育论著选 [M]. 北京: 人民教育出版社, 1994.

[6] 陈鹤琴. 陈鹤琴全集: 第六卷 [M]. 南京: 江苏教育出版社, 2008.

[7] 陈文华. 中外学前教育史 [M]. 北京: 科学出版社, 2011.

[8] 杜成宪, 单中惠. 幼儿教育思想史 [M]. 北京: 人民教育出版社, 2008.

[9] [美] 杜威. 杜威教育论著选 [M]. 赵项麟, 王承绪, 译. 上海: 华东师范大学出版社, 1981.

[10] 戴自俺. 张雪门幼儿教育文集: 上卷 [M]. 北京: 北京少年儿童出版社, 1994.

[11] 舒新城. 中国近代教育史资料: 中册 [M]. 北京: 人民教育出版社, 1961.

[12] [德] 福禄贝尔. 人的教育 [M]. 孙祖复, 译. 北京: 人民教育出版社, 1991.

[13] 郭法奇. 外国学前教育史 [M]. 北京: 北京大学出版社, 2015.

[14] 华东师范大学教育系, 浙江大学教育系. 西方古代教育论著选 [M]. 北京: 人民教育出版社, 2001.

[15] 何国华. 陶行知教育学 [M]. 广州: 广东高等教育出版社, 2002.

[16] 胡金平. 中外教育史纲 [M]. 南京: 南京师范大学出版社, 2008.

[17] 黄人颂. 学前教育学 [M]. 北京: 人民教育出版社, 2015.

[18] 黄新宪. 基督教教育与中国社会变迁 [M]. 福州: 福建教育出版社, 1996.

[19] 何晓夏. 简明中国学前教育史 [M]. 北京: 北京师范大学出版社, 2007.

[20] 贾谊, 阎振益, 钟夏. 新编诸子集成: 新书校注 [M]. 北京: 中华书局, 2000.

[21] 任钟印. 夸美纽斯教育论著选 [M]. 任宝祥, 熊礼贵, 等, 译. 北京: 人民教育出版社, 2005.

[22] [澳] 康纳尔. 二十世纪世界教育史 [M]. 孟湘砥, 译. 长沙: 湖南教育出版社, 1991.

[23] [英] 洛克. 教育漫话 [M]. 傅任敢, 译. 北京: 人民教育出版社, 1985.

[24] 廖其发. 中国幼儿教育史 [M]. 太原: 山西教育出版社, 2011.

[25] 李生兰. 比较学前教育 [M]. 上海: 华东师范大学出版社, 2000.

[26] [法] 卢梭. 爱弥儿: 上卷 [M]. 李平沤, 译. 北京: 商务印书馆, 2010.

[27] 鲁迅. 鲁迅选集: 第四卷 [M]. 北京: 人民文学出版社, 1983.

[28] [意] 蒙台梭利 . 蒙台梭利儿童教育手册 [M]. 肖咏捷，译 . 北京：中国发展出版社，2003.

[29] 孟宪承 . 中国古代教育文选 [M]. 北京：人民教育出版社，1979.

[30] [瑞士] 裴斯泰洛奇 . 裴斯泰洛奇教育论著选 [M]. 夏之莲，等，译 . 北京：人民教育出版社，2001.

[31] 单中惠，刘传德 . 外国幼儿教育史 [M]. 上海：上海教育出版社，1997.

[32] 唐淑 . 学前教育思想史 [M]. 北京：人民教育出版社，2009.

[33] 陶行知 . 中国教育改造 [M]. 北京：人民教育出版社，2008.

[34] 陶行知全集编委会 . 陶行知全集：第九卷 [M]. 成都：四川教育出版社，2005.

[35] 陶行知 . 陶行知全集 [M]. 成都：四川教育出版社，1991

[36] 王宜鹏，夏如波 . 中外学前教育史 [M]. 南京：南京大学出版社，2013.

[37] 王守仁，吴光，等 . 王阳明全集 [M]. 上海：上海古籍出版社，1992.

[38] 徐莹晖，许志辉 . 陶行知论乡村教育 [M]. 成都：四川教育出版社，2010.

[39] 徐梓，王雪梅 . 蒙学须知 [M]. 太原：山西教育出版社，1991.

[40] 周采，杨汉麟 . 外国学前教育史 [M]. 2 版 . 北京：北京师范大学出版社，2012.

[41] 中国学前教育史编写组 . 中国学前教育史资料选 [M]. 北京：人民教育出版社，1989.

[42] 张沪 . 张宗麟幼儿教育论集 [M]. 长沙：湖南教育出版社，1984.

[43] 张焕庭 . 西方资产阶级教育论著选 [M]. 北京：人民教育出版社，1979.

[44] 朱杰人，严佐之，刘永翔 . 朱子全书：第 13 册 [M]. 上海：上海古籍出版社，2002.

[45] 朱家雄 . 幼儿园课程论 [M]. 北京：中央广播电视大学出版社，2007.

[46] 张雪门 . 张雪门幼儿教育文集：上卷 [M]. 北京：北京少年儿童出版社，1994.

[47] 周玉衡，范喜庆 . 学前教育史 [M]. 上海：复旦大学出版社，2009.

[48] 张宗麟 . 幼稚园的社会 [M]. 北京：海豚出版社，2012.

[49] 张宗麟 . 幼稚园的演变史 [M]. 北京：海豚出版社，2012.

[50] 包锋 . 教会幼稚园的兴办与中国新式幼儿教育的产生 [J]. 呼伦贝尔学院学报，2008，16（2）.

[51] 崔青华 . 民国时期学前教育制度的嬗变及历史影响 [J]. 河北师范大学学报（教育科学版），2012，14（12）.

[52] 陈祥龙 . 贾谊的学前教育思想论析 [J]. 教育文化论坛，2013，5（4）.

[53] 冯晓霞，蔡迎旗，严冷 . 世界幼教事业发展趋势 [J]. 学前教育研究，2007（6）.

[54] 郭法奇 . 中世纪西欧儿童的日常生活和教育 [J]. 首都师范大学学报（社会科学版），2009（2）.

[55] 李海萍 . 层级上移与政策支持：清末民初学前师范教育机构之嬗变 [J]. 教师教育研究，2016（4）.

[56] 李萌 . 从"保姆"到"幼儿园教师"——基于以往学制看幼儿园教师专业化水

平的提高 [J]. 幼儿教育·教育科学, 2013（11）.

[57] 林永希, 段桂洁. 陶行知学前教育师资培养观摭谈 [M]. 黄冈师范学院学报, 2015（4）.

[58] 史慧中. 中华人民共和国幼儿教育 50 年大事记（三）[J]. 幼儿教育, 1999〔12〕.

[59] 尚丽霜. 陶行知: 学前教育思想的先行者 [J]. 东方宝宝: 保育与教育, 2012（4）.

[60] 孙妍. 上帝派来的"园丁"——浅析伊丽莎白·皮博迪的幼儿教育信仰 [J]. 东方青年·教师, 2013（18）.

[61] 田景正, 刘璐, 周芳芳. 论新中国初期苏联学前教育中国化的探索 [J]. 生活教育, 2015（19）.

[62] 王廷廷.《普洛登报告》对我国西部学前教育发展的启示 [J]. 教育与教学研究, 2013（3）.

[63] 王雯. "活教育"的理论基础 [J]. 学前教育研究, 2002（6）.

[64] 王小婷. 论中国古代民间胎教思想习俗及其科学性 [J]. 山东社会科学, 2012（11）.

[65] 于慧慧, 王中华. 打造中国特色的学前教育——陶行知学前教育理论解读 [J]. 内蒙古师范大学学报（教育科学版）, 2012（4）.

[66] 易红郡. 从《哈多报告》到《弗莱明报告》——二战前英国"人人受中等教育"目标的实现 [J]. 内蒙古师范大学学报（教育科学版）, 2004（3）.

[67] 徐惠湘, 陈鹤琴. 南京市鼓楼幼儿园·中国幼儿教育 [J]. 早期教育（教师版）, 2003（4）.

[68] 徐一多. 论卢梭教育思想的矛盾性 [J]. 四川师范大学学报（社会科学版）, 1993（1）.

[69] 朱良. 张雪门的幼稚师范实习理论及其启示 [J]. 学前教育研究, 2004（5）.

[70] 周玲玲. 孔子"因材施教"教育原则对当前学前教育的启示 [J]. 湘潭师范学院学报（社会科学版）, 2009（5）.

[71] 周秋光, 曾桂林. 近代西方教会在华慈善事业述论 [J]. 贵州师范大学学报（社会科学版）, 2008（1）.

[72] 张琴秀. 论农村幼师国培计划的意图、理念与模式 [J]. 教师教育研究, 2013, 25（4）.

版权声明